Über dieses Buch William Saroyans Erzählungen entführen den Leser in eine amerikanische Welt, über der ein nostalgischer Zauber liegt. Der vorliegende Band faßt bislang verstreut publizierte Kurzgeschichten aus anderthalb Jahrzehnten zusammen.
Scheinbar absichtslos und spontan wird von den leichten und schwereren Wechselfällen des Lebens berichtet und von dem, was allen Widrigkeiten zum Trotz dennoch Bestand hat: Selbstvertrauen in die eigenen Kräfte, Liebe zu sich und den anderen, familiäre und freundschaftliche Bindungen, Frohsinn und Klugheit. Immer wieder schöpft Saroyan aus dem, was zum Genuß in dieser Welt einlädt, seinen Optimismus. Eine humorvolle Menschenbetrachtung ist ebenso kennzeichnend für die Art seines Schreibens wie der spielerische Erzählton.
Neben der klassischen Kurzgeschichte finden sich in diesem Band auch autobiographische Erzählungen und Betrachtungen.

Der Autor William Saroyan wurde 1908 als Sohn armenischer Einwanderer in Fresno/Kalifornien geboren, wo er 1981 auch gestorben ist. Er schrieb Kurzgeschichten, Romane und Dramen. Den Pulitzer-Preis 1939 für sein Schauspiel ›The Time of Your Life‹ lehnte er ab. Seinen literarischen Ruhm begründete er mit der frühen Erzählung ›Der waghalsige junge Mann auf dem fliegenden Trapez‹ (1934).
Als Fischer Taschenbuch lieferbar: ›Ich heiße Aram‹ (Bd. 5318) und ›Der erste Sommertag‹ (Bd. 5452).

William Saroyan

Ein anderer Tag, ein anderer Traum

Erzählungen 1939–1954

Fischer Taschenbuch Verlag

Aus dem Amerikanischen übertragen von Lutz W. Wolff

Titel der Originalausgabe: ›My Name is Saroyan‹

Die Erzählung ›Ein Wort an die Spötter‹
wurde mit freundlicher Genehmigung der Artemis Verlag AG
dem Buch William Saroyan ›Ich heiße Aram‹
deutsche Übersetzung von Hans Zbinden,
© 1946 by Artemis Verlag AG, Zürich
entnommen.

Die Erzählungen
›Der Theologiestudent‹
›Der Anschlag‹
›Der Ausländer‹
wurden mit freundlicher Genehmigung des
S. Fischer Verlags, Frankfurt am Main
dem Buch William Saroyan ›Unkalifornische Geschichten‹
deutsche Übersetzung von Heinz Winter.
© 1965 by G. B. Fischer & Co, Frankfurt am Main
entnommen.

Ungekürzte Ausgabe
Veröffentlicht im Fischer Taschenbuch Verlag GmbH,
Frankfurt am Main, Dezember 1988

Lizenzausgabe mit freundlicher Genehmigung
der Diana Verlag AG, Zürich

Umschlaggestaltung: Buchholz/Hinsch/Hensinger
Umschlagabbildung: American Showprint, Milwaukee
Druck und Bindung: Clausen & Bosse, Leck
Printed in Germany
ISBN 3-596-29252-2

Inhalt

Ein Augenblick der Prosa in Kansas

Neuerdings kritisieren die Kritiker mich, weil ich angeblich dauernd über mich selbst schreibe. Dabei habe ich noch kein Wort über mich selbst geschrieben. Alles, was ich zu Papier bringe, handelt vom Menschen. Bei allem, was mir widerfährt, bleibe ich der Geschichtenerzähler, bin ich derjenige, der beobachtet.

Ich erinnere mich, wie ich einen kleinen Unfall, der im August des Jahres 1928 im amerikanischen Bundesstaat Kansas geschah, in gute Prosa umgesetzt habe.

Ich saß in einem Autobus, der mit ungefähr vierzig Meilen die Stunde über die Landstraße rollte. Es war kurz nach ein Uhr nachts, und ich sang. Auf dem Platz neben mir saß ein Mädchen, das ebenfalls sang. Wir waren verliebt.

Der Bus wurde aus einer Kurve getragen und kippte seitwärts weg. Er machte dabei ein häßliches Geräusch, Glas splitterte. Im Bus fingen alle Leute an zu kreischen. Alle, bis auf das Mädchen und mich, denn ich war wach und aufmerksam gewesen, wie sich das für einen Geschichtenerzähler gehört. Ich hatte gespürt, daß der Bus von der Fahrbahn geriet, schleudern und umstürzen würde, ich hatte es dem Mädchen rasch und leise gesagt, noch während es geschah. »Es wird gleich ein kleiner Unfall geschehen, erschrick bitte nicht.« Dann schlug der Bus auf die Seite, ich fiel auf das Mädchen, aber ohne sie zu verletzen, denn ich stützte mich ab. Sie sah mir ins Gesicht und fragte: »Was soll ich tun?« Und ich erwiderte: »Vor allem mußt du dich an alles erinnern. Das ist jetzt ein Unfall. Hör zu, was sie sagen, die Männer und Frauen; laß ihre Angst auf dich wirken, die Panik und die Verblüffung, aber nimm nicht daran teil.«

Da lachte das Mädchen. Wir waren die letzten, die aus dem Bus krochen, und redeten über die Sache. Eine alte Frau hatte einen Schock erlitten und mußte sich erbrechen, aber niemand war ernstlich verletzt; es gab ein paar Hautabschürfungen und Prellungen, aber nichts Schlimmes. Alle zwanzig standen wir in der Dunkelheit neben der Straße und überlegten, was man Vernünftiges und Praktisches tun könnte. Das Mädchen kam zu mir und sagte: »Alle sind durcheinander. Was willst du unternehmen?«

»Das wirst du gleich sehen«, sagte ich. »Ich werde eine Geschichte daraus machen. Paß mal auf.«

Ich ging zum Fahrer und sagte: »Da war gar nichts zu machen, Max. Machen Sie sich keine Sorgen. Wir brauchen den Bus bloß wieder aufzurichten und weiterzufahren. Wir haben elf Mann, zwei davon sind Marinesoldaten, das schaffen wir schon.«

Wir taten es auch, und der Bus fuhr weiter durch Kansas. Ich saß wieder neben dem Mädchen, und ich fing erneut an zu singen, genau an der Stelle, wo der Unfall mich unterbrochen hatte. »Wie machst du das nur?« fragte das Mädchen.

»Das ist mein Stil«, sagte ich. »Das kommt daher, weil ich ein Schriftsteller bin.«

Am nächsten Tag stieg das Mädchen aus dem Bus aus und verschwand im Staat Kansas. Ich selbst tat es ihr nach und blieb doch zugleich in diesem Bus sitzen, und das ergab eine Geschichte, weil ich, während mir das Herz wegen des Mädchens brach, zusah, wie es geschah. Es war Prosa, und ich sagte zu mir: »Wie machst du das eigentlich? Du weißt doch, daß du dieses Mädchen mehr liebst als dein Leben, wie schaffst du das bloß?«

Und als Prosaschriftsteller sagte ich: »Das ist doch ganz einfach. Das kommt daher, daß du du selbst bist und gleichzeitig Mensch; das kommt daher, daß du aufhörst, du selbst zu sein, wenn du stirbst, und nur noch Mensch wirst. Dunkelheit hüllt die Erde ein, und so ist es jetzt, aber du wirst wiederauferstehen. Du mußt nur stets daran denken, daß du beobachten mußt, daß du deinen Geist wachhalten mußt, daß du dich nicht in deinem Leid begraben darfst, sondern dich immer an alles erinnern mußt.« Als der Bus aus dem Staat Kansas hinausrollte, war der junge Mann von seinem Liebeskummer geheilt, wiederauferstanden, und das hier ist die Prosa dieses damaligen Augenblicks, so wie es geschah, nichts wurde hingefügt, nichts weggelassen, alles nur die kleine, ewige Wahrheit der Kunst, des künstlerischen Lebens und der künstlerischen Beobachtung.

Eine heilige Stille

Kontrast der schwarzen Vase und des Zimmers: Gesicht in elektrischem Licht, die Tasten des Klaviers abgehoben von der zunehmenden Dunkelheit und Stille des Abends: eine Tischplatte, vier Bücher, drei Stühle.

Es ist Maud, als Kind hat sie in Kansas im Weizen gestanden, der höher war als ihr Kopf: eine Bewegung quer durch das Zimmer, vom Fenster zum Tisch – Zigarette und Flamme: Bedeutungslosigkeit des eingeatmeten und ausgestoßenen Rauchs.

Es liegt eine unsichtbare Spannung über der Szene: Ben von der Zeitung. Schlagzeilen. Ben selbst ein Schrei von gegenwärtiger Unwirklichkeit. »Ich sage«, hat er verkündet, »es ist alles verloren, wir sind die Maden in einem verfaulten Kadaver.«

Ich sagte: »Uns bleibt nichts als Tränen, doch statt dessen betrinken wir uns, und wir reden, und wir lachen manchmal, aber unser Lachen ist genauso krank wie alles, was uns umgibt.«

»Ich bin müde«, hat er gesagt und sich auf das Sofa zum Schlafen gelegt, als ob sich das so gehörte.

Als er aufwachte, hat er gegähnt und gesagt: »Das bedeutet, daß ich dich liebe, wenn ich in deinem Haus schlafe. Ich kann nicht überall schlafen.«

Ohne sich damit aufzuhalten, ihre Hand zu ergreifen oder ihr in die Augen zu sehen, hat er seinen Hut genommen und das Haus verlassen, ohne gute Nacht zu sagen. Sie ist im Zimmer auf und ab gegangen.

Sie setzt sich, die Abwesenheit Bens umgibt sie wie ein warmer Mantel, und sie lächelt. Kein Klopfen an der Tür, kein Telefonklingeln, kein Brief auf dem Tisch. Er säuft sich zu Tode in irgendeiner stinkenden Spelunke, denkt sie, oder er geht rasch an der Uferpromenade entlang, sieht sich alles an und haßt dabei alles: Maden in einem verfaulten Kadaver.

Kontrast zwischen der Sprechmuschel des Telefons und ihrem Mund. Kein Ton, ein Augenblick des industriellen Anstarrens. Der Apparat schwarz und sauber und genau, ihr eigener Mund unscharf, weil er das Bedürfnis hat zu sprechen.

Sie sagt nicht: »Ben, um Himmels willen, warum kommst du nicht zu mir in dieses Haus und bleibst hier, und ich kann dich sehen und weiß, daß du da bist und lebst?«

Kontrast des Nicht-Gedachten mit der Bewegung einer müden Hand.

»Ben«, sagt sie nicht.

Kontrast zwischen der Stille des frühen Abends und dem Radiolärm aus der Nachbarschaft: *Boulevard der zerbrochenen Träume, Gigolo*... In einer Ecke des Fensters ein Blatt und eine Wolke. Draußen das schmutzige, lausige, nichtsnutzige, abscheuliche Leben; und der ganze verrückte Laden: dieses Zeitalter und dieser Tag.

Kontrast zwischen dem blasphemischen inneren Pulsieren des Blutes und dem historischen Ernst der ausgelöschten Identität. Maud selbst: am entscheidenden Tag, in einem früheren Leben, an einem schöneren Ort.

Und dann die Nacht, als er morgens um zwei bei ihr an die Tür klopfte.

Sie war aus einem Traum erwacht, fröstelte bei der abrupten Rückkehr der Realität, sprang aus dem Bett und ging an die Tür: Parallele zwischen der Tür, die sich öffnet, und dem geöffneten Herzen. Ich werde ihn nicht fortschicken, er darf hereinkommen und bleiben, und ich werde ihm mein Bett, meinen Körper, mein Herz geben, und ich werde nicht sagen, daß er betrunken ist, und ich werde ihm nicht böse sein.

Die Tür ging auf, und da stand er, ohne zu lächeln, beleidigt, wütend, voller Bedauern. »Ich bin spazieren gewesen«, sagte er.

»Ben«, sagte sie.

Er kam herein, stand auf schwankenden Beinen neben dem Klavier. »Es geht um folgendes«, sagte er, »wir sind allein, jeder einzelne von uns, und es gibt keine Zuflucht. Ich komme hierher, weil ich einmal hier geschlafen habe und ein Teil von mir hier geblieben ist: aber ich liebe dich nicht.«

Er lachte nicht. Es war kein Scherz.

»Ich weiß«, sagte sie.
»Aber du liebst mich«, sagte er nüchtern.
»Ja«, sagte sie.
»Gott strafe mich«, sagte er. »Laß mich tot sein.«
Er wiederholte die Sätze immer wieder und nüchtern, bis sie schließlich sagte: »Ben, geh jetzt schlafen.«
Sie nahm seinen Mantel. Er fiel auf die Couch, mit dem Gesicht nach unten, und murmelte Worte in die Polster hinein, die sie nicht verstehen konnte.
Alles, wie gehabt.
Ein müdes Lächeln kontrastiert mit dem Zifferblatt einer Uhr: zwanzig vor sieben.
Der Gedanke, etwas zu essen, geht einher mit dem Gedanken, daß es unmöglich ist.
Sie sagte nicht: »Ben wischt mit einer Geste die Welt weg.«
Wenn sie ihn anrief, mit ihm telefonierte, wenn sie seine Stimme hörte, und ihre eigene, dann lachte er, dann sagte er, die einzige Hoffnung für den Menschen bestünde darin, alles kaputtzumachen, nicht bloß die Regierung, sondern die ganze verdammte Scheiße, die ganze Idee, den Entwurf, und neu anzufangen.
Und dann? Würde er sagen: »Wie geht es dir, Maud?«
Das war dann immer das Ende. Er sagte nicht etwa: »Ich komme gleich rüber, ich nehme die Straßenbahn und komme zu dir.« Er sagte bloß, daß man die ganze Scheiße in die Luft jagen sollte.
Kontrast zwischen Bedürfnis und Mangel an Bedürfnis, Liebe und Nicht-Liebe, Zeit und Unzeit des Atmens, Zeit des Sehens und des Nicht-Sehens.
Und dazu die Situation: Maud in heiliger Stille. Sie wartet nicht, sagt aber: »Er wird wieder irgendwann spät in der

Nacht kommen, betrunken und redselig vor Wut, und ich werde ihn lieben.«

Immerwährende heilige Stille, Kontrast von Universum und Erde, Vase und Zimmer, Stille des Raums und lärmender Stille im Inneren. Irgendwann, in irgendeiner Nacht, wird sie sagen: »Das ist das Ende.«

Der »Europa Club«

Einer der Spielsalons, in denen ich 1918 unter dem Vorwand herumhing, dort Zeitungen verkaufen zu müssen, war der »Europa Club« in der Tulare Street, auf der anderen Seite der Southern-Pacific-Eisenbahn, in Chinatown in der Nähe der China Alley.

Der »Europa Club« sollte ein Spielsalon sein, aber im Grunde war es bloß eine Kneipe, in der Männer ohne Geld herumsaßen und sich unterhielten. Während des ganzen Krieges war ich oft hinüber nach Chinatown gegangen, um dieses Lokal zu besuchen. Die häßlichsten Männer der Welt lungerten im »Europa Club« des Jahres 1918 herum. Italiener, Griechen, Neger, Chinesen, Japaner, Hindus, Russen und sogar Amerikaner. Alle möglichen Amerikaner, hochgewachsene abgestumpfte Indianer, Mexikaner mit traurigen Augen, altgewordene Spieler aus Texas und sonstiger weißhäutiger Pöbel.

Das Lokal stand voller Tische, Stühle und Spucknäpfe. In einer Ecke stand ein mechanisches Klavier, an der Rückwand befand sich eine lange Bar, und über dem Spiegel hing ein Ölgemälde. Es stellte einen Mann dar, der mit Woodrow Wilson nur eine entfernte Ähnlichkeit hatte. Es war ein Riesenschinken, ohne Zweifel das Werk eines Herumtreibers, der damit seine Schnapszeche bezahlt hatte.

Der ganze Raum stank. Die Luft war getrübt von den verschwendeten Stunden der Männer, und jedesmal, wenn ich mit meinem Dutzend Zeitungen unter dem Arm durch die Tür kam, stellte ich mir von neuem die Frage, was sie überhaupt am Leben erhielt. Ich dachte manchmal: Möglicherweise ist es das stumme Klavier in der Ecke. Vielleicht harrten sie darauf, daß einer mit Spendierhosen hereinkam und einen Nickel einwarf. Vielleicht warteten die Männer auf Musik. Vielleicht war es auch das große Gemälde von Woodrow Wilson, des großen Mannes jener bösen Jahre. Vielleicht war es eine dumpfe, jahrhundertealte Kraft in ihnen, die weitere Jahrhunderte alt werden wollte. Vielleicht war es gar nichts.

Eines Tages verschluckte der kleine Japaner, der Suki genannt wurde, eine dicke Fliege.

Er war ein sehr melancholisch aussehender Mann. Jeder Japaner, der nichts zu tun hat, sieht melancholisch aus. Das Nichtstun paßt nicht zu diesem Menschenschlag. Suki war von allem enttäuscht, und niemand wollte sein Freund sein. Er versuchte, sich mit seinen Landsleuten zu arrangieren, die ebenfalls in der Kneipe herumhingen, aber sie wollten mit ihm nichts zu tun haben. Er versuchte, mit den Negern zu lachen, aber er konnte nicht lachen wie sie, und ihnen gefiel der Mißklang nicht, wenn sich sein Kichern in ihr Gewieher einmischte. Sie knurrten ihn jedesmal an, wenn er mit ihnen zu lachen versuchte. Er versuchte sich mit den Indianern und Mexikanern anzufreunden, aber es mochte wirklich niemand nett zu ihm sein. Schließlich gab er resigniert auf und hockte nur noch irgendwo in der Ecke.

Eines Tages im August entdeckte Suki, daß alle im Lokal sich der Fliegen bewußt waren. Sie ärgerten sich nicht darüber, aber sie waren sich der Fliegen bewußt. Es war sehr heiß und sehr still im Lokal, und die großen Fliegen schwirrten herum, setzten sich auf die Nasen der Männer und gaben Geräusche nach Fliegenart von sich. Suki stand von seinem Stuhl auf und bemühte sich erfolglos, eine der Fliegen mit der Hand zu fangen. Alle beobachteten ihn. Er probierte es erneut, und diesmal erwischte er eine. Die Fliege war wütend, versuchte aus seiner Hand zu entkommen und brummte laut, aber Suki hatte sie an den Flügeln gepackt.

Dann verschluckte er sie.

Seine Landsleute gingen zu ihm hinüber und sprachen voller Ernst und Würde japanisch mit Suki. Wie es schien, wollten sie wissen, warum er die Fliege verschluckt hatte. Er sagte ihnen, er habe die Fliege verschluckt, weil er sonst vor lauter Langeweile verrückt werden müßte. Seine Landsleute waren ziemlich beunruhigt, aber zugleich auch sehr stolz. Zuerst dachten sie, daß er sich wichtig machen wolle. Es gäbe keine Arbeit für ihn auf der Welt, sagte er traurig. Sie fragten ihn, was er denn arbeiten wolle, und er sagte, er würde gern Erdbeeren pflanzen und sich um sie kümmern. Seine Landsleute sagten ihm, die Zeit der Erdbeerpflanzen sei längst vorbei. Suki sagte, das sei ihm bewußt.

Dann erzählten seine Landsleute den anderen Männern, warum Suki die Fliege verschluckt hatte.

In den letzten Tagen des Krieges redeten die Männer im »Europa Club« wochenlang über Suki und die Fliege, die er verschluckt hatte. Manchmal hielten sie ihn deswegen für einen Narren, und manchmal für einen Helden.

Noch ehe der Krieg zu Ende ging, verschluckte Suki vier weitere Fliegen. Bei der ersten und der letzten war ich Augenzeuge. Die Neger haben mir von den anderen beiden Malen erzählt. Sie sagten, er habe die Fliegen gemocht. Sie brüllten vor Lachen über Suki und seine Fliegen.

Er war ein sehr melancholisch aussehender Mann.

Die Männer warteten geduldig, und schließlich war der Krieg aus.

Als die Soldaten, die aus unserer Stadt stammten, aus dem Krieg zurückkehrten, wurde der »Europa Club« an einen von ihnen verkauft, der die Nichtstuer rauswarf und den Laden wieder in Ordnung brachte. Der neue Besitzer steckte selbst Münzen in den Geldschlitz des Pianolas, und ich hörte jedesmal Musik, wenn ich den Club betrat. An den Tischen saßen nun Männer, die richtig um Geld spielten. An der Bar standen Männer, die tranken. Das war natürlich alles illegal und verboten, aber der Ex-Soldat war ein harter Bursche, der alle Tricks kannte. Seine besten Freunde waren Polizisten.

An einem Februarnachmittag, als ich mich im »Europa Club« befand, sah ich Suki hereinkommen und etwas zu trinken bestellen. Er sah enttäuscht aus, und nachdem er seinen Schnaps gekippt hatte, fing er eine Fliege und schluckte sie runter. Der Ex-Soldat drehte beinahe durch, als er sah, was Suki tat. Er packte ihn mit der Linken am Kragen und mit der Rechten am Hosenboden und beförderte ihn hinaus auf die Straße.

Ohne sich umzudrehen, ging der kleine Japaner von dannen. Der Ex-Soldat kam zurück und warf einen weiteren Nickel in den Geldschlitz.Dann drehte er sich um und entdeckte mich. »Ich will, daß du verschwindest«, fauchte er, »und dich hier nie wieder blicken läßt.«

Der unveröffentlichte Schriftsteller, der Regen, die Tochter

Es regnet, und seit Monaten ist das Pflaster mit den traurigen Spiegelungen der Häuser bedeckt. Ab und zu werden sie von den Scheinwerferblitzen eines Autos erleuchtet, das die Straße herauf durch die Nässe zischt. Ich sitze im Vorderzimmer des Hauses mit meiner Tochter Joanna. Sie ist ein kleines Mädchen von drei Jahren. Joanna hat die großen Augen ihrer Mutter, und sie ist genauso still wie ihre Mutter. Sie steht am Fenster und starrt hinaus auf die traurige Straße. Ihre Gegenwart und ihr Schweigen vermitteln mir das kindliche Staunen über die Welt, und es kommt mir so vor, als wäre ihre Klugheit die einzige Klugheit des Menschen; zusehen, angerührt werden vom Bild des Lebens und doch nichts zu sagen. Wenn sie so schaut und nichts sagt, glaube ich mehr zu wissen über die Sprache, als ich es je zuvor tat. Dennoch ist es mir unmöglich, in Worte zu fassen, was ich meine. Es kommt mir so vor, als wäre Schweigen alles.

Ich kann nicht klarer ausdrücken, was ich empfinde. Es ist kein gewöhnliches Gefühl und verweigert sich der Sprache. Das Kind schweigt. Die Traurigkeit der Straße ist ihre eigene verzweifelte Traurigkeit, aber sie bleibt stumm.

Ab und zu sagt sie allerdings doch etwas mit Worten, und aus irgendeinem Grunde erscheint mir das, was sie dann von sich gibt, so klug und endgültig, daß ich als Schriftsteller mich schäme. Ich frage mich, wie es kommt, daß meine Sprache so untauglich ist.

Es ist schon Abend, aber wir sitzen weiterhin im Dunkel des Raumes, denn Dunkelheit und Schweigen scheinen zusammenzugehören, und wir scheinen beide zu wissen, daß wir diese Dunkelheit wollen und diese Stille, regungslos und schweigend. Ich habe versucht, so still zu sein wie das Kind, und mich nicht von meinem Stuhl weggerührt. Aber meine Tochter schien immer noch unendlich viel stiller zu sein als ich. Das Schweigen scheint bei ihr viel mehr zur Persönlichkeit zu gehören als bei mir; es fällt ihr mühelos leicht, während ich nur ruhig bin, weil ich mich dazu zwinge. Weiß Gott, wenn das Kind nicht im Raum wäre, würde ich wahrscheinlich im Zimmer auf und ab gehen und schreien, obwohl ich weiß, daß es töricht wäre. Ich würde es tun, ohne es eigentlich zu wollen, einfach aus dem Gefühl heraus: ich muß.

Joanna dreht sich plötzlich um und spricht englisch. Ihre Stimme zu hören, stimmt traurig: Dunkelheit und Schweigen und Regen und Leben und Traurigkeit gehören zusammen, mein Leben und ihr Leben in der Dunkelheit, mein Kind, das mit mir spricht: ein anderes Kind, mit den tiefen Narben von Schmerz und Erfahrung, häßlich entstellt vom Älterwerden.

»Es weint«, sagte sie.

In all meinen kümmerlichen Schriften habe ich nichts gesagt, was kunstloser oder tiefsinniger wäre. Ich möchte das Kind in den Arm nehmen, aber das wage ich nicht. Ich gebe einen Laut von mir, der zwischen Lachen und Schluchzen liegt, und frage mich, warum mein Leben so düster sein muß.

Sie wendet sich wieder zum Fenster und sieht die Straße hinauf. Ihre Mutter wird bald nach Hause kommen, und wir sitzen am Fenster und warten.

»Du holst Geld«, sagt das Mädchen. »Du kaufst mir Schlittschuhe. Ein Paar Schlittschuhe.«

»Ja«, sage ich. »Ich tue das und kaufe dir Schlittschuhe.«

Herrgott, mein Kind möchte Schlittschuhe, und ich habe kein Geld. Einen ganzen Monat lang habe ich versprochen, ihr Schlittschuhe zu schenken, und es dennoch nicht getan, und mein Kind kann den Wunsch nicht vergessen, dieses Spielzeug zu besitzen. »Du holst Geld«, sagt sie, und ich sage: »Ja, ich tue das und kaufe dir Schlittschuhe.« Und jeden Tag glaubt sie mir die Lüge voller Vertrauen. Ich habe kein Geld. Soll ich meinem Kind ein paar Schlittschuhe stehlen?

Das Wort

Soweit es den Menschen betrifft (und das Königreich des Menschen: die Welt, die er, verdammt wie sie ist, auf Erden gebaut hat), können wir wohl davon ausgehen, daß es keinen Anfang gab vor dem Wort. Ein Universum allerdings schon: unsere Erde, die Jahreszeiten; den Raum, Licht und Dunkel, Wärme und Kälte, Luft, Wasser und Feuer, Materie und Energie, Wachstum und Wandel; und *Zeit*, jedenfalls insofern, als man Zeit als Bestandteil von Tag und Nacht sehen kann, als Teil des ständigen, wunderbaren Energiestroms in der Materie, als Teil des ständigen Zusammenhangs der Materie, als Teil von Anfang und Ende, Geburt und Tod, Einatmen und Ausatmen aller Lebewesen, Tier oder Mensch.

Wenn wir von gottesfürchtiger Natur sind (und natürlich sind wir das; denn niemand vermag sich vorzustellen, er könne überleben, ohne Gottesfurcht!), müssen wir glauben, daß Gott vor dem Wort war und daß es das Wort gab, bevor es auf uns gekommen und in die Sprachen der verschiedenen Stämme auf der Erde übersetzt worden ist.

Das heißt, das Wort ist seinem Wesen nach zeitlos, ohne Anfang und Ende. Es ist für uns nur das Symbol des gewaltigen und komplizierten Dinges an sich, so zeitlos, vielfältig, vergänglich oder veränderlich es auch sein mag: Das Wort ist der passende, notwendige, edle Ersatz. Es ist das Mittel, um das eine einzige Ganze in kleine einzelne Einheiten aufzuteilen, die (zumindest innerhalb gewisser Grenzen) eine Verständigung zwischen den Menschen zulassen, ohne daß man jedesmal, wenn man den Mund aufmacht, ganz von vorn anfangen und alles benennen muß, was *ist.* Das Wort ermöglicht Gemeinschaft zwischen den Menschen, zwischen dem einen und dem anderen, zwischen dem Menschen und Gott oder dem Universum oder dem Nichts, oder Gott in der Zeit oder im Universum. Das Wort ermöglicht Frage und Antwort, Bewußtsein, gezieltes Denken, absichtsvolles Handeln und begründet damit die Freiheit der Wahl.

Wenn nicht das Wort anstelle des Dinges an sich stünde und sein passender, notwendiger Ersatz wäre, müßte man ein sehr gewandter Redner sein, um seinem Nachbarn einen guten Tag wünschen zu können, und ein wahrer Dichter, um im Laden ein Geldstück gegen eine Büchse Bohnen zu tauschen.

Das Problem besteht natürlich darin, daß das Wort auch mißbraucht wird, vor allem von Wissenschaftlern und Philosophen, die abstrakten Begriffen nachjagen und das Symbol so unterschiedlich verwenden, daß es seinen Zweck verfehlt und die Wahrheit (ja, sogar jegliche Annäherung an sie) ein syntaktischer oder stilistischer Trick wird, mehr das

Ergebnis von Mühsal und Sturheit als von Ernst und klarer Erkenntnis.

Ich war ebenso erstaunt wie belustigt, bei der Lektüre der verschiedensten lebenden und toten Wissenschaftler und Philosophen feststellen zu müssen, wie seltsam und grotesk das Wort oft gebraucht wird.

Gleichzeitig wurde mir beim Lesen klar, daß beinahe jedes Wort, das benutzt wird, letztlich bedeutungslos ist.

Inzwischen bin ich davon überzeugt, daß dies so ist, weil die Sprache des Wissenschaftlers, im Gegensatz zur Sprache des Dichters, ohne Form ist. Denn die grundlegende Wahrheit aller Dinge – soweit wir je hoffen können, diese Wahrheit bestimmen oder verstehen zu können – ist die Form, also das, was ist, *wie* es ist; Art und Gestalt des Dinges nicht weniger als das Ding selbst. Das Universum ist Form, Ganzheit, eins seiend, und ein Gedicht ist insoweit schön und wahrhaftig und befriedigend, als es seine Form bewohnt, ein Ganzes bildet, ein Universum. Der Leser eines solchen Gedichts wird unbewußt für einen Moment von der Zerrissenheit geheilt, er wird für einen Augenblick in den Zustand der Gottseligkeit zurückversetzt, empfindet für einen Augenblick das Einssein, denn das Gedicht *ist das Ding.* Der Leser spürt, wie er zum Anfang zurückversetzt wird, zur Zeitlosigkeit, Unschuld und Vollkommenheit, und mit dem letzten Wort des Gedichts gelangt er dorthin, vorübergehend flüchtig.

Ob es dem Autor des Gedichts auch so geht, während er schreibt, sei dahingestellt, aber wenn das Gedicht Form hat, dann wird er, nachdem das Werk fertig ist, dasselbe erleben. Wenn das Gedicht Form hat, dann wird es für immer Form haben, der Mann, der das Gedicht zu Papier gebracht hat, aber nicht. Deshalb hat er sich die Mühe gemacht, es zu schreiben. Wenn das Gedicht vollendet ist, hat es zur Gänze Bestand aus sich heraus, und der Verfasser weiß, daß er einmal von Gott beseelt war, und alle Menschen, die es lesen, werden, auch wenn sie selbst nicht schreiben, erfahren, wie sie von Gott beseelt werden, weil es der Autor auch war.

Ich glaube, daß darin die Aufgabe des Dichters besteht: die Fragmente des Menschen zusammenzusuchen.

Die Form wird bewohnt von Substanz, die nicht unbedingt Materie sein muß: Oft ist es Energie, Stimmung, Erinnerung, Temperament et cetera. Substanz ist alles und jedes. Über nichts zu schreiben, ist unmöglich, denn es gibt nichts, das nichts wäre. Als Tschechow sagte, er könne über alles eine Kurzgeschichte schreiben, meinte er, daß er allem Form geben könne: daß er jeden beliebigen Gegenstand in Beziehung setzen könne zum Ganzen.

Der Stil, das ist der Mensch selbst, gewiß, aber jeweils nur zu einem bestimmten Zeitpunkt, in einer bestimmten Verfassung und in Relation zu einem bestimmten Problem. Wenn ein Autor immer wieder in derselben Art weitermachen wollte, in der er schon einmal geschrieben hat, müßte er untergehen. Der jeweilige Unterschied mag stets nur gering sein, aber er ist doch vorhanden. Das ist auch der Grund, warum ein Dichter nicht aufhört zu schreiben, wenn er einmal ein gutes Gedicht, eine gute Geschichte oder einen guten Roman verfaßt hat. Zum Stil gehören, glaube ich, auch die Integrität eines Menschen – oder deren Fehlen –, aber nicht nur das. Zum Stil gehören noch zahllose andere Dinge, von denen viele ganz belanglos erscheinen, aber was ist schon belanglos?

Mir ist das Wort heilig. Nur das Wort hat die Kraft, die Welt zurückzuführen zur Ordnung und den Menschen zu

Gott. Leider war das Wort auch die Kraft, welche die Welt zur Verdammnis geführt hat und den Menschen uneins werden ließ. Es ist vorwiegend das *Ja*, aber es wird wahrscheinlich immer auch das *Ja* und das *Nein* sein. Das hat nichts damit zu tun, daß die Menschen verschieden sind, sondern damit, daß der Mensch sich verändert. Am Anfang war das Wort unveränderlich Gott; jetzt ist es Mensch, und Gott nur noch selten.

1933

1932 sank dahin und fiel. Ich stand am Fenster und sah dem Jahr zu:

noch eine Zigarette.

Januar: Der Körper friert, der Geist ist ohne Sonne und trostlos.

Prosa:

Ein junger Mann geht durch die Straßen und liest. Plötzlich wird mir bewußt, daß ich es selbst bin. Irgendwie ist das merkwürdig, daß ich immer noch lebe. Wie kommt es, daß ich wieder in der Stadt bin, spazierengehe, ein Buch vor mich hinhalte?

Ein Buch:

Das ist wirklich lustig, daß ich immer noch in Gedrucktes verliebt bin.

Kurzgeschichte:

Kein Platz zum Schlafen: (der entfernte Schrecken, der Schrecken des Entfernten; das Flüstern des eigenen Ohres, gewaltiger als jeder wirkliche Ton.)

Zehn Minuten vor elf, ich muß husten:

Wenn man sich, um der größeren Objektivität willen, einmal neben sich versetzt, wird man unweigerlich feststellen, daß es in gewissem Sinne keinen lebenden Menschen gibt, der keine Krankheit hat. Auf diese Weise begreift man, daß am Leben sein krank sein heißt, denn das Leben selbst ist ein ständiger Kampf mit dem Tod, ein Kampf, den wir immer verlieren, früher oder später.

Geschichte:

Wir sind zwischen den Bergen im Tal, unser Klima ist gut, obwohl die Atmosphäre gelegentlich etwas schwül werden kann. Unsere Kirchen sind zahlreich, und unsere Straßen sind breit und ausgezeichnet gepflastert. Vor zehn Jahren gab es erst zwei Wolkenkratzer in unserer Stadt, und heute sind es schon sechs, und das Pacific Southwest Building ist fünfzehn Stockwerke hoch. Unsere Polizei ist recht tüchtig, und unsere Kriminalität ziemlich leicht; Mord und Selbstmord sind selten. Wir haben ein wunderbares Bezirkskrankenhaus, und das Leben der Leute ist gut. Es gibt allerdings eine Bevölkerungsgruppe, die unseren guten Ruf rasch untergräbt. Das sind die lauten Menschen mit den schlechten Manieren. Von der Häßlichkeit, die es überall gibt, haben auch wir unseren Teil abbekommen, und von der Schönheit, die selten ist, ebenfalls, so daß unser Leben, was immer geschehen mag in unserer Stadt, sowohl gut sein muß als auch böse. (Das eigentliche Wesen der gesamten Bevölkerung einer kleinen Stadt einzufangen, falls möglich, bedeutet auch: Klima, gesellschaftliche Ereignisse, soziale Mißstände und so weiter und so fort.)

Eine Geschichte, die verflochten mit Tagesnachrichten ist: Schlagzeilen: Krieg in der Mandschurei, soundso viele getötet, Namen, wenn möglich: Ereignisse in Europa: Feuer, Unwetter, Schiffsuntergänge, Entführungen, Raubüberfälle; das ganze Bild: Bewußtsein: und eine behutsame Würdigung solcher Ereignisse, die nicht in den Zeitungen stehen: Gespräche, sehr jugendliche, sehr zarte Liebesgeschichten, keine Berührung der Hände, in manchen Fällen gar kein äußerer Ausdruck; außerdem eine sehr fromme Predigt.

Feuer interessiert mich.

Ein einzigartiger Prosastil: technisch einfach, aber in seinen Andeutungen komplex und tiefgründig: nicht, was gesagt wird, sondern was es bedeutet, et cetera.

Programm: Aufstehen um sechs, eine halbe Stunde spazierengehen, das Frühstück um sieben beenden, mit der Arbeit an einem Roman beginnen, jeden Tag tausend Worte, diese um zehn Uhr abschließen, bis Mittag lesen oder ausruhen, leichtes Mittagessen; der Nachmittag könnte dem Abfassen von Kurzgeschichten und Kritiken gewidmet sein (Theaterstücke, und so weiter, alle Formen); am Abend Religion: laut singen: *Näher, mein Gott, zu Dir*, und keinerlei Spott mehr.

Unser Schweigen war früher Musik.

Schweigen heute ist Kummer.

Mit dem Wind fährt alter Schrecken durch die Straßen, hebt die Zeitungen von gestern aus ihren Gräbern und fegt sie mit dem Staub ins Gefecht gegen eine Armee von abgestorbenen Blättern. Mit dem Regen vergießen die Türme der Stadt ihre Tränen.

Ein Buch über das Heldentum: Furchtlosigkeit, blinde Selbstaufopferung: persönliche Katastrophen, Krieg und Frieden.

Kunst & Politik: Frankreich und England beständig im Krieg, beständig durch die Kunst miteinander kommunizierend; andere Völker.

Der Ruf zu den Waffen.

William Saroyan,
geboren am 31. August 1908,
am 23. April 1933
24 Jahre, 8 Monate und 23 Tage,
8984 Tage,
8984 Nächte,
215.616 Stunden oder
12.936.960 Minuten oder
776.217.600 Sekunden am Leben.

Thurber: Ich würde meinen rechten Arm hergeben, Mr. Bolenska, wenn ich so Violine spielen könnte wie Sie.

Mary Petty: männlich und weiblich, sehr alt: Dann kamen der Burenkrieg und Sie.

W. Steig: Schreiben Sie diesem dreckigen Hund einen netten, taktvollen Brief.

Noch einmal: Rechtsanwalt zum Angeklagten: Es ist alles in Ordnung, Kumpel. Ich kann jetzt beweisen, daß Sie ein unterentwickelter Vollidiot sind.

Noch einmal: ein hochherrschaftliches Haus: Butler: Wann kann ich denn mit den zehn Cent rechnen, Sir, die Sie mir schulden?

Und die Mauern schwankten, die Tore stürzten, und die Erde bebte, Jericho. Die Häuser fielen in sich zusammen, kleine Jungen liefen um ihr Leben und schrien: Jericho. Jericho, Jericho, du wirst leben, leben, leben, Jericho.

Die Neuankömmlinge

Erster Akt. Erste Szene. Zeit: die Gegenwart vor zwanzig Jahren. Schauplatz: das Ausländerviertel einer kleinen oder mittleren Stadt im San-Joaquin-Tal, Kalifornien. Es ist das gemischte Ausländerviertel mit vielen Nationalitäten. Die wichtigste Nationalität ist die Armut. Es ist Samstag, ein Sommertag, früh am Morgen. Auf der anderen Seite des Weges hinter den Häusern liegt ein unbebautes Grundstück, der Spielplatz der Kinder aus der Umgebung. Vorn sieht man die hintere Veranda der Familie Melikian. Ein neun- oder zehnjähriger Junge, Joe Levy, steht auf dem Weg und ruft seinen Freund, Gregory Melikian.

JOE (kräht wie ein Hahn und stößt, wenn er spricht, den Kopf nach vorn wie eine Krähe): Greg, kannst du herauskommen? *(Pause.)* Kannst du herauskommen, Greg? *(Pause.)* Greg, kannst du herauskommen? *(Pause. Das Ganze nimmt die unwirkliche Eindringlichkeit an, die wir mit traditionellen Ritualen verbinden; Joe wiederholt seine Frage immer weiter, aber eine Antwort unterbleibt. Joe träumt, auch während er ruft, und doch ist er sehr hartnäckig.)* Kannst du herauskommen, Greg? Greg, kannst du herauskommen? *(Für Joe hat das, was er tut, nichts Komisches an sich. Offenbar schlafen sein Freund und dessen Eltern noch. Trotzdem kräht Joe immer weiter.)* Kannst du herauskommen, Greg? *(Pause. Irgendwo wird ein Fenster geöffnet, zumindest in der Nachbarschaft scheint sich etwas zu rühren. Der Junge hört zu, scheinbar gleichgültig.):* Hmmmm? *(fragend, als ob Greg für den Lärm verantwortlich wäre.)* Kannst du herauskommen, Greg?

Man hört ausländische Stimmen, ärgerlich und verschlafen, im Haus der Familie Melikian, dann hastige Schritte, dann stürmt Greg, nur halb bekleidet, heraus, verfolgt von seinem Vater, der auf armenisch hinter ihm herflucht. Er ist ein dunkelhaariger Riese mit einem Schnurrbart, der noch aus Armenien stammt. Er ist sehr wütend, wie er da im Nachthemd in der Tür steht und auf seinen Jungen und dessen Freund schimpft. Sein Ärger legt sich etappenweise, aber doch ziemlich rasch, er schüttelt den Kopf beim Anblick der beiden Freunde, gähnt und setzt sich auf die Verandastufen.

GREG: Grüß dich, Joe. Ich hab' dich gar nicht gehört. Mein Vater hat mich geweckt. Wie spät ist es eigentlich?

JOE: Ich weiß nicht.

GREG: Hast du schon was gegessen? *(Sehr rasch gesprochen natürlich.)*

JOE: Vor einiger Zeit.

GREG: Hat dich dein Vater geweckt?

JOE: Nein, er schläft noch.

GREG: Und wer hat dich geweckt?

JOE: Niemand.

ARAM MELIKIAN *(Gregs Vater, ruft auf armenisch von der Veranda):* Worüber redet ihr da?

GREG *(auf armenisch):* Nichts. Ich habe ihn nur gefragt, wie es kommt, daß er schon so früh auf ist.

MELIKIAN: Hmm. Wer ist das eigentlich?

GREG: Das ist mein Freund, Joe Levy.

MELIKIAN: Er ist Jude.

GREG *(gleichgültig):* Ja, kann sein.

MELIKIAN: Er kräht lauter als ein Hahn. *(Der alte Mann geht zurück ins Haus.)*

JOE: Was hast du gerade gesagt?

GREG: Er wollte bloß wissen, was wir gerade gesagt haben.

JOE: Versteht er kein Englisch?

GREG: Nur ein bißchen.

JOE: Bei meinem Vater hört man fast gar keinen Akzent.

GREG: Mein Vater hat nicht viel Gelegenheit zum Üben. Er kennt fast nur Armenier, und sie reden immer armenisch.

Das Lied

Er ging die Straße hinunter, wo die Männer standen und laut miteinander redeten: Melik, der Bruder seiner Mutter, die Brüder Sourabian Toumas und Hovak und Tato Vahali, der Assyrer.

Es war der schönste Nachmittag, den er je erlebt hatte, und allem entströmte Musik, warm, herzlich und klar. Er hörte die Männer von weitem, ihre Stimmen dröhnten, obwohl sie ganz gelassen und keineswegs wütend waren, sondern vergnügt. Er spürte eine plötzliche Freude darüber, daß er dazugehörte, einer von ihnen in ihrer Welt war. Er freute sich, daß er die geheime Sprache kannte, in der sie sich unterhielten, jene fremde, reiche, warme, verquere Sprache, die allein ihnen und ihm gehörte, die er so gern sprach, obwohl ihm die Männer gesagt hatten, daß er sie nicht besser sprach als ein Bauer.

»Hör mal, wie der Junge redet«, sagte der Bruder seiner Mutter jetzt oft. »Die groben Bauernworte klingen bei ihm ganz natürlich. Man könnte meinen, er wäre in der alten Heimat geboren, und annehmen, dort wäre sein Zuhause. Man würde nie darauf kommen, daß er Amerikaner ist.«

»Junge«, sagte sein Onkel zu ihm, »woher kommst du?«

»Ich komme aus Bitlis«, sagte er immer, und dann brüllte der Bruder seiner Mutter vor Lachen.

»Wirklich«, sagte er. »Der Junge ist wirklich aus Bitlis.«

Es war der lebendigste Nachmittag, den er je erlebt hatte. Es war heiß, aber die Beschaffenheit der Hitze war so, daß man glaubte, alles mögliche bewerkstelligen zu können. Es war die Art Hitze, die alles hervorbrachte, was auf der Welt gut war. Sogar die düsteren Straßen schienen voller Kraft und Lachen zu sein. Der Himmel selbst war wie ein guter Bekannter. Die Sonne war dem Herzen so nahe wie ein Vater dem Sohn. Leute, die man gar nicht kannte, kamen einem wie Brüder vor. Selbst unsympathische Menschen deuchten liebenswert, ja, man konnte sie für abgewandelte Erscheinungsformen der eigenen Person halten.

Während er sich den Männern näherte, überlegte er, ob er einfach unbemerkt vorbeigehen und sie in ihrem Vergnügen ganz ungestört lassen sollte, oder ob er stehenbleiben, den Blick seines Onkels auffangen und sich in die Gruppe hineinziehen lassen sollte als einer von ihnen. Er wollte sich nicht aufdrängen, aber auf der anderen Seite freute er sich über die Männer und hätte zu gerne auch etwas gesagt, und so hoffte er, man würde ihm die Gelegenheit dazu geben.

Der Bruder seiner Mutter führte das Wort. Er machte sich über Torosian lustig, einen hochtrabenden Schwätzer, der nie zur Sache kam, aber soviel darum herumredete, daß man glaubte, er hätte einem in aller Vertraulichkeit etwas Wichtiges mitzuteilen.

»Ich will dir etwas sagen, mein Bruder«, sagte Melik und

parodierte Torosians Redeweise dabei. »Man weiß ja, daß es Mittel und Wege gibt, solche und solche, wie es so schön heißt. Barfuß geht man nicht schnell. Aber natürlich sind alles vielleicht nur Gerüchte, die seine Feinde verbreiten. Die Leute reden ja viel. Er ist auch nur ein Mensch. Vielleicht ist er krank, vielleicht ist er verwirrt, man kann ja nie wissen.«

»Worum geht es?« fragte Melik mit normaler Stimme und erzählte damit die Geschichte, zeichnete das Porträt des geschwätzigen Mannes. »Worum es geht? Das wolltest du mir doch gerade erzählen.«

»Tja, was soll ich sagen?« erwiderte er in der Rolle des Schwätzers.

Die Männer brüllten vor Lachen, der Assyrer fing sogar an zu husten, krächzte, bückte sich, hielt sich den Kopf.

»Melik«, rief er. »Melik, du kannst vielleicht Geschichten erfinden!«

»Aber es ist doch wahr«, sagte Melik. »Der Mann redet dauernd und sagt nichts. Er sei auch nur ein Mensch, verkündet er. So sei nun mal die Welt. Aber wer versteht denn das eine oder das andere? Er sagt, es gäbe solche und andere Menschen. Mehr sagt er nicht. Keiner weiß, was ihn dazu treibt. Dabei ist er so schwerfällig und vorsichtig mit seiner Idiotie.«

Plötzlich entdeckte ihn der Bruder seiner Mutter, wandte sich um, noch mit den letzten Worten auf der Zunge, lachte und sagte, ohne den Tonfall zu ändern: »Was machst du und wo gehst du hin?«

Der Junge lächelte schüchtern. Er hatte verstanden. Eine Antwort war nicht erwünscht. Abwartend blieb er stehen, um zu sehen, ob der Bruder seiner Mutter ihn auffordern würde zu bleiben.

»Das ist der jüngere Sohn meiner Schwester«, sagte sein Onkel und zog ihn scherzhaft am Ohr und fragte: »Woher kommst du?«

Der Junge konnte der Versuchung, sich an ihrem Spiel zu beteiligen, nicht widerstehen.

Er tat so, als wäre er verlegen, unsicher und äußerst verwirrt. Die Männer amüsierten sich, sie wußten ja, zu welchem Stamm er gehörte.

»Ich bin auch nur ein Mensch«, sagte der Junge im Ton von Torosian.

Die Männer brüllten vor Lachen.

»Barfuß geht man nicht schnell«, sagte er. »Aber natürlich sind es vielleicht auch nur Gerüchte, die meine Feinde verbreiten.«

»Seht ihr?« sagte Melik. »Der ist auch nicht besser als wir. Wie geht es deiner Mutter?«

»Tja, was soll ich sagen?« erwiderte der Junge und setzte die Vorstellung mit lebhaften Handbewegungen fort.

»Ab mit dir«, sagte Melik mit komischer Hast. »Mach, daß du weiterkommst.«

Der Junge lief eilig die Straße hinunter, und noch einmal lachten die Männer.

Noch bevor das Gelächter verklang, hatte ein Lied Besitz ergriffen von ihm und strömte in den Nachmittag hinaus. Was mache ich? Wo gehe ich hin? Nichts und nirgendwohin, Bruder, aber ich lache und hüpfe dabei wie wir alle.

Die Illustrierte *Life* und Harry, der Polospieler, der es nie in die Mannschaft geschafft hat

Sie wissen, wieviel wertvoller das Leben in Amerika geworden ist, seit jene Illustrierte erscheint, die sich schlicht *Life* nennt. Ein Blatt, das es, bekanntermaßen, schon jahrelang als sogenanntes Magazin für Humor gab. Das humorige *Life*-Magazin. Das heitere *Life*-Magazin, leichtfüßig, witzig, aber prononciert boshaft, witzig prononciert allerdings. Das Leben in diesem *Life*-Magazin war das Leben der langweiligen Vierzigjährigen, die auf eine langweilige Kindheit zurückblicken können, Mitglieder in irgendwelchen Clubs sind und Steuern bezahlen, kumpelhafte, allzu herzliche, glattrasierte, gutgekleidete, verheiratete Männer mit Frauen und Kindern, Männer, die Football-Spiele ansehen und überlaut reden, Männer, die langweilig und dumm geboren wurden und beim Älterwerden die Gipfel der Langeweile und Dummheit erstürmten, Collegeabsolventen, Verbindungsstudenten aus begüterten Familien. Das *Life*-Magazin war das Leben, wie es solchen Menschen erscheint. An dieses erste *Life*-Magazin vermag man sich heute nur noch schwach zu erinnern. Die Zeichnungen waren alle so langweilig. Die Texte konnten kaum lebloser, künstlicher oder unrealistischer sein. Zahnärzte legten das Magazin in ihren Wartezimmern aus. Jetzt, wo es das neue *Life* gibt, hat sich die ganze Lebenseinstellung verändert – die Einstellung zum amerikanischen Leben, zum europäischen Leben, zum Leben weltweit, zum Leben als solchem. Für zehn Cent wird einem eine breite Auswahl geliefert. Die Fotos sind Spitze. Sehr scharf und manchmal dramatisch. Man bekommt Bilder zu sehen von Leuten, Orten, Tieren, Fischen, Bakterien, Dingen aller Art aus den verschiedensten Welten, Partys, Streiks, Unwetter, Versammlungen, Beerdigungen, Geburten – und überhaupt alles, was fotografiert werden kann. Es ist eine gute Illustrierte, und ich sollte auch die Farbreproduktionen alter und neuer Gemälde nicht vergessen, die sie bringt. Die sind auch erstklassig.

Aber was ist aus dem Leben geworden? Was ist aus dem richtigen Leben geworden? *Life* ist eine wunderbare Illustrierte. Sie macht das Leben in Amerika dauernd wertvoller. Sie ist toll für Kinder, herrlich für die vierzigjährigen Langweiler, die überall sitzen, außerordentlich bildend für alle Eltern, die nicht das Glück gehabt haben, lange genug zur Schule gehen zu können, wunderbar für Debütantinnen, ihre Mütter, ihre Großmütter und dergleichen. Aber wo ist das richtige Leben abgeblieben?

Wann kommen Außenseiter zum Zuge? Welchen Stellenwert haben sie? Sie wissen schon, der Vierzigjährige, der kein Pferd hat und nicht Polo spielt. Der Mann, der nicht langweilig ist und auch keine langweilige Kindheit gehabt hat, der keinem Club angehört und zuviel weiß, um kumpelhaft oder herzlich zu sein, der nicht glattrasiert ist und nicht in Samt und Seide herumläuft, der unverheiratet ist, keine Kinder hat und so weiter? Was ist mit Harry? Was ist mit dem Amerikaner, der es eben nicht geschafft hat, aber dennoch kein Langweiler ist? Dessen Eltern unbegütert waren? Der nicht länger als ein Jahr auf der High School war, geschweige denn auf dem College. Lebt er auch? Oder ist die Langeweile das einzige Leben, für das sich *Life* interessiert? Was ist mit dem großen Versager? Gehört der nicht zufällig auch zum Leben? *Life* ist sehr lehrreich, und man kriegt für sein Geld eine Menge geboten. Das ist allwöchentlich wundervoll und eine riesige Schau zugleich – doch bloß weil das Blatt jede Woche voll ist, sollten wir nicht dem Irrtum erliegen, daß es wirklich alles bringt. *Life* funktioniert wunderbar, und wir sind alle außerordentlich dankbar. Freitag ist jetzt ein guter Tag, denn Freitag ist *Life*-Tag. Es ist ein neues Magazin und braucht wahrscheinlich nur Zeit. *Life* braucht sich nur darüber klarzuwerden, daß man die interessanten Langweiligkeiten nicht wiederholen darf, die einmal zu drucken gewiß nicht zu viel ist, die beim zweitenmal aber unweigerlich lächerlich wirken.

Solche Dinge kosten Geld. Man braucht große Redaktionen mit fähigen Leuten, ausgezeichnete Fotoreporter, intelligente Macher mit konzeptionellen Ideen, Männer mit guten Manieren, die wissen, wie man sich in vornehmen Häusern Zutritt verschafft und nicht aus dem Rahmen fällt, die die Kunst beherrschen, entzückt zu sein, denn das ist das einzige, worauf die feine Gesellschaft besteht, daß man alles tödlich aufregend findet. Musik? Ist wunderbar. Bücher? Sind einfach einfach. Malerei? Ist wirklich das das. Bildhauerei? Wie öde das Leben ohne sie wäre! Das wissen wir alle. Religion? Ist charmant! Und die dummen Diktatoren, die sie abschaffen wollen, wollen etwas beseitigen, was sehr tröstlich ist für das Volk, finden wir. Philosophie? Ist eine wirkliche Stütze. Eine Stütze in unruhigen Zeiten, finden wir. Sport? Macht ja solchen Spaß. Das Theater? Ist unsere wahre Welt. Die Oper? Herrlich. Die Politik?

Schlechterdings alles ist in Ordnung, wenn man nur frisch rasiert und gebadet ist, schöne neue Kleider anhat, wenn man gesund ist und lächelt und einfach entzückt ist. Sie sind ein wunderbares Völkchen, langweilig natürlich, aber sehr nett. Sie sind wirklich prachtvoll. Aber selbst eine Tragödie, falls eine sie trifft, wird entwertet und ist ohne wirkliche Größe, weil sie so schrecklich schrecklich entzückt sind und völlig damit beschäftigt, Partys für wirklich wichtige Leute zu arrangieren. Manche von ihnen haben schon mit Mitgliedern des spanischen oder russischen Königshauses gesprochen; einige junge hübsche Frauen haben schon mit spanischen und russischen und sonstigen Prinzen getanzt; wieder andere, ebenfalls jung, haben Affären mit russischen, spanischen, georgischen, griechischen, rumänischen und anderen falschen Prinzen gehabt. Aber selbst wenn sie eine Tragödie erleben, fehlt die heilsame Wirkung.

Die Illustrierte allerdings ist in Ordnung. Weil sie *Life* heißt, sind wir von den Bildern der Leute und Orte und den ganzen Dingen, die jede Woche darin veröffentlicht werden, so fasziniert. Es ist so ein schlichter Name dafür. Wir wollen nicht meckern. Wir sind dankbar, aber ist das der richtige Name?

Wir wollen keineswegs, daß irgendwer irgendwas unternimmt oder dergleichen, denn wir glauben sowieso nicht, daß irgendwer irgendwas ändern kann. Wir dachten nur, wir würden gern darüber nachdenken, ob alles wirklich so schlicht ist. Ist das *Life?* Oder ist es das Leben? Oder ist es die Chronik eines Teils davon? Oder was?

Was ist mit dem einzelnen Amerikaner? Er braucht gar kein Arbeiter zu sein, und auch kein Gewerkschafter, aber was ist mit dem einzelnen Amerikaner, der kein Pferd hat und gern eins gehabt hätte? Was ist mit dem Polospieler, der es nie in die Mannschaft geschafft hat?

Das Märchen vom Krieg zwischen dem alten Komplex und der neuen Kultur

Mein Sohn, schneide jetzt diesen Coupon aus und verschaffe dir ein bißchen Bildung, damit du direkt zu den Besten hingehen und ordentlich auftrumpfen kannst. Du bist nicht dumm, du bist bloß schlecht informiert. Die Yale Boys haben dir gar nichts voraus. Was du brauchst, sind bloß fünfzehn Minuten am Tag und ein Bücherstapel von zwei Meter Höhe. Du brauchst die Bücher vom alten Doc Eliot und den Plan, den Fünfzehn-Minuten-am-Tag-Plan. Der ist besser als der Fünfjahresplan. Was sind da schon fünfzehn Minuten bei vierundzwanzig Stunden am Tag? Du kannst morgens einen Band mitnehmen und dich in der Straßenbahn über das alte Indien informieren; abends auf dem Heimweg kannst du dann ein paar Kenntnisse über die Architektur der Römer erwerben. Und ein Jahr später marschierst du dann einfach zu ihnen hin, mit deinem ganzen Wissen über die Römer, legst deine Karten auf den Tisch und weißt gleich, du hast das richtige Blatt. Es muß ja nicht gleich ein Royal Flush, ein Full House oder ein Straight sein, aber vielleicht ist es ein Pärchen anstatt fünf wilder Karten und sonst nichts dazu.

Du brauchst nicht dein Leben lang rückständig zu bleiben. Du kannst den Coupon ausschneiden und abschicken, dann erhältst du kostenlos und ohne jede Verpflichtung die kleine Broschüre. Von den zwanzig Dollar, die du wöchentlich verdienst, kannst du eine kleine Anzahlung für die zwei Meter an Büchern aufbringen, und wenn sie dann eintreffen, kannst du sofort damit beginnen, dir ein bißchen Bildung zuzulegen. Du kannst auf der Stelle loslegen und anfangen, diesen blöden Komplex loszuwerden, der dich seit siebzehn, achtzehn, neunzehn, zwanzig, dreißig, vierzig oder fünfzig Jahren wurmt. Du kannst dich gleich dranmachen und Doc Eliot's *Harvard Classics* studieren.

Du brauchst so gut wie kein Geld zu haben, um den anderen ebenbürtig zu sein. Sohn oder Vater, was immer du sein magst, diese überragende Bibliothek mit 418 unsterblichen Meisterwerken wird durch das wunderbare Register mit seinen 76000 Stichworten, diesen lebendigen, mächtigen pädagogischen Block, den Leser zum Verständnis der Weltkultur führen. (Ja, Mann! Und wie!) Und so weiter und so fort. Und jetzt oder nie. Und morgen ist ein neuer Tag. Und die Kunst. Und die Ästhetik. Und die Landwirtschaft. Und die Politik. Und die Dichtkunst.

Und alles.

Alles, was du brauchst, um erfolgreich und gut informiert zu sein, um stets einen Scherz auf der Zunge, den Kopf voller Ideen, die Taschen voller Geld zu haben, ist zumindest ein Zwei-Meter-Regal voller *Harvard Classics*, die du, wenn es wirklich ganz schlimm kommen sollte, dem Gerichtsvollzieher an den Kopf werfen kannst, oder wer sonst dafür in Frage kommt.

Was du brauchst, ist Kultur, das ist alles. Und die kriegst du im Nu, mit fünfzehn Minuten am Tag. Und wenn die Kultur hereindrückt, tritt der alte Minderwertigkeitskomplex ab: Sie treffen sich auf der Treppe und wechseln dabei ein paar Worte, der alte Komplex poltert noch ziemlich, während die ankommende Kultur ganz leise und elegant spricht.

»Okay«, sagt der alte Komplex, »du kannst einziehen, Bruder, aber ich sage dir gleich, es ist ein ziemlich elendes Haus. Die Belüftung wird dir bestimmt nicht gefallen, die

Beleuchtung ist lausig, die Möbel sind ramponiert, und der Fraß ist so schlimm wie sonst nirgendwo auf der Welt, aber für mich hat es gelangt. Ich war es gewohnt, doch macht es mir jetzt auch nichts aus, für eine Weile auf der Straße zu sitzen. Ich kann ja jederzeit wieder zurück. Ich wünsche dir Glück. Wenn du wieder dahin willst, wo du hingehörst, findest du mich auf der Straße.«

»Das ist sehr freundlich von Ihnen«, sagt die glänzende Kultur mit einem vornehmen Oxford-Akzent. »Vielen Dank.«

»Ach, laß das Gerede«, sagt der alte Komplex. »Halt die Augen offen und sieh zu, daß du nicht in irgendein Loch fällst. Aber ich denke, das Terrain wird dich interessieren.«

Der alte Komplex zieht also aus, und die Kultur hält ihren Einzug. Der Bursche mit dem Ehrgeiz fängt voller Ernst an zu lesen: Father Eliot's Zwei-Meter-Berg mit den 418 unsterblichen Meisterwerken, das wunderbare Register mit seinen 76000 Stichworten. Doc Eliot selbst war ein ziemlich heller Kopf in der guten alten Zeit, als er vierzig Jahre lang Präsident war in Harvard. Vierzig Jahre, das ist alles; fünfzehn Minuten am Tag, das ist alles. Was soll das alles, mein Sohn?

Die Kultur also hält ihren Einzug und versucht, das Haus zu bewohnen. Nach einiger Zeit allerdings beginnt sie an Heimweh zu leiden, und nach sechs Monaten mit fünfzehn Minuten am Tag, schleicht sie sich eines Nachts auf Zehenspitzen aus dem Haus. Draußen auf der Straße stolpert sie über den alten Komplex.

»Schon?« fragt der alte Komplex.

»Wieso schon?« fragt die Kultur. »Eine Ewigkeit ist es gewesen, mein Bester.«

»Und wie hat es dir gefallen?« fragt der alte Komplex.

»Es war lausig«, sagt die Kultur. »Du kannst ihn behalten.«

»Sicher«, sagt der alte Komplex. »Aber Probieren geht über Studieren. Nichts für ungut.«

Und so zog mitten in der Nacht der alte Komplex wieder ein, und obwohl die Bücher immer noch eine Breite von zwei Metern füllen, weiß der Bursche, daß es keinen Sinn mehr hat, sich weiter selbst zu belügen: Kultur und Armut und Jahre der demokratischen Sklaverei passen einfach nicht zusammen, das ist alles.

Der lange Weg nach Tipperary

Vor mindestens zwanzig Jahren kam ein kleiner Junge mit Schwärmen von Sommersprossen im Gesicht eine Kleinstadtstraße herunter und pfiff die Weise vom langen Weg nach Tipperary. Jetzt ist er tot, und vor zwei Tagen, am Freitag, saß ein anderer Knabe, siebzigjährig, im Schaukelstuhl auf einer Veranda, erinnerte sich daran, daß es ein weiter Weg ist, und seufzte. Vielleicht ist es noch keine zwanzig Jahre her, daß der Junge das Lied pfiff. Vielleicht war es vor zwanzig Jahren auch noch gar nicht geschrieben, aber das bestätigt nur, was ich sagen will.

Ich möchte nämlich damit ausdrücken, daß die Iren kein Volk, sondern die Verkörperung einer Art Heimweh aller Lebenden sind. Alle möglichen Leute sind Iren, auch wenn ihre Eltern es nicht sind. Alle möglichen Leute weinen innerlich, wenn ein junger Mann seine klagende Verehrung für *»The Rose of Tralee«* ertönen läßt und davon singt, wie der bleiche Mond glänzt und daß es nicht allein ihr schönes Gesicht war, das sein Herz betörte, sondern die Wahrheit in ihren Augen. Irisch? Es gibt keinen Mann mit einem schlagenden Herzen im Leib, der nicht Ire ist, wenigstens zum Teil. Ich selbst bin zum Beispiel zu drei Vierteln irisch. Das ist die Wahrheit. Meine lange Reise nach Tipperary hat schon begonnen, bevor ich geboren wurde, und obwohl ich in Europa, in England, in London, in Schottland und an vielen anderen Orten war, habe ich Erin noch niemals betreten, ein Land, das ich merkwürdigerweise mehr liebe als das Tal, in dem ich geboren wurde. Als ich in Edinburgh war, nahm ich mir vor, nach Dublin zu fahren und mich auf die Suche nach Tipperary zu begeben. Aber in letzter Minute beschloß ich, den weiten Abstecher zu unterlassen. Wenn ich nach Erin komme, werde ich dann wirklich dort sein? Wenn ich Tipperary finde, wird es dann wirklich der Ort sein, an den ich mein ganzes Leben gedacht habe, wenn ich das Lied vor mich hinsummte? Natürlich nicht. Das Tipperary, dem die Menschheit treu ist, ist das große, grüne, köstliche, liebliche Tipperary des Herzens. Es ist der Himmel der Iren, und der Junge mit den Schwärmen von Sommersprossen in seinem Gesicht ging nach Tipperary, als er starb, oder kurz vorher. Mit seinem letzten Atemzug hat er wahrscheinlich gesummt: *»It's a long way to go.«* Und dann machte sich sein Herz auf den Weg.

Ich weiß nicht, ob es schwierig herauszufinden ist, wie die Iren in die Lage versetzt wurden, allen Lebenden das letzte Ziel zur Verfügung zu stellen, aber ich will es auch gar nicht versuchen. Mir genügt die Feststellung, daß das irische Herz das Herz eines Volkes voller guter Lieder ist. Und Lieder sind Leben. Wie das Atmen gehören die Lieder zum Leben.

Die Lieder aller Völker sind gut und großartig, aber nicht annähernd so wie die Lieder der Iren; und sie sind auch der inneren Reise der Lebenden nicht so nahe.

Der lange Weg nach Tipperary bleibt bis zur letzten Minute der lange Weg, und der Abschied vom Leicester Square ist der Abschied von der Welt. Es ist der Abschied von allen Dingen des Lebens, von aller Wärme, von allem Lachen, aller Freude, aller Gesundheit, allen Träumen und allem Herumwandern.

Also habe ich natürlich in letzter Minute meine Reisepläne geändert, weil keine Reiseroute einen nach Tipperary bringt.

Das war allerdings nicht der einzige Grund, warum ich nicht fuhr, denn er allein wäre etwas kindisch gewesen. Ich unterließ die Fahrt auch deshalb, weil ich mir höchstens zwei Tage in Irland hätte leisten können, und ich wollte mein Herz nicht mit einem unbefriedigenden und unergiebigen Kurzbesuch kränken, der mich wahrscheinlich nur traurig gestimmt hätte. Irgendwann werde ich nach Tipperary gehen. Ich werde tatsächlich aufbrechen, und es wird gar kein langer Weg sein. Ich werde tatsächlich eines Tages dort sein, in Tipperary. Ich werde am Leben sein und herumwandern, aber selbst dort, selbst in Tipperary werde ich wissen, daß es noch immer ein langer Weg nach Tipperary ist, ein langer Weg, und ich werde diesen feierlichen und fröhlichen Weg nur allzugern beschreiten.

Das Leben

Es ist schon das Leben, durchaus, was mir bei diesen Leuten, die ich im Sommer besucht habe, begegnete. Wieso eigentlich? Was tun sie, wieso ist es das Leben? Was ist die Ursache? Wie läuft es ab? Nun, vor allem hat jedermann Geld. Es gibt immer Schnaps. Es gibt immer etwas zu essen. Es gibt Frauen und Mädchen für die Jungs und die Männer. Es ist Zeit da für alles.

Nur ein Sache fehlt immer: nicht Intelligenz oder Witz, nicht Freundlichkeit oder gute Absichten oder eine Menge anderer wertvoller Dinge, sondern das Gefühl des Lebens. Das ist es, was fehlt: ein wirkliches Gefühl des Lebens. Dieses Gefühl geht ihnen ab, aber weil sie so viele andere Dinge haben und sich solche Mühe geben zu leben, ist das, was abläuft, seinem Wesen nach schrecklich. Es passiert nichts direkt Schreckliches, aber was da dauernd geschieht, ist schrecklich, und dann ereignet sich plötzlich etwas wirklich Schreckliches. Aber selbst dann versteht es niemand so ganz, und der Schrecken war umsonst, nutzt niemandem, schadet aber auch niemandem besonders, obwohl er das natürlich eigentlich sollte.

Sie sind immer voller Selbstmitleid, weil sie zuviel trinken, zuviel essen und zuviel herumhuren, oder es jedenfalls wollen. Sie sind immer albern und geschlechtslos. Sowohl die Männer als auch die Frauen schnattern ununterbrochen, seufzen und wissen nicht, was sie als nächstes tun sollen.

Was nun? Um Gottes willen, was tun? fragen sie sich ununterbrochen in höflichen Worten. Sie alle sind aber nicht berauscht von ihrer Energie oder Kraft, sondern haben zerschlissene Nerven, sie weinen Blut, ihre Herzen sind elend, und ihre Sinne sind aus dem Gleichgewicht.

Und doch sind sie lustige Zecher und Genießer, die Leute, die leben. Das Dinner ist stets ein Ereignis. Ein gesellschaftliches Ereignis. Das Mittagessen genauso. Oft auch das Frühstück. Und in der Zwischenzeit ist Trinken ein Ereignis. Es ist alles gesellschaftlich, alles trauriger Kram, Stammesritual.

Ich habe zuviel zu tun, um das alles noch ausführlicher zu beschreiben. Die Leute sind ja alle reizend und liebenswürdig, wie man so sagt, und wenn sie richtig in Form sind, sind sie auch gar nicht so dumm und lächerlich, wie sie scheinen. Sie sind nur einfach nicht geboren worden; sie wissen nicht, ob sie kommen oder gehen, weil sie viel zu beschäftigt mit dem sind, was sie *Das Leben* nennen – und was eigentlich *Der Tod* ist. Der sinnlose, unnütze, unbefriedigende Tod.

Cuba libre

Der Oberkellner wollte eine Bestellung aufnehmen.

»Ich möchte nichts«, sagte er. Er hatte den Burschen noch nie leiden können. »Ich warte auf Joe.«

»Joe ist nicht da«, sagte der Oberkellner. Er genoß seine Rolle.

Er ging zur Bar, um zu sehen, wer dort bediente. Der junge Italiener fragte mit den Händen, wie es ihm ginge.

Er sagte es ihm: »Ich habe zwei Leute bei mir da drüben am Tisch und kein Geld. Ich dachte, Joe wäre hier.«

»Das macht nichts«, erklärte der Italiener. »Trinken Sie einfach was, und ich schreibe es auf die Rechnung.«

»In Ordnung; die anderen wollen Bier, und ich nehme auch eins.«

»Wollen Sie keinen Brandy?« fragte der Barkeeper.

»Ich glaube, ich trinke ein Bier, genau wie die anderen«, sagte er.

Nach der ersten Flasche Bier allerdings fing das Mädchen an, ein anderes Getränk zu bestellen – Cuba libre. Der Drink sah aus wie Coca-Cola, als er an den Tisch gebracht wurde. Alle fünf Minuten sagte das Mädchen: »Und ich möchte noch einen Cuba libre.«

Sie redeten die ganze Zeit; der junge Mann steckte voller Idealismus und setzte große Hoffnungen auf die Menschheit; das Mädchen hatte mit seinem Kindergeplapper aufgehört und trank Cuba libre. Auch Bill Roma, der Barkeeper, hörte manchmal zu; und dann kam Lupo, der Kellner, herüber und sagte: »Wir hatten gerade eine kleine Diskussion. Ist Armenien halb türkisch und halb russisch oder ist es armenisch?« Das war natürlich alles, was er brauchte, um vom Tisch aufzuspringen, sich mit den Jungens zusammenzusetzen und ihnen alles genau zu erklären. Sogar dem Burschen, der mit zwei biegsamen Hämmern das alt-wienerische Saiteninstrument bearbeitete, das Hackbrett genannt wurde, erklärte er es. Erklärte es auch dem Oberkellner. »Ist Armenien halb türkisch und halb russisch oder ist es armenisch? Hört zu, Jungs! Hör zu, Bill! Hör zu, Lupo! Frank, Gazis, hört einen Augenblick zu! Halb türkisch oder halb russisch? Ich will es euch sagen.«

Fünfzehn Minuten lang stand er vorn an der Bar und legte den ganzen Sachverhalt Punkt für Punkt dar und erläuterte, daß Armenien keineswegs halb türkisch oder halb russisch war, sondern daß es, auch wenn es kein eigenes Land war, immer eine einzige, ungeteilte Nation bleiben würde.

»Und ich möchte noch einen Cuba libre«, sagte das Mädchen.

Das Abendmahl

Als er den Raum betrat, setzte er seinen Fuß an einen Ort der Frömmigkeit und des Schweigens. In der Dunkelheit sah er die Menge, die den Mann umringt hatte und ihn erniedrigen wollte. Er war sehr betrübt und wollte etwas zu ihnen sagen. Brüder, dachte er. Er fror, er war müde und verwirrt. Unschlüssig stand er in der Mitte des Zimmers, neben dem kleinen, harten Bett. Die Tür zum Flur hin war geöffnet, damit Luft hereinkam. Er hörte, wie die Dielen knarrten, als jemand vorbeiging.

Es schien, daß Petrus sprach. Petrus, den er liebte, wie man einen toten Bruder liebt. Und obwohl er die Worte nicht verstehen konnte, schämte er sich dessen, was er von seinem tragischen Gesichtsausdruck und seiner bemühten Ergebenheit ablesen konnte, denn er wußte schon, was bevorstand.

Der Hahn flatterte schon mit den Flügeln.

Er warf einen Blick in die braunen Papiertüten, die neben dem kleinen Gaskocher auf dem Tisch lagen. Sie enthielten Zwiebeln, Kartoffeln, einen Salatkopf und den Rest eines Brotlaibs. Er brach das Brot und streute Salz auf den Salat. Als er sich setzte, sah er, daß die Männer am Tisch das Essen genauso betrübt ansahen wie er.

Er starrte das Essen lange Zeit an, und begann dann leise zu beten oder zu fluchen. Noch einmal knarrten die Dielen im Flur.

Rasch, damit niemand ihn dabei ertappte, stand er auf und zeigte zornig über den Tisch, als ob dort jemand wäre. Er wußte nicht, auf wen er da zeigte, und es schien ihm auch gleichgültig. Er konnte den armen Judas nicht hassen; der arme Judas war ein verwirrter Narr. Er war ergrimmt über die Roheit der Menschen, über ihre Vernunftlosigkeit, den jämmerlichen Stolz, die fehlende Anmut ihrer Gefühle. Wären ihre Sinne nicht so getrübt gewesen, dann wäre es niemals geschehen. Dann hätten sie schon damals das ewige Leben erfahren, gleich dort, wo sie waren, und damit auch jetzt und hier, wo er sich befand.

Das war der Grund, weshalb er über den Tisch zeigte, weniger auf Judas als auf sich selbst.

Er wollte lachen, da hörte er Paula, das Mädchen, das im Zimmer auf der anderen Seite des Flurs wohnte.

»Hallo«, sagte sie.

Glücklich wandte er sich zu ihr um.

»Ich esse gerade«, sagte er. Und stumm zu sich selbst: Es ist das letzte Abendmahl.

Das Mädchen setzte sich ihm gegenüber an den Tisch.

»Ein Dutzend Männer kreuzte heute bei mir im Büro auf«, sagte sie. »Sie fragten, ob ich nicht Strümpfe, Schnürsenkel, Postkarten und Scheibenwischer kaufen oder den *Cosmopolitan* abonnieren könnte. Aber ich konnte ihnen nichts abnehmen, also zogen sie wieder ab. Ich habe sie weggeschickt und zugesehen, wie sie sich umwandten, gingen und die Tür hinter sich zumachten.«

»Ich weiß«, sagte er. »Zu mir kommen sie auch scharenweise ins Büro.«

Er kaute und schluckte einen Bissen trockenes Brot runter. Er hörte die Stimme des Mannes, der sagte: »Nehmt und eßt, das ist mein Leib.« Bitterkeit und Scham ergriffen ihn, weil trotz allem nichts Gutes daraus geworden war. Auch jetzt noch betrogen die Männer sich selbst, erklärten, daß sie selbst in den Tod mit ihm gehen würden. Er wußte, daß sie ihn verraten würden, sie konnten ja nicht sicher wissen, ob er nicht womöglich verrückt war.

Er sah den Mann von den anderen fortgehen, auf sein Gesicht fallen und beten. Nachdem er gebetet hatte, fand er die anderen schlafend, auch Petrus. Dreimal fand er sie schlafend. Beim dritten Mal sagte er ihnen, sie sollten sich ausruhen, es sei genug, die Zeit sei gekommen.

Er hörte das Mädchen sprechen.

»Ist es nicht ein schöner Abend?« fragte sie.

Er wußte, sie würde gern mit ihm durch die Stadt bummeln. Er war ihr dankbar dafür, denn er wußte, er würde die ganze Nacht traurig sein und sie brauchen.

»Ja«, sagte er lächelnd.

Er war sehr betrübt, denn er wußte, ihm würde großer Schmerz widerfahren, wenn der Hahn krähte, denn es war heute noch genauso wie damals.

Ein vorbeifahrendes Auto hupte, und das Geräusch klang in der Stille des Abends tragisch und laut.

Der Hahn kräht, die Stunde des Verrats ist gekommen.

Noch einmal ertönte die Hupe.

Er wandte sich ab von dem Mädchen und kniete sich vor sein Bett.

Er hörte sie lachen und dann still werden. Er wußte, daß sie Angst hatte, deshalb glättete er seine Miene, schob die Last beiseite, die sein Herz bedrückte, verwandelte sich wieder in einen amerikanischen Büroangestellten, der gleich eine Bemerkung machen würde, die sie erheitern und ihre gute Laune wiederherstellen würde. Plötzlich stand er wieder auf den Beinen, lächelte und tat so, als wäre alles nur eine Varietévorstellung gewesen.

»Du hast nicht gewußt, daß ich religiös bin, nicht wahr?« sagte er.

Er zog seinen Mantel über, setzte den Hut auf und nahm das Mädchen am Arm.

»Wir gehen zum North Beach«, sagte er, »und essen im ›Universum‹ zu Abend. Ich kenne den Oberkellner dort.«

Während er mit dem Mädchen über den Flur ging und die Dielenbretter unter ihrem Gewicht knarren hörte und das Wunder ihrer körperlichen Existenz im wirren Traum des Lebens spürte, sah er den Mann vor der mit Schwertern und Stangen bewaffneten Menge, und er sah, wie Judas den Mann küßte und ihn verriet, und als er die Straße erreichte, sah er, wie sie den Mann verspotteten, als er das Kreuz trug, und während er das sah, unterhielt er sich mit dem Mädchen. Als sie das Restaurant erreichten, war alles vorbei, und wieder war der Mann erniedrigt worden und tot, es war zu Ende, und das Herz des Mannes war immer noch schwarz. Er lächelte zu Guido, dem Oberkellner, hinüber, als er seinen Hut aufhängte, und der Mann rief laut: »Bring uns alles, Bruder, wir sind heute abend sehr hungrig.«

Die drei Lehren, die böse Stiefmutter und die schöne Stieftochter

Eines Sonntagnachmittags erzählte mir meine Großmutter Lucy die Geschichte von dem Mann, der immer nur herumsaß und nie aus dem Haus gehen wollte.

Die Ehefrau ging zu einem weisen Mann und fragte ihn, was sie tun solle. Der weise Mann sagte ihr, sie solle eine Rosine hinlegen, und zwar so, daß ihr Mann sie gerade nicht erreichen könne. Dann würde er nämlich aufstehen, die Rosine aufheben und essen. Dann sollte sie wieder eine Rosine hinlegen und ihren Mann auf diese Weise in Richtung der Tür und dann aus dem Haus locken. So geschah es. Und als der Mann draußen stand, schloß die Frau die Tür hinter ihm zu und sagte, er solle erst wiederkommen, wenn er eine Menge Geld verdient hätte.

In all den Jahren, die folgten, gelang es ihm aber nicht, mehr als drei Goldstücke auf die hohe Kante zu legen. Immerhin, es war Geld, und so beschloß er, nach Hause zu gehen, zu seiner Frau.

Auf dem Weg dorthin traf er einen weisen Mann, der auf den Stufen eines öffentlichen Gebäudes saß. Der Weise bot Lehren fürs Leben an, eine jede zum Preis eines Goldstücks.

Der arme Mann dachte sich, daß drei Goldstücke ohnehin nicht viel Geld seien, und beschloß, eine Lehre zu kaufen. Die Lehre lautete: *Dem Schlechten sage nicht, daß es schlecht ist.*

Diese Lehre genügte ihm nicht, deshalb gab der arme Mann noch ein zweites Goldstück für eine weitere aus. Sie besagte: *Fürchte bei allen Angelegenheiten das Wasser nicht, sei es Regen, Bach, Fluß und See oder Meer, spring einfach hinein und versuche zu schwimmen; der Herr wird dich sicher erretten.*

Das war bloß noch verwirrend, deshalb opferte der Mann auch sein letztes Goldstück und erhielt eine dritte Lehre, die nur aus einem Wort bestand: *Geduld.*

Der arme Mann dankte dem Weisen und ging seiner Wege. Er mußte die Wüste zu Fuß durchqueren, denn er hatte kein Tragtier, weder einen Esel noch ein Kamel oder Pferd. Er hatte kaum zehn Meilen zurückgelegt, als er eine Kamelkarawane erblickte, deren Treiber in heller Aufregung waren.

Wie es schien, war der Wasserspiegel des kleinen Wasserlochs so weit abgesunken, daß niemand das Naß erreichte. Weder Tiere noch Menschen konnten ihren Durst löschen, und die Kamele waren so erschöpft, daß sie nicht mehr weiterkonnten.

Der arme Mann erinnerte sich der Lehre des Weisen über das Wasser.

Er sagte den Männern, sie sollten ihn an einem Strick ins Wasser herablassen und ihm dann Krüge, Schalen und Becher nachschicken, damit er sie auf diese Weise mit Wasser versorgen könnte.

So geschah es. Der arme Mann war sehr glücklich darüber, daß er die Lehren gekauft hatte, und als sowohl die Tiere als auch die Menschen genug getrunken hatten, rief er den Männern zu, sie sollten noch mehr Wasser hinaufziehen. Sie wußten nicht, warum er das von ihnen verlangte, und fragten ihn, was sie denn mit dem Wasser tun sollten. Er sagte ihnen, sie sollten zuerst baden und dann die Tiere waschen und das Wasser dann in einem Bach ablaufen lassen. So geschah es.

Nach einiger Zeit, als das Wasser immer weniger wurde,

sah der Mann eine goldene Tür von außerordentlicher Schönheit. Als der Pegelstand niedrig genug war, machte der Mann die Tür auf und betrat den schönsten Raum, den er je gesehen hatte, einen Thronsaal. Auf dem Thron saß ein alter Mann, der ein König war. Auf seinem linken Knie hockte ein riesiger, warzenbedeckter, feucht-grüner Frosch, auf dem anderen hatte sich eine fette Schlange zusammengerollt.

Es erschien dem armen Mann seltsam, daß es an einem so herrlichen Ort solche häßlichen Dinge geben sollte. Der Greis auf dem Thron hob den Blick und sah den armen Mann an.

»Sei willkommen, der du eingetreten bist, wo seit Hunderten von Jahren nicht einmal Aale hereinkamen«, sagte er.

Der arme Mann war sehr beeindruckt von dem Glanz und Reichtum des Saales, aber auch ziemlich verwirrt.

»Was siehst du auf meinen Knien?« fragte der König.

Der arme Mann erinnerte sich an die erste Lehre des Weisen, daß man Schlechtes nicht schlecht nennen solle.

»Jugend und Kraft«, sagte er.

Im gleichen Augenblick erschienen zahllose schöne, starke Jünglinge, wie der arme Mann sie noch nie gesehen hatte, und der Frosch und die Schlange waren verschwunden.

Der König, der schon seit vielen Jahrhunderten auf die Ankunft eines Besuchers gewartet hatte, wie es dieser arme Mann war, freute sich sehr.

»Dafür«, sagte er, »will ich dir geben, was du verlangst; sag mir nur, was du dir wünschst.«

Da erzählte der arme Mann dem König, wie er die letzten achtzehn Jahre verbracht hatte.

Der König gab ihm Gold und Juwelen, ausreichend für

zehn Könige, und sagte dem armen Mann, er solle nach Hause gehen zu seiner Frau. Der Mann kaufte die Karawane, die fünf Meilen lang war, und bezahlte sie gut. Dann kehrte er nach Hause zurück.

Ehe er das Haus betrat, sagte er zu sich selbst: Ich will sehen, ob meine Frau mir treu war.

Er stieg auf das Dach und blickte durch eine Ritze ins Haus. Da sah er zwei Betten, sein eigenes und das seiner Frau; im einen Bett lag seine Frau, und im anderen ein Mann.

Das betrübte den armen Mann sehr.

Sein Reichtum schien ihm mit einem Male nutzlos, fuhr meine Großmutter mit der Geschichte fort. Jedenfalls beschloß er, vom Dach herunterzusteigen und den Mann, seine Frau und anschließend sich selbst umzubringen.

Da fiel ihm die dritte Lehre ein, die er gekauft hatte: Geduld. Und so legte er sich auf das Dach und sah in den Himmel.

Nach wenigen Minuten hörte er, wie der Mann im Bett sich bewegte. »Mutter, ich habe Durst«, sagte er.

Einfach so.

Da wußte der arme Mann, daß der andere sein Sohn war.

Er stieg herunter vom Dach, als gerade der Tag dämmerte.

Er klopfte an die Tür, und seine Frau machte ihm auf, erkannte ihn aber nicht.

»Ich bin dein Mann«, sagte er. »Du hast mich vor achtzehn Jahren weggeschickt und gesagt, ich sollte nicht zurückkommen, ehe ich nicht reich sei. Jetzt bin ich zurück, und ich bin reich.«

Die Frau sah die Karawane mit den Hunderten von Kamelen, die mit allen möglichen Kostbarkeiten bepackt waren. Sie hieß ihren Mann willkommen, umarmte ihn und stellte ihm seinen Sohn vor.

Meine Großmutter fand, daß das ein wunderschönes Märchen sei, aber ich fand es recht traurig, weil die Frau böse und der Mann ein Idiot war. Was war der Mann für ein Trottel! Sogar in der Mythologie!

Außerdem erzählte meine Großmutter mir auch die Geschichte von dem Mädchen und der Stiefmutter, eine wirklich schöne Geschichte.

Meine Großmutter hat sie mir in den letzten zwanzig Jahren in aller Unschuld alljährlich wieder erzählt, oft sogar zweimal. Im wesentlichen geht es um folgendes: Die böse Stiefmutter zwingt das schöne Mädchen, sich in das Fundament eines gewaltigen Bauwerks zu stellen und den Turm des Gebäudes zu tragen. Dann mauert sie das Mädchen ein, bis es völlig mit Steinen bedeckt, aber nicht tot ist. Kurz bevor das Mädchen stirbt, geschieht etwas im Universum oder in den Herzen aller Menschen, glaube ich, so daß sich das Mädchen in einen Schwarm Schwalben, Nachtigallen oder in sonst etwas Schönes und Fliegendes verwandelt, das für alle Ewigkeit um den Turm kreist und dabei sehr traurige, wunderschöne und herzzerreißende Töne von sich gibt.

Der Kriegsschauplatz

Dies ist ein Theaterstück, und so, wie Schriftsteller gelegentlich von einem Roman sagen: »Jede Ähnlichkeit mit lebenden oder toten Personen wäre rein zufällig«, ist auch darin alles frei erfunden, auch die Situationen. Wenn der Name einer lebenden Person hier genannt wird, ist das ein Zufall. Und so weiter.

Reine Erfindung.

Ein Theaterstück. Der Schauplatz des Krieges.

Einundzwanzig Jahre lang haben sie sich deswegen Sorgen gemacht, oder wenigstens so getan. In Wirklichkeit haben sie immer nur darauf gewartet, nach Hause gehen zu können. Sie wollten die Schuhe ausziehen und sich entspannen, zu Abend essen, ein bißchen Musik hören, mit einem Freund plaudern, den Fortschritt in der Entwicklung ihrer Kinder beobachten, über die Schönheit oder Häßlichkeit ihrer Frauen nachdenken, müde werden und dann zu Bett gehen. Mehr haben sie die ganze Zeit hindurch nicht gemacht, auch wenn sie so getan haben, als ob sie auf eine Welt hinarbeiteten, in der ewiger Friede herrscht und Kriege unmöglich sind. Sie waren nicht mit dem Herzen dabei. Ein paar von ihnen haben an Frauen gedacht und eine Zigarette nach der anderen geraucht, bis sie endlich zum Telefon gehen und eine Verabredung für die Nacht treffen konnten. Jeder hatte etwas anderes im Kopf. Einer von ihnen wurde verrückt und wußte es. Ein anderer hatte ein schwaches Herz und fragte sich die ganze Zeit, wann es wohl aufhören würde zu schlagen. Als Wesen waren sie alle bloß Körper, auch wenn einer von ihnen behauptet hatte, die Musik von Mozart sei ihm wichtiger als alles andere auf der Welt. Sie waren allesamt mit den Ärgernissen beschäftigt, die der alternde, todgeweihte Körper einem bereitet. Sie redeten viel über die Zukunft der Menschheit, aber sie redeten nur. Es war nicht ernst gemeint, wenn sie sagten, sie liebten die Menschheit. Sie wußten allerdings nicht, daß es nicht ernst gemeint war, denn sie wußten überhaupt nichts. Sie machten sich Sorgen, aber nicht um die Welt, die Völker der Welt oder die Zukunft der Menschheit, sondern nur um sich selbst.

Nach 1918 haben sie sich am meisten Sorgen gemacht.

Der eine oder andere von ihnen war auch schon alt und ist in dem Bewußtsein gestorben, er hätte die Welt in einem besseren Zustand verlassen, als er sie vorgefunden hatte.

Reine Erfindung. Pure Einbildung.

Manche von ihnen traten zurück und machten eine Philosophie daraus, Holz zu zersägen, Zeitungen zu lesen und keine Reporter, Bewunderer oder Sympathisanten mehr zu empfangen.

Völliger Quatsch. Kriegsschauplatz, Theater des Krieges.

Ein Stück. Nichts Reales.

Jeder war lediglich Körper. Es gab Konferenzen. Die Männer wechselten sich ab mit ihren Reden. Wahrscheinlich vermittelte es ihnen ein angenehmes Gefühl. Es gibt so wenig, was ein Mensch tun kann, daß eine Gelegenheit, aufzustehen und eine Rede zu halten, immer willkommen sein muß. Es gab außerdem so eine Idee, die damit zu tun hatte, daß man einen Völkerbund einrichten solle.

Alles Quatsch. Ein Völkerbund. Eine Idiotenliga. Es gibt keine Völker. Es gibt keine Bünde. Es kann gar keine Organisation geben, die über die Organisation der Sterblichkeit des Körpers hinausgeht, die durch die Gnade Gottes ganz von selbst geschieht, von Geburt an.

Es gab auch Verträge.

Alles Humbug. Hatten sie sich etwa vertraglich zugesichert, ihr mieses Verhalten gegenüber ihren Frauen, den Bettlern auf der Straße oder den Kindern offen und ehrlich einzugestehen? Keineswegs. Die Verträge waren bloße Einbildung.

Sie redeten und schrieben.

Es war alles Kokolores.

Gebetet haben sie auch.

Das war der größte Witz, und diese Figur des Stückes war die rein zufälligste von allen. Sie hätte gleich acht oder neun andere verkörpern können, mit oder ohne Kostüm.

Sie haben einen Film gedreht.

Es war alles Kino und Einbildung.

Sie haben immer gesagt, alles, was sie wollten, wäre: keinen Krieg, sondern Frieden. Und während sie Frieden wollten, gab es keinen Frieden. Das lag daran, daß sie selbst reine Erfindung waren, Figuren aus einem Groschenroman, Niemande, Idioten, die gelernt hatten, wie man eindrucksvoll auftritt.

Sie haben sich wirklich heroisch gesorgt und dabei niemals vergessen, daß sie mit dem Gärtner über den Rasen reden und wenn möglich zur Abwechslung mal eine Affäre mit einer zauberhaften Frau haben müßten, die sie von vorne bis hinten bewundert.

Sie versicherten sich gegenseitig, ein Krieg würde schrecklich. Er wäre das Ende. Sie sagten, damit würden Europa und die westliche Zivilisation endgültig ruiniert. Sie waren alt, und ihre Enkel redeten nicht mehr mit ihnen. Sie lagen im Sterben, und für so eine Affäre war es zu spät. Sie waren Körper, und ihre Körper nahmen die Formen des Alters und der Häßlichkeit an.

Drei mal sieben ist einundzwanzig. Dreimal sieben Jahre lang haben sie sich deswegen Sorgen gemacht, und dann ist es wieder passiert.

Es war alles Erfindung, aber es war wieder einmal passiert, es gab Krieg.

Reine Einbildung. Kriegsschauplatz, Theater des Krieges: Deutschland, Polen. England. Frankreich. Rußland. Europa. Krieg.

Na schön, Krieg. Peng. Peng. Peng.

Es gibt Krieg. Der Krieg, vor dem sie einundzwanzig Jahre lang Angst gehabt haben, wird jetzt geführt.

Der Krieg ist ein Theaterstück. Es wird auf dem sogenannten Kriegsschauplatz aufgeführt. Alle beteiligten Personen sind reine Erfindung. Es kann gar nichts verlorengehen. Es können zwar bis zu sieben Millionen fiktive Figuren dabei vernichtet werden, aber nichts, überhaupt nichts geht verloren. Wie jedes Stück muß auch dieses nach drei, vier, fünf, sechs, sieben, acht, neun oder zehn Akten enden. Früher oder später wird es aufhören müssen, selbst nach sechstausend oder sechs Millionen Akten. Es wird enden. Es wird ein lausiges Stück gewesen sein, und es wird keinen Applaus geben. Der erste Akt ist gerade im Gang. Der Zuckerpreis ist gestiegen.

Alles Kokolores. Achten Sie einfach nicht darauf.

Geschichten aus der alten Heimat. Teil Eins

1. Der arme Mann

Ein Mann, der immer ungewaschen herumlief, dessen Augen verklebt waren, dessen Nase lief und dessen Atem fürchterlich stank, wurde gefragt, warum er so unsauber sei.

»Ich bin ein armer Mann«, sagte er.

»Na gut«, erhielt er zur Antwort. »Du kannst dir aber die Nase putzen und trotzdem ein armer Mann bleiben.«

2. Der Wassermelonenesser

Ein anderer armer Mann hatte eine Wassermelone gestohlen, in einen Bach gelegt, bis sie kühl war, und schließlich bis auf die Schalen verspeist, was sein Wohlbefinden in solchem Maße steigerte, daß er sein Wasser über den Schalen abschlug und sich zum Schlafen hinlegte. Als er aber aufwachte, hatte er wieder Appetit auf Wassermelonen; deshalb sah er sich um, und als er niemanden in seiner Nähe entdeckte, hob er die Schalen einzeln vom Boden auf. »Die hat das Wasser nicht berührt«, sagte er und aß sie zur Gänze auf. Innerhalb weniger Minuten hatte er sämtliche Schalen aufgegessen.

3. Die gesellschaftlich ehrgeizige Frau und der einfache Flickschuster

Eine ehrgeizige Frau, deren Mann ein einfacher Flickschuster war, wurde eifersüchtig auf das Ansehen, das die Frauen der Gelehrten genossen, und erzählte deshalb überall, daß manche Männer zwar gelehrt seien, der klügste von allen aber Musa, ihr Mann, sei.

Eine Frau sagte: »Ich habe mein Armband verloren, das sehr alt und von unschätzbarem Wert ist; bring mir deinen Mann, damit er mir sagt, wo es ist.«

Der arme Mann wurde zu der reichen Dame gebracht. Benommen, beschämt und verwirrt stand er vor ihr. Weil er nicht wußte, was er sagen sollte, entschloß er sich, die Troddeln am Saum ihres Mantels zu loben. Die reiche Dame berührte den Saum ihres Mantels und fand darunter das verlorene Armband.

»Er ist wirklich der Klügste«, sagte sie zur Frau des Flickschusters und gab ihm viel Geld.

Ein indischer Weiser kam in die Stadt und sagte: »Ich werde ohne Worte zum Klügsten unter euch sprechen, und wir werden sehen, ob er mir antworten kann.«

Erneut wurde nach dem armen Schuster geschickt. Auf dem Wege fand er eine Zwiebel, die steckte er sich in die Tasche.

Der weise Mann aus Indien zog mit einem Stück Kreide auf einer Schiefertafel einen Kreis, und der Flickschuster dachte: Das ist eine Wassermelone. Er zog einen Strich durch die Mitte und dachte: Die Hälfte für ihn und die Hälfte für mich.

Der weise Mann aus Indien war sehr beeindruckt.

Er zog ein Ei aus der Tasche und legte es auf den Tisch. Der Flickschuster dachte: Das ist ein halbes Frühstück, mit der Zwiebel zusammen wird es ein ganzes. Er legte die Zwiebel neben das Ei, und der weise Mann aus Indien war äußerst erstaunt.

Als nächstes setzte der Weise dem Flickschuster die geballte Faust vor die Nase. Das war nun endgültig zuviel für den Ärmsten. Erschrocken begann er seine Frau zu verfluchen, die Rose hieß.

»Rose«, murmelte er. »Rose.«

Der weise Mann machte einen Satz rückwärts und erklärte: »Ja, es ist wahr, er ist der Klügste der Klugen. Ich habe die Welt gezeichnet, und er hat den Trennungsstrich gezogen, der sie teilt. Ich habe das Ei auf den Tisch gelegt als

Symbol der Erde, und er hat die Zwiebel daneben gelegt, um zu zeigen, daß die Erde aus vielen Schichten und Häuten besteht. Ich habe ihm die geballte Faust hingehalten, mitten im Winter, damit er raten solle, was darin sei, und er hat gesagt, es sei eine Rose.«

Der weise Mann machte die Faust auf und warf eine Rose auf den Tisch.

»Dieser Mann ist wahrlich der Klügste«, sagte er.

Der einfache Flickschuster wurde wegen seiner Klugheit sehr berühmt, und als dem König ein sagenhafter Schatz geraubt wurde, ließ er den Flickschuster rufen und sagte: »Du weißt alle Dinge, also weißt du auch, wer die Diebe sind. Sag es mir, oder ich werde wissen, daß du einer von ihnen bist. Ich gebe dir vierzig Tage Zeit, dann wirst du mir sagen, wer die Diebe sind und wo mein gestohlener Schatz sich befindet.«

»Sehr wohl«, sagte der arme Schuster und ging nach Hause.

Dort erzählte er seiner Frau, was geschehen war.

»Da ich nur noch vierzig Tage zu leben habe und nicht zählen kann«, sagte er, »lege bitte vierzig Datteln in einen Krug, damit ich jeden Morgen eine essen kann; und wenn sie alle sind, werde ich wissen, daß meine Zeit um ist.«

Auch die Diebe hatten vom Ruhm des Schusters gehört, und wollten gern wissen, was in seinem Haus vorging. Deshalb schickten sie einen Späher, der auf sein Dach klettern und alles beobachten sollte. Der Mann war eben auf dem Dach, als der Schuster eine Dattel aus dem Krug in die Hand nahm und sagte: »Jetzt ist der erste gekommen.«

»Ja«, sagte der Dieb, »er weiß wirklich alles«, und wollte sich wieder davonstehlen. Da steckte der Schuster die Dattel in den Mund und sagte: »Jetzt ist der erste fort.«

Nun glaubte der Dieb endgültig, der Schuster sei unendlich klug. Er kehrte zu den anderen Dieben – es waren insgesamt vierzig – zurück und erzählte ihnen, was geschehen war. Natürlich waren sie sehr aufgeregt und ängstlich, zugleich aber wollten sie die Geschichte des Spähers überprüfen. Also schickten sie am nächsten Tag einen zweiten Mann mit ihm auf das Dach.

Der Flickschuster ging zu seinem Krug, nahm eine weitere Dattel heraus und sagte: »Jetzt ist der zweite gekommen.« Die Diebe wandten sich zur Flucht, der Schuster schob die Dattel in den Mund und sagte: »Jetzt ist der zweite weg.«

Die beiden Diebe kehrten zu den anderen zurück und erzählten ihre Geschichte. Das nächste Mal schickten sie drei Männer, und natürlich sprach der Schuster von drei Datteln. So kamen schließlich neununddreißig Männer auf sein Dach, und der Schuster glaubte, am nächsten Tag müsse er sterben. Aber statt dessen kamen die Diebe herunter und flehten um Gnade.

»Du bist allwissend«, sagten sie. »Wir geben dem König den Schatz zurück und dazu noch einmal das Zehnfache, was wir von anderen gestohlen haben, wenn du ihn nur bittest, uns am Leben zu lassen.«

»Das werde ich tun«, sagte der Schuster. »Wo ist der Schatz versteckt?«

»Das weißt du doch«, sagten die Diebe. »Warum verstellst du dich? Er ist am Fuß des dritten Baumes auf dem Hügel an der Straße nach Teheran vergraben.«

Der Flickschuster begab sich zum König und erzählte seine Geschichte. Der Schatz wurde ausgegraben, die Diebe wurden laufengelassen, und der Schuster erhielt eine riesengroße Belohnung.

Er nahm sie, verließ seine Frau und flüchtete in eine andere Stadt, denn er wußte, wenn er noch ein Rätsel lösen müßte, würde er nicht mehr so viel Glück haben wie bisher. Seine Frau heiratete einen Buchhalter mit gesellschaftlichem Ehrgeiz. Der Flickschuster verspielte sein Geld nicht und verschwendete es auch nicht mit unkeuschen Weibern oder dergleichen, sondern versteckte es irgendwo in den Bergen und eröffnete in der fremden Stadt einen neuen Schuhmacherladen; denn er wußte, wie man Schuhe macht und repariert, und er mochte die Arbeit und schlief gern in der Nacht. Drei Jahrhunderte lang entdeckte niemand den Schatz; dann vergingen weitere drei Jahrhunderte, und die Sprache des Volkes änderte sich, und noch ein weiteres Jahrhundert verstrich. Der Schuster war schon lange tot, und niemand wußte, wo das viele Geld abgeblieben war. So blieb es in seinem Versteck ruhen und schadete niemand.

Zwei alte armenische Geschichten und eine neue

1. Der Handel der beiden Betrüger

Der gegenwärtige Krieg, die beteiligten politischen Systeme und der Lauf der heutigen Welt sind leicht zu verstehen, wenn man sich an folgende Geschichte aus der alten Heimat erinnert:

Zwei Gauner hatten beschlossen, Geschäfte zu machen. Allen ehrlichen Leuten waren sie als das bekannt, was sie waren, und deshalb war niemand bereit, auch nur mit ihnen zu reden, geschweige denn, sich auf Tauschgeschäfte mit ihnen einzulassen. Deshalb beschlossen die beiden Gauner, untereinander zu tauschen. Das war zwar ein bißchen absurd und geschah auch nicht, weil sie sich gegenseitig betrügen wollten, sondern eher deshalb, weil sie in Form bleiben wollten. Die Dinge, um die es bei dem Handel gehen sollte, waren an sich unwichtig, weshalb sich beide eine gewisse Gelassenheit leisten konnten.

Der eine besaß Tabak, der andere ein Pferd. Die wollten sie tauschen.

»Mit dem Tabak ist das so eine Sache«, sagte der eine zum anderen. »Ich sage es dir lieber gleich ganz offen, er ist alt, schimmelig und womöglich bereits unverträglich. Falls du ihn trotzdem zu rauchen gedenkst, dann hüte dich davor, zu inhalieren. Außerdem dürfte er sich nur schwer in Brand setzen lassen, weil er naß geworden ist.«

»Das macht nichts«, sagte der andere. »Aber nun zu dem Pferd. Versuch auf keinen Fall, es zu reiten. Das Biest ist blind, schwachsinnig und tückisch. Wenn ihr bergab geht, mußt du das Pferd am Schwanz halten, damit es nicht stolpert und stürzt. Wenn ihr bergauf geht, mußt du es am Zügel führen und kräftig ziehen, denn sonst laufen seine schwachen Beine von selber wieder talwärts.«

So gesehen, erschien der Handel ganz ehrlich – und damit eigentlich unnötig. Alles war im Lot, auch wenn die ganze Transaktion ziemlich absurd wirkte.

Der Mann mit dem Tabak aber kam zu dem Schluß, alles, was ihm der andere erzählt hatte, sei bloß Übertreibung gewesen, die ihn verwirren und ihm das Gefühl geben sollte, betrogen worden zu sein. Also drehte er sich eine Zigarette und rauchte. Der Tabak war tatsächlich naß, schimmelig und alt, aber immerhin war es Tabak. Also inhalierte er auch. Das Ergebnis war, daß ihm die ganze Nacht hindurch speiübel war und daß er eine Woche lang krank darnieder lag.

Der Mann mit dem Pferd stellte ganz ähnliche Überlegungen an wie der Mann mit dem Tabak und sprang daher mit einem Satz auf den Rücken des Pferdes, was dazu führte, daß er sich im Nu flach auf dem Boden wiederfand. Zunächst schien es, als wäre das Rückgrat gebrochen, doch hatte er sich nur eine Prellung zugezogen. Mühselig stand der Mann auf und ging zu Fuß nach Hause, wobei er das Pferd am Schwanz hielt, wenn es bergab ging, und am Zügel führte, wenn es bergauf ging. Außerdem beschloß er, das Pferd zu verkaufen.

Der Handel war in Wirklichkeit ganz ehrlich gewesen. Weder der eine noch der andere hatten davon profitiert.

Wochenlang sonderten die beiden Gauner sich ab, saßen herum und brüteten dumpf vor sich hin. Schließlich stand jeder von ihnen fast gleichzeitig auf und sagte: »Heygidi, ich bin ein alter Mann. Heygidi, ich werde bald sterben. Heygidi, ich muß von jetzt an ehrlich werden. Heygidi, beim letzten Geschäft darf ich nicht betrügen. Ich empfange den Tod, und der Tod empfängt mich. Ich kriege nichts, und der Tod kriegt auch nichts. Heygidi, das ist Betrug, ich wurde betrogen. Heygidi, wenn ich nur noch einmal leben könnte.«

Der Tod nahm die Leichen der beiden Gauner mit und vergrub sie tief in unfruchtbarer Erde. Im nächsten Frühling war die Erde mit leuchtenden Blumen bedeckt.

»Heygidi«, sagte der Tod, »auch der Kadaver eines Lumpen vermag der hungrigen Erde als Nahrung zu dienen und den Blumen Farbe zu geben.«

Kinder kamen und pflückten die Blumen. »Heygidi«,

riefen sie freudig, »dieses Jahr hat uns Gott Blumen geschickt.«

So war der Handel in stets sich vertiefender Wahrheit ein guter und ehrlicher Handel gewesen, und nichts und niemand wurde dabei betrogen.

2. Der Mann, der stets »Lobe die Weisheit des Herrn« sagte

Es war einmal ein einfacher, lächelnder Mann, der in einer Welt lebte, die nicht besser und nicht schlechter als unsere war, so daß dort natürlich ebenfalls viele unglückliche Ereignisse stattfanden, von denen einige auch diesen Mann betrafen, der so bescheiden und unbedeutend war. Der einfache Mann war aber niemals unglücklich, und auch das grausamste oder ungerechteste Erlebnis konnte seiner Seele nichts anhaben. Das erste, was ihm inmitten der größeren oder kleineren Tragödien einfiel, war Gott. »Lobe die Weisheit des Herrn«, sagte er stets, »Er weiß, was Er tut.«

Das waren seine Worte, ganz gleich, was geschah.

Von den Dummköpfen wurde er deshalb für töricht gehalten, obwohl er nur einfältig war, nicht aber töricht. Im Grunde genommen, war er auf seine stille Weise sehr klug.

Diejenigen, die ihn für einen Narren hielten, beschlossen eines Tages, seinen Glauben einer wirklichen Prüfung zu unterziehen. Der Mann besaß einen Esel. Abgesehen von seiner Frau und seinen neun Kindern war das sein wertvollster Besitz. Mit Hilfe des Esels war er in der Lage, genug Geld zu verdienen, um seine Familie zu ernähren, seinen Hunger zu stillen, in einem einfachen Haus zu schlafen und mit der Güte Gottes zufrieden zu sein.

Die Leute brachten also diesen Esel in die Berge und

banden ihn an einen Baum. Als der einfache Mann nach Hause kam, fragte er demütig: »Wo ist mein Esel?«

Man sagte ihm, kurdische Räuber auf Pferden seien gekommen und hätten den Esel gestohlen.

Der arme Mann sah, daß dies sein ganzes Leben verändern mußte und vielleicht sogar ruinierte, dennoch sagte er: »Lobe die Weisheit des Herrn. Er weiß, was Er tut.«

Die anderen zogen weiter mit ihren Eseln, und der gläubige Mann ging zu Fuß. Nach einer Stunde holte er die anderen ein. Sie hatten jetzt auch keine Esel mehr. Elf saßen allein da, sämtliche Esel waren verschwunden.

»Was ist geschehen?« fragte der arme Mann.

Da erkannten die anderen den Wert seines Glaubens und sagten ihm die Wahrheit.

»Kurdische Räuber zu Pferde haben unsere Esel gestohlen«, sagten sie.

»Dann müssen wir alle die Weisheit des Herrn loben«, sagte der arme Mann.

»Ja«, sagten die anderen. »Wir alle müssen von dir lernen. Dein Esel ist in Sicherheit, weil du dir stets deinen festen Glauben bewahrt hast. Gehe dort in die Berge. Dein Esel steht an einem Baum. Wir haben ihn dort angebunden, um dich zu verspotten, und nun haben wir damit die Kraft deines Glaubens unter Beweis gestellt.«

Der arme Mann ging in die Berge, holte seinen Esel, ritt nach Hause und lobte den Herrn.

3. Der Mann, der vertraulich zu beten verstand

Zur Gebetsstunde am Mittwochabend in der Armenian Presbyterian Church in Kalifornien kam damals, vor achtundzwanzig Jahren, regelmäßig ein alter Mann in die Kirche und betete laut, während alle anderen andächtig zuhörten. Der Mann betete mit kräftiger Stimme und großem, geradezu verblüffendem Glauben an seine eigene Nähe zum Herrn. Er wußte stets den Eindruck zu vermitteln, ein enger Freund Gottes zu sein, vielleicht gar sein Neffe. Es war sehr schön, und es ist schade, daß der Mann nicht mehr lebt und niemand, auch die Prediger, nicht mehr so beten wie er.

Jedesmal stand er auf und sagte: »O Gott, ich bin wieder einmal in diese kleine Kirche gekommen, um vor Dir alles auszubreiten, so wie es ist, nicht zuviel auf der einen und nicht zuwenig auf der anderen Seite. Ich danke Dir, daß ich immer noch ganz gesund bin und keine Beschwerden habe. Auf dem Weg zur Kirche hatte ich eine Idee. Ich kam nämlich an Mompehs Laden in der Santa Clara Avenue vorbei, wo es von Fliegen nur so wimmelt. Meinst Du nicht, daß jemand, der seit zweiundzwanzig Jahren in diesem aufgeklärten Land lebt, eine Fliegenklatsche kaufen und ein paar von ihnen totschlagen könnte? Ich habe das jedenfalls gedacht, mein Himmlischer Vater. Andererseits ist es nicht so, daß alle Dinge, alle Menschen und sonstigen Lebewesen von Dir geschaffen worden sind? Auch die Fliegen? Und wenn das so ist, was wir hier fest glauben, wie weit soll man dann in seiner Zurückhaltung gehen, um sich würdig vor Dir zu verhalten? Selbst der zartfühlendste Christ könnte die Fliegen doch totschlagen, oder? Es würde doch niemandem schaden. Für Mompreh wäre das zwar ein bißchen mühselig, aber dafür könnte man dann in seinen Laden gehen und für zehn Cents Zucker kaufen, ohne von allen Seiten von Fliegen belästigt zu werden. O Gott, wir alle sind unwissende, verlorene Seelen, und wenn uns Deine Weisheit nicht leitete, müßten wir alle morgen früh sterben. Aber meinst Du nicht auch, daß der Preis für Rosinen ein wenig zu niedrig ist? Ich sage ja nicht, daß die Farmer alle reich werden müßten, aber man fragt sich doch, ob sie mit ihrer Hände Arbeit, die sie im Schweiß ihres Angesichts Tag für Tag und Monat für Monat erbringen, nicht genug verdienen sollten, um für sich und ihre Familien Brot kaufen zu können, und Schuhe für die Kinder, und ein bißchen Tabak und andere lebensnotwendige Dinge? Ach, unser gnädiger Himmlischer Vater, alle Dinge kommen von Dir, das weiß ich. Erst heute nachmittag habe ich mit meinem Freund Gorgotian darüber gesprochen. Wie Du weißt, ist er ein Ungläubiger, aber ein gütiger Mensch. Er liebt die Musik und ist großzügig mit seinem Tabak, aber er ist nicht gläubig. Seine Söhne schicken ihm jeden Monat Geld, deshalb hat er immer Tabak, während er mir, mein Himmlischer Vater, gelegentlich ausgeht. Er bittet mich immer gern auf sechs oder sieben Zigaretten und ein paar Tassen Kaffee herein, und dann erzählen wir, wie es uns geht, aber er ist kein gläubiger Mensch und hat seit fünfzehn Jahren keine Kirche betreten, keine presbyterianische und auch keine andere. Ich erzählte ihm heute nachmittag, o Herr, daß alle Dinge von Dir kommen, und er sagte etwas, was ich vor Dir nicht wiederholen möchte, obwohl ich natürlich sicher bin, daß Du es ohnehin weißt. Er sagte: ›In Ordnung, Mano, wenn alle Dinge von Gott kommen, dann bitte ihn um ein halbes Pfund Tabak aus Izmir, der würde uns für eine Woche reichen. Ich weiß natürlich, mein Himmlischer Vater, daß er ein braver Mann ist, sonst wäre ich ernsthaft beleidigt gewesen. Ich glaube, es gibt keinen netteren Burschen in der ganzen armenischen Gemeinde, Herr, aber er ist, wie gesagt, ungläubig. Sicher gibt es noch andere Ungläubige, und Du kennst jeden einzelnen ohne Zweifel beim Namen, aber sie sind bestimmt nicht so ehrlich wie er. Aber ich bin ja gar nicht gekommen, um über Gorgotian zu sprechen. Er ist, genau wie ich, schon weit über siebzig und wird in zwanzig oder dreißig Jahren wahrscheinlich tot sein. Doch wie steht es um die Kinder, die rings um uns aufwachsen? Meinst Du nicht, ihre Eltern sollten sich etwas mehr Mühe geben mit ihnen? Natürlich haben sie im Sommer alle Hände voll zu tun in den Konservenfabriken, aber sollten die Mütter sich nicht doch jeden Abend wenigstens eine halbe Stunde Zeit nehmen, um den Kindern Armenisch beizubringen? Dutzende von ihnen können auch die einfachsten Fragen nur auf Englisch beantworten, und das verstehe ich nicht. Und dann dieser Krieg in Europa, ach Herr, meinst Du nicht, es ist Zeit, daß sie damit aufhören? Findest Du nicht, daß sie jetzt schon genug unschuldige junge Männer umgebracht haben?«

Das Thema Krieg war für den alten Mann stets Anlaß genug, um mindestens vierzig Minuten, oft auch eine ganze Stunde zu beten, immer in der gleichen vertraulichen Art. Der Pfarrer war nicht gerade begeistert über diese vertraulichen Gebete. »Es ist gut, wenn man betet«, sagte er eines Tages zu dem alten Mann, »aber du könntest dich vielleicht kürzer fassen.«

»Wie denn?« fragte der alte Mann ernsthaft.

»Nun ja«, sagte der Pfarrer, »wenn du solche großen Themen berührst wie den Krieg, solltest du sie rascher abhandeln. Du kannst nicht jedes Problem auf der Welt in jedem Gebet lösen.«

»Nein«, sagte der alte Mann, »das ist keine Lösung. Wenn Sie wünschen, daß ich nicht mehr bete, dann werde ich natürlich darauf verzichten. Aber wenn ich überhaupt beten soll, dann müssen Sie mich beten lassen, wie ich beten muß.

Das Gebet ist wie ein Meer, es wird größer und größer, je weiter man eintaucht.«

So wurde es diesem gläubigen Alten erlaubt, jeden Mittwochabend in das herrliche Meer des Gebets einzutauchen, bis er achtzehn Jahre später starb und endlich das andere Ufer erreichte, wo ihn Gott ohne Zweifel schon ungeduldig erwartete, um alles Punkt für Punkt mit ihm zu erörtern.

Die Achse

Als er mit der Arbeit fertig war, begann er Selbstgespräche zu führen. Ursache waren: (a) die Hitze, (b) der lausige Krieg, (c) Mr. Pragg, der Verrückte, (d) Helen und (e) alles andere.

Die Arbeit bestand darin, die ganzen lausigen Briefe an Leute zu schicken, die der Firma Geld schuldeten. Briefe, in denen der Vizepräsident schrieb: »Wir wissen, daß es sich um ein Versehen handelt, auch wenn Sie schon die letzten siebenundzwanzig Mahnungen in den letzten elf Monaten nicht beantwortet haben. Indessen...« Gar nichts indessen. Die Leute sind pleite oder dergleichen, also laßt sie doch lieber in Ruhe. Ihr könnt es mir glauben.

Die Hitze war wahnsinnig, wahnsinnig, wahnsinnig. Wie sollst du arbeiten, wenn es so heiß ist, daß du bloß noch unter einem Apfelbaum liegen und schlafen möchtest, solange die Spottdrosseln singen? Unter einem Apfelbaum? Ach was, *irgendwo* liegen und schlafen.

Dich meine ich, sagte er. Ja, dich. Womit er sich selbst

meinte. Und Mr. Pragg, den Verrückten, den Sklaventreiber. Los, Charlie, beweg deine Füße! Was ist los mit dir? Träumst du? Nein, Mr. Pragg, Sie Verrückter, ich träume nicht, ich bin faul.

Und der Krieg. Der schöne große Krieg. Pfui Teufel! Was soll man mit so einem Kerl machen, der so einen häßlichen kleinen Bart hat und die ganze Zeit so nervös ist? Ich, sagte er, und ich meine tatsächlich *mich*, ich werde es ihm zeigen.

Mr. Hitler?

Ja?

Halt's Maul.

Mehr nicht. Kein weiteres Wort. Hol deine Spielsachen und spiel auf dem Linoleumfußboden Krieg. Ach, ach. Kein weiteres Wort. Keine weiteren Ansprachen.

Halt's Maul!

Blitzkrieg dir selbst eins aufs Auge.

Die Achse.

Und Helen. Helen mit den hellen Augen. Die herrliche Helen. Helen, deine Schönheit gehört mir. Helen, jetzt kommt es darauf an. Wirst du mich heiraten, oder nicht? Helen, du mein ein und alles.

Und alles andere. Die Arbeit, die Hitze, Mr. Pragg, Helen. Und alles.

Nun, Helen, wie wäre es mit einer Achse Rom-Berlin hier drüben irgendwo, wo wir uns befinden. Wie wäre es mit einem Blitzkrieg, wie wäre es, wenn wir blitzschnell das Standesamt stürmten, wie wäre es mit einem raschen Frieden? Die ganze Welt wartet darauf. Alle sitzen am Radio und warten auf die gute Nachricht.

Von der Straße tauchte er weg, verschwand in Moran's Bar und bestellte ein Bier.

»Bier«, sagte er, »Blitzkrieg.«

»Wie bitte?« fragte der Barkeeper.

»Achse, Nemo, eine Achse«, sagte er und stürzte sein Bier hinunter. In einem Zuge. Er seufzte und fühlte sich besser, auf jeden Fall kühler.

»Was reden Sie da?« fragte Nemo.

»So, Mr. Hitler«, sagte der junge Mann. »Jetzt ist es genug. Raus jetzt!«

»Mr. Hitler?« fragte Nemo. »Wer soll das sein?«

»Noch ein Bier«, forderte der junge Mann und sagte: »Nemo, ich liebe ein Mädchen, das Helen heißt. Hitler redet mit Chamberlain. Chamberlain redet mit Daladier. Daladier inhaliert den Rauch seiner Zigarette. Helen zieht fünfundsiebzig Meilen nach Süden, nach Gilroy. Deutschland überfällt Polen. Die *Athenia* wird versenkt, und die *Bremen* beschlagnahmt. Bier, mein Freund, Bier. Wir schicken Briefe an Leute, die kein Geld haben. Wenn sie diesmal nicht zahlen, lassen wir vollstrecken.«

»Ist was mit Ihnen?« fragte der Barkeeper.

»Die Achse«, sagte der junge Mann.

»Wie bitte?«

»Der Vertrag«, sagte er. »Nichtangriffspakt Sowjetunion–Deutschland. Schon die Zeitung gelesen?«

»Sicher«, sagte Nemo. »Es ist heiß, ja. Aber was ist schon ein bißchen Hitze?«

»Blitzkrieg«, sagte der junge Mann.

Mr. Hitler, sagte er zu Herrn Hitler, ich will nichts mehr davon hören. Einer von uns muß verschwinden, und ich werde das nicht sein. In dieser Abenteuergeschichte ist nicht Platz genug für uns beide, und ich war zuerst da.

»Bier«, sagte er zum Barkeeper. »Bier ist im Moment alles, was ich brauche.«

Er beschloß, ausdauernd zu trinken, dann nach Hause zu

gehen, zu schlafen, am Morgen aufzustehen, seiner Wirtin zu sagen, daß sie Pragg anrufen und ihm mitteilen solle, daß er krank sei, mit dem Bus nach Gilroy zu fahren, die Straße und die Hausnummer ausfindig zu machen, an die Türe zu klopfen und, wenn Helen herauskam, zu lächeln und ihr alles zu sagen. Helen, ich hasse den Krieg. Ich liebe dich, Helen.

Kein weiteres Wort.

Der alte Barkeeper sah zu, wie der junge Mann sein Bier trank und im Zickzackkurs hinaus auf das weite Meer schwamm, im Zickzackkurs, um den U-Booten auszuweichen oder dergleichen. Der alte Barkeeper lächelte. Es mußte etwas bedeuten, dessen war er sich sicher, auch wenn er nicht genau wußte, was es war.

Vier kleine armenische Geschichten

1.

Der Priester drehte sich zu dem Mann um, der ihm den Dolch in den Rücken gestoßen hatte, prüfte sorgfältig dessen Gesicht und sagte sterbend: »Warum tötest du mich? Ich habe dir doch nie eine Wohltat erwiesen.«

2.

Ein Mann hatte ein Cello mit einer Saite, über die er oft stundenlang mit dem Bogen strich, ohne den Finger auf dem Griffbrett je zu bewegen. Seine Frau ertrug diesen Lärm sieben Monate lang und wartete darauf, daß ihr Mann entweder vor Langeweile sterben oder das Instrument kaputtspielen würde. Da von diesen wünschenswerten Dingen aber weder das eine noch das andere geschah, sagte sie eines Abends in sehr ruhigem Ton, dessen könnt ihr gewiß sein: »Mir ist aufgefallen, daß andere Männer, wenn sie dieses herrliche Instrument spielen, vier Saiten zur Verfügung haben, über die sie den Bogen führen, und daß sie überdies beständig die Finger bewegen.«

Der Mann hörte einen Augenblick auf zu spielen, sah sie verständnisvoll an, schüttelte den Kopf und sagte: »Du bist eine Frau. Dein Haar ist lang, und kurz dein Verstand. Natürlich haben die anderen vier Saiten und bewegen ständig die Finger. Sie suchen die richtige Stelle. Ich habe diese Stelle gefunden.«

3.

Als die Kuh von der Wiese kam und emsig mit dem Schwanz schlug, sagte die Henne: »Haha, bis du kommst, habe ich die Gäste längst auf den Weg gebracht, haha.«

4.

Einem unglücklichen Knaben schenkte man, als er einen Freund seines Vaters besuchte, ein Spielzeugschwert und eine Spielzeugpistole, um ihm eine Freude zu machen. Der Junge rannte damit im ganzen Haus herum und vernichtete alle möglichen Feinde, vollführte aber dabei ein solches Geschrei, daß sein Vater und sein Freund nicht miteinander reden konnten, was sie aber unbedingt wollten. Der Vater bat daraufhin seinen Sohn, doch gefälligst etwas leiser zu sein. Das schaffte der Junge allerdings nur bedingt. Obwohl er sich zunächst etwas ruhiger verhielt, steigerte sich der Lärm, mit dem er seine Feinde abschlachtete, bald wieder, so daß er erneut ersucht wurde, leiser zu sein. Das Ergebnis war wieder dasselbe. Für einen Augenblick war Ruhe, doch dann ging es noch lauter zu als bisher. Noch eine Ermahnung. Wieder dasselbe Ergebnis. Schließlich nahm der Vater, der gehört hatte, gelegentlich müsse man streng sein, und sich nicht bewußt war, daß sein Sohn nicht irgendein Kind, sondern eine richtige Persönlichkeit war, ihm das Spielzeugschwert und die Spielzeugpistole weg und brachte sie außer Reichweite. Das ärgerte den Jungen und zeigte ihm, daß sein Vater sein eigentlicher Feind war, was eine schreckliche Erkenntnis für ihn war, eine Erkenntnis, über die zu weinen sich lohnte. Dies tat der Junge denn auch mit großer Heftigkeit und Lautstärke, grandiosen Erstickungsanfällen und allen sonstigen Begleiterscheinungen. Das war natürlich noch unerträglicher als sein vorheriger Lärm.

»Gib ihm doch sein Spielzeug zurück«, schlug der Freund vor.

»Nein«, bestimmte der Vater.

»Bitte«, sagte der andere. »Der Junge ist doch so todunglücklich. Hör nur, wie er weint.«

»Nein«, erklärte der Vater, »diesmal stecke ich nicht zurück. Ich bin schließlich hergekommen, um mit dir zu reden.«

»Ach, gib ihm doch sein Schwert und die Pistole, und laß den Jungen die Welt um die Ecke bringen, wenn er es gern möchte«, meinte der Freund.

»Na schön«, gab der Vater nach. Er hielt dem Jungen die Spielsachen hin, doch nun wollte der Junge sie nicht mehr. Sein Vater wurde deshalb sehr wütend. »Hier«, fauchte er.

»Nimm dein Schwert! Nimm deine Pistole! Schieß von mir aus herum, schlag alles zusammen.«

»Nein«, sagte der Junge und weinte noch ärger. Er stand am Fenster, drehte den Männern den Rücken zu und schluchzte herzerweichend und tragisch.

Der Freund des Vaters überlegte, was er tun könnte, um ihm zu helfen. Vor sechs Jahren hatte er auf dem Jahrmarkt versucht, an einer Losbude einen Revolver mit Perlmuttergriff zu gewinnen, hatte es aber bloß zu einer Puppe gebracht. Sie war aus Gips, wirkte irgendwie äußerst lächerlich, und selbst das Gesicht hatte kaum menschliche Züge. Eine Absurdität. Dennoch hatte er aus irgendeinem Grunde beschlossen, das Ding zu behalten; nur für den Fall, daß es irgendwann vielleicht doch nützlich sein könnte.

Wie es schien, war jetzt der richtige Zeitpunkt dafür gekommen. Der Mann eilte zu dem Schrank, wo er all den Krimskrams aufbewahrte, der sich im Lauf der Jahre so bei einem ansammelt, und kramte die Puppe hervor. Er brachte sie dem heulenden Jungen und sagte: »Bitte, hör auf zu weinen. Wenn du es sein läßt, bekommst du was Schönes.« Während er sprach, zauberte er die Puppe hinter seinem Rücken hervor und hielt sie dem Jungen hin. Der Junge nahm das lächerliche Ding an sich und hörte sofort auf zu weinen. Volle zwei Minuten lang starrte er die Puppe in völligem Schweigen an, während sein Vater und dessen Freund ihn musterten. Die Tränen trockneten auf seinen Wangen, er warf seinem Vater und dessen Freund einen skeptischen Blick zu und sagte in kernigem Armenisch: »Ich nehm sie mit nach Hause und mach sie kaputt.«

Diese letzte ist meine liebste armenische Geschichte, und ich erzähle sie, sooft es nur geht, auf englisch und auf armenisch, aber es hat bisher noch nie jemand darüber gelacht. Deshalb muß ich die Geschichte immer erklären. Aber das hat bisher noch nie was genützt. Niemand findet sie komisch, das ist alles.

Ich jedenfalls finde sie sehr komisch.

Der Jüngste Tag kommt

(Fragment eines Stücks)

An der Ecke Grant Avenue und Jackson Street in Chinatown, San Francisco.

Ein amerikanischer Saloon mit Schwingtüren.

Gegen neun Uhr abends.

Missionierende Mitglieder einer Wiedererweckungsbewegung, nicht jedoch der Heilsarmee, beenden gerade den Abendgottesdienst mit dem bekannten protestantischen Lied Gestützt auf die ewigen Waffen. *Zu der Gruppe gehören: ein achtzehnjähriges Mädchen, das Saxophon spielt; ein fettleibiger Mann von ungefähr fünfzig, der Trompete bläst; eine etwa fünfundvierzigjährige Frau, die mit einem Tambourin herumfuchtelt und laut dazu singt; ein alter Chinese, der die Trommel schlägt und ebenfalls singt; eine fette Mexikanerin mit andächtigem Gesicht, die einfach dabeisteht und wahrscheinlich ein bißchen verwirrt und verlegen ist; ein junger Mann von dreiundzwanzig Jahren, der ein tragbares Xylophon spielt und singt; ferner ein hochgewachsener alter Mann mit bösem Gesicht, der dauernd sagt:* Ehre sei Gott in der Höhe.

Die jüngeren Gruppenmitglieder wirken schäbig, unscheinbar und kraftlos; die älteren stumpfsinnig oder verstört.

Das Dauerpublikum der Gruppe besteht aus drei kleinen Chinesen in Overalls, die sich voller Furcht, Erstaunen, Abscheu und Vergnügen zusammendrängen, sowie einem kleinen Chinesenmädchen, das sich etwas abseits hält.

Alle vier machen große Augen. Sie amüsieren sich nicht, sind aber doch fasziniert, wenn auch vollkommen ungläubig. Die ewigen Heiden, rein, überlegen, unbeschädigt und schön anzusehen.

Aus dem Saloon kommen nacheinander folgende Männer:

Drei amerikanische Seeleute. Sie werfen den Missionaren Geld in die Sammelbüchse, und die Gruppe bedankt sich für diese Großzügigkeit, indem sie drei Sekunden lang lauter singt.

Ein kleiner, gut gekleideter Herr, der epileptisch schielt, sich ansonsten aber glänzend in der Gewalt hat. Er hört der Gruppe eine halbe Minute lang zu, gänzlich ungläubig. Schließlich dreht er sich um und geht zurück in die Bar.

Ein verwirrter junger Mann, der wahrscheinlich in eine unglückliche Liebesgeschichte verwickelt ist, hört einen Augenblick zu, summt einen Augenblick mit und geht dann davon.

Das Lied endet. Die Missionare packen ihre Sachen zusammen. Die Chinesenkinder erwachen aus der morbiden Faszination und wechseln ein paar chinesische Worte. Ein chinesischer Zeitungsjunge, ungefähr siebenundvierzig, kommt mit der ersten Ausgabe der Zeitung von morgen und ruft in schrillem Chinesisch die Schlagzeilen aus.

Die Missionare wollen schweigend davongehen.

In diesem Augenblick tritt Tyler Maxwell, eine glänzende Erscheinung, aus dem Saloon und entdeckt sie.

TYLER *(mit lauter, kraftvoller Stimme, lebhaftem Mienenspiel und energischen, anklagenden Gesten):* Einen Augenblick, bitte! *(Die Leute bleiben alle gleichzeitig stehen, zu Tode erschrocken.)* Geliebte Freunde! Einen Augenblick, bitte. *(Er geht an die Stelle, wo sich zuvor die Missionare postiert hatten, nur sind sie jetzt das Publikum, während er zum Prediger wird.)* Ich möchte euch etwas sagen, *(rasch)* teure Freunde. *(Er zeigt auf die Chinesenkinder.)* Und auch euch, liebe, süße Heiden. *(Zu den Missionaren)* Ohne Trompeten, Tambourin oder Trommeln will ich Gott für euch preisen; für euch, denn ihr seid gefangen in Unwissenheit und Sprachlosigkeit. Hört mir zu. *(Es entsteht eine Pause, in der er, wie es scheint, mit dem Herrn Zwiesprache hält. Dann spricht er langsam, deutlich und eindrucksvoll weiter.)* Der Herr ist in seinem heiligen Tempel. Laßt alle Welt schweigen vor ihm.

Der alte chinesische Zeitungsjunge ruft wieder seine chinesischen Schlagzeilen aus.

TYLER: Ich habe gesagt: Der Herr ist in seinem Tempel. *(Schreit)* Ruhe! Ich habe selbst eine Nachricht für euch. Ruhe jetzt, Ruhe! *(Der Chinese hört auf, seine Schlagzeilen auszurufen, kommt näher und stellt sich hinter die Kinder.)* Hört mir zu. Hört mir alle zu, ob ihr mich nun versteht oder nicht. Laßt die Gedanken in meinem Herzen zu Worten in meinem Mund werden, laßt meine Worte zu eurer Freude und eurem Trost werden. *(Er legt einem der kleinen Chinesen die Hand auf den Scheitel.)* Wir wollen einen Highway direkt in die Wüste der Unwissenheit bauen. Schreitet darauf ins Licht! Ich verkündige euch große Freude, die allem Volk widerfahren soll. *(Eine Frau mit Paketen bleibt stehen, um zuzuhören.)* Gesegnet seist du, Maria, das Licht ist auf deiner Stirn. *(Brüllend)* Nun. O Herr, ich wohne in deinem Hause!

Und so weiter und so fort. Er berauscht sich am Ruhm Gottes.

Zusammenfassung zweier Romane

1. Du kannst alles haben

Die Landschaft bewegte sich elegant auf den kleinen Bach zu, stieg dann langsam hinauf in die trockenen Hügel und über die Felsen der Vorgebirge zu den blauschimmernden Gipfeln der Küstengebirge. Auf der anderen Seite schob sich die Landschaft zur Sierra Nevada hinauf. In dem großen Tal, das zwischen den beiden Gebirgszügen lag, lebten die Menschen – was außerordentlich langweilig ist und auch langweilig sein soll. Es wurde nur festgehalten, um zu zeigen, daß der Verfasser auch so schreiben kann. Der einzige Haken, dessen ist sich der Autor bewußt, ist der kleine Bach. Was hat der kleine Bach hier zu suchen? Wozu ist er überhaupt da? In welchem Zusammenhang steht er?

Um die Wahrheit zu sagen: Der kleine Bach steht in gar keinem Zusammenhang. Es ist bloß ein kleiner Bach im

Tal. Wasser, das durch die Landschaft fließt, über Steine und Felsen.

Außerdem regnete es, und der Himmel war schwarz. Wenn der Autor erklärt, daß es regnete, so meint er damit, daß es wolkenbruchartig schüttete. Jedenfalls geht er davon aus, daß Schriftsteller dies so bezeichnen. Der Autor hofft aber, daß es dabei keine Querschläger gab. Der Regen prasselte wolkenbruchartig immer so weiter, stundenlang, tagelang, wochenlang. Und in diesen Regenwochen geschah es – wenn auch woanders, in San Francisco genau gesagt, zweihundert Meilen entfernt von dem Unwetter, im Dezember des gleichen Jahres.

Er war noch ein junger Sproß, der tief im Innersten wußte, daß man alles haben kann, und war darauf aus, das auch zu beweisen, im Alter von zweiunddreißig Jahren, und er hat es geschafft, noch ehe das Unwetter aufhörte.

Wollt ihr wissen, wie er das alles erreicht hat? Natürlich wollt ihr das.

Es gelang ihm dadurch, daß er starb. Da hörte der Sturm auf, und im großen Tal war gleißendes Licht.

Dies ist die Zusammenfassung eines großen Romans.

2. Young Red

Dies ist eine der absurden, phantastischen, unrealistischen, über-realen Geschichten, die einem Schriftsteller ab und zu einfallen, aber nie zu Papier gebracht werden – einer jener köstlichen Späße, die es nur in der Phantasie eines Schriftstellers gibt, den die Welt anekelt.

Kern der Angelegenheit ist, daß eines Tages alle, die irgendwo Macht haben, umgebracht werden. Die Welt wäre darüber sicher entsetzt, aber innerhalb eines Monats wären bereits wieder neue Männer an der Macht und damit wieder alles normal. Es sieht dann so aus, als wäre alles wieder in Ordnung; die Kriege und die Ausbeutung können fortgesetzt werden, und der Lauf der Welt erscheint wieder einmal als der alleinseligmachende Zustand. Bis jetzt hat die Sache aber noch gar nicht begonnen. Der Spaß geht erst richtig los, wenn auch die neuen Männer umgebracht werden. Die Welt ist zwar wiederum entsetzt, aber schon nicht mehr ganz so stark wie einen Monat zuvor. Etwa fünfzig Prozent der Weltbevölkerung sind im Grunde sogar hocherfreut. Ungefähr zwei Monate lang herrscht in aller Welt große Verwirrung in den führenden Kreisen, aber nach einiger Zeit sind neue Machthaber da, und die Welt ist wieder unter Kontrolle. Es vergeht vielleicht eine weitere Woche, bevor es regelrecht komisch wird: Sämtliche neuen Machthaber werden getötet, ein jeder, der die Leute auf die eine oder andere Weise ausbeutet. Manche der Ausbeuter erscheinen zwar relativ unschuldig, ja sogar anständig, aber die Instanz, die sie umbringt, kümmert das nicht. Wer Leute ausbeutet, wird getötet, und damit basta.

Natürlich gibt es jedesmal nach der Ausradierung der Machthaber auf der ganzen Welt politische Auseinandersetzungen. Niemand weiß, wer für die Ereignisse verantwortlich ist. Die Kommunisten können es nicht sein, denn die kommunistischen Führer sind ja bisher ebenfalls dreimal umgebracht worden. Irgendeine bekannte Organisation oder Macht steckt offenbar nicht dahinter. Noch einmal stellt jedes Land neue Männer, damit es weitergehen kann mit den alten Programmen. Doch auch diese werden getötet. Und so geht es immer weiter, bis zwölfmal neue Männer eingesetzt und umgebracht worden sind.

Schließlich ist niemand mehr bereit, ein hohes Amt zu übernehmen, und die Throne der Mächtigen auf der Welt stehen leer. Genau vierundzwanzigtausend Personen wurden getötet – erheblich weniger also, als in einem Krieg mittlerer Größe an einem einzigen Tag sterben. Verglichen mit einem Faß macht das nicht mal einen Tropfen aus, und doch hat die ganze Welt sich verändert.

Es gibt keinen Kapitalismus, Kommunismus oder Faschismus mehr und auch sonst keine Art von unnatürlicher Ordnung.

Aber die Geschichte ist, wie gesagt, absurd und würde nicht funktionieren. Die vierundzwanzigtausend wären ja keine Namenlosen gewesen, sondern namhafte Leute. Und nachdem sie umgebracht worden wären, hätte man wieder Namenlose gefunden, die sich einen Namen machen wollten.

Es ist lächerlich, und zugleich die Zusammenfassung eines langen Romans.

Lauri

Der dümmste Garoghlanian, der je gelebt hat, war, wenn man von einer alten Frau namens Doudouk einmal absieht, die 1884 im Alter von siebenundneunzig Jahren verstarb, ein Riese von einem Kerl, der Lauri hieß. Er wurde zehn Jahre vor dem Tod der alten Frau im Haus der Familie geboren und kam 1910, im Alter von sechsunddreißig Jahren, nach Amerika. Trotz seiner geradezu erhabenen

Dummheit war dieser Lauri in der Verwandtschaft durchaus beliebt, und über seine Schwäche, oder sein Talent, wurde nie viel geredet. Er wußte nichts und war unfähig, etwas zu lernen. Bei allen Gesprächen vermochte er nur zuzuhören und sich nicht beeindrucken zu lassen. Er machte stets den Eindruck, als ob er mit allen vertraut und zugleich ein Fremder sei, den lieben Tag und sein ganzes Leben lang. Dabei kannte er fast jeden, zumindest dem Gesicht und oft auch dem Namen nach. Armenisch sprach er nicht sonderlich gut.

Als er zehn Jahre alt war, bezeichnete seine Großmutter ihn als »poetisch«, wohingegen sein Großvater meinte: »Er ist bloß schüchtern. In zwanzig oder dreißig Jahren macht er genausoviel Lärm wie wir alle.«

Diese Theorie wurde allgemein akzeptiert, und alle harrten der weiteren Entwicklung, während Lauri immer nur herumsaß, keine Mahlzeit ausließ und abends pünktlich zu Bett ging. Er wurde ein sehr gutaussehender Mann und bot ein Bild der Ruhe und Stärke.

Ein Fremder fragte einmal: »Ist er eigentlich Armenier?«

Lauris Großmutter sagte: »Er ist Dichter. Er gehört zu keiner Nation, er bildet seine eigene.«

Lauris Großvater ärgerte sich darüber und sagte: »Er ist nicht nur Armenier, er ist auch ein Garoghlanian; und er ist nicht nur ein Garoghlanian, sondern ein gutaussehender Garoghlanian, und er ist stark. Komm, mein Junge, beweis dich an diesem Stuhl.«

Lauri war damals dreiunddreißig. Er nahm seinem Großvater den Stuhl aus der Hand und brach ihn ganz friedlich in acht oder neun Stücke, die er seinem erwartungsvollen Großvater einzeln zurückgab.

Der Fremde stand auf und bedankte sich reihum für den reizenden Abend, obwohl er gerade erst gekommen war. Er sprach mit niemandem über den Vorfall, nicht einmal mit seiner eigenen Mutter.

Im weiteren Verlauf des Abends beschäftigte sich die ganze Familie damit, den Stuhl zu reparieren, den Lauri nicht etwa bloß an den Fugen zerlegt, sondern zur Gänze kurz und klein gemacht hatte. Der Stuhl wurde zwar nicht wieder so wie ehedem, aber man betrachtete ihn in der Familie als ein Denkmal der Liebe für Lauri und als Mahnmal für alle törichten Fremden, die Lauri merkwürdig fanden. Manchmal setzte sich jemand aus Gedankenlosigkeit auf den Stuhl, hörte das gefährliche Knacken, das einen neuerlichen Zusammenbruch ankündigte, und rief im Aufspringen: »Alles bloß wegen dieses lächerlichen Fremden, der uns gefragt hat, ob Lauri Armenier ist!«

Eigentlich sah Lauri nicht im mindesten so aus, wie Armenier glauben, daß Armenier aussehen müßten, auch wenn er unverkennbar wie ein Garoghlanian aussah und seinem Großvater sehr ähnlich war, der ebenfalls weniger klug als stolz und weniger scharfsinnig als jähzornig war.

Nach zwei Jahren war die ganze Familie davon überzeugt, der Fremde selbst habe damals den Stuhl zerbrochen, obwohl er gänzlich unschuldig war und sich höchstens zu sehr bemüht hatte, nett und freundlich zu sein. Wenn jemand den Stuhl in die Hand nahm, sagte stets ein Mitglied aus dem engeren Familienkreis: »Nehmen Sie bitte nicht diesen Stuhl, den hat nämlich ein Verrückter zerbrochen. Wir haben ihn zwar wieder geklebt, aber der Leim ist noch nicht trocken.«

Lauri war so dumm, daß er nicht einmal erstaunt über die fremde neue Stadt wirkte, als er nach New York kam. Er hatte zwar einen elfjährigen Neffen bei sich, aber nicht weniger als acht Garoghlanians, von denen mehr als die Hälfte gestandene Leute waren, sind sehr verwirrt gewesen bei der Ankunft in dieser wunderbaren, erschreckenden Stadt.

»Wo ist denn Amerika?« fragte Lauri den Jungen.

»Das ist Amerika«, erklärte der Junge.

»Und wo ist die Familie?« fragte Lauri.

»Die meisten leben in Kalifornien«, sagte der Junge.

»Und in was für einem Land liegt Kalifornien?« fragte Lauri.

»Auch in Amerika«, sagte der Junge. »Kalifornien ist nur ein anderer Teil dieses Landes.«

»Gut«, sagte Lauri, »dann wollen wir rasch losgehen, damit wir die Familie bald wiedersehen.«

»Es sind dreitausendsechshundertundzweiundsiebzig Meilen«, sagte der Junge.

»Müssen wir da wieder mit einem Schiff fahren?« fragte Lauri.

»Nein«, sagte der Junge. »Mit einem Zug.«

Als Lauri von seinem elfjährigen Neffen nach Kalifornien gebracht wurde, gingen alle Garoghlanians zum Bahnhof der Southern Pacific in Fresno, um ihn in der Neuen Welt und seinem neuen Leben zu begrüßen. Er sah die Sippe schon vom Zugfenster aus und sagte: »Das müssen Armenier sein, oder sonst ein kinderreiches Volk.«

»Das«, sagte der Junge, »sind alles Garoghlanians – das ist unsere Familie. Sie sind gekommen, um dich zu begrüßen.«

Der große Mann lächelte, stieg aus dem Zug und steuerte direkt auf einen alten Mexikaner zu, der dösend auf dem Bahnsteig herumstand.

»Mein lieber Onkel Vanik«, sagte er auf armenisch, »ich freue mich, dich wiederzusehen.«

Der Junge zog ihn rasch zu seinen eigenen Leuten hinüber, während der Mexikaner verwirrt davonlief, um einen Schluck zur Brust zu nehmen.

Lauri war in der Tat ein echter Dichter und Philosoph!

Und nicht nur das. Er glaubte auch an die Brüderlichkeit, daran, daß alle Menschen seine Brüder seien. Ausnahmslos. Dabei war er seiner eigenen Familie ebenso fremd wie ein x-beliebiger Mensch, der irgendwann einmal über die Ventura Avenue geht und dann für immer verschwindet.

Dennoch waren die Garoghlanians hocherfreut, ihn zu sehen. Es ist gut für eine Familie, wenn es ihr gelingt, sich von einer Welt in eine andere zu verpflanzen, durch Jahrhunderte und Tausende von Meilen zu reisen und dennoch alle oder die meisten Familienmitglieder gesund und munter beisammen zu haben. Mit Lauris Ankunft war die Familie wieder mehr oder weniger vollständig, und jetzt war alles möglich.

Wenn ich sage, daß Lauri dumm war, dann ist das unfair. Schuld daran sind nur die bedauerlichen Grenzen der englischen Sprache. Lauri war nicht eigentlich dumm. Es schien zwar so, aber er war es nicht wirklich. Eigentlich war er unsterblich. Er war schon unsterblich geboren. Das heißt, die Welt war ein fremder Ort für ihn, und er hat sich nie bemüht, sie zu einem ihm vertrauten Ort zu machen. Die Leute waren ihm fremd, und er bemühte sich niemals, sie kennenzulernen. Alles war ihm fremd, aber er hatte nicht den zwanghaften Trieb, das Rätsel ergründen zu wollen, den wir alle haben. Lauri lebte einfach nur so und kümmerte sich nicht darum, atmete und war vorhanden.

Das ist nicht die ganze Geschichte von Lauri Garoghlanian. Aber das ist alles, was ich gegenwärtig über ihn zu sagen habe. Ich vermute, eines regnerischen Tages werde ich es unmöglich finden, nicht die ganze Geschichte dieses stillen, poetischen Lebens zu erzählen, das Gott, dessen bin ich sicher, wohlgefällig war, auch wenn es manche phantasielose Leute geärgert hat, die unfähig sind, einen Unsterblichen auch zu erkennen, wenn sie ihn sehen.

Der Junge aus Kingsburg

Er lebte in einer Wohnung, die aus zwei Räumen bestand und in einer schäbigen Straße lag. Er arbeitete in einem Warenhaus, wo er Bücher verkaufte. Er war verliebt in ein Mädchen, das im selben Warenhaus arbeitete. Sie verkaufte unechten Schmuck. Er war neunzehn und weg von zu Hause. San Francisco gefiel ihm ganz gut, nur kannte er niemanden. In Kingsburg kannte er jeden. Ein Jahr in Kingsburg war gar kein Problem: es verstrich, und damit hatte es sich. Das Jahr ging eben vorbei. In San Francisco war das anders. Knapp mehr als drei Monaten war er jetzt dort, und es kam ihm vor, als wären es Jahre gewesen, unzählige, endlose Jahre.

Das rührte daher, daß er niemanden kannte. Er hatte eine Menge Leute kennengelernt, einige hatte er gemocht, und mit manchen war er zum Essen gegangen. Auch mit dem Mädchen, das unechten Schmuck verkaufte, war er essen gegangen. Er hatte mit ihr geredet und sich in sie verliebt.

Das Problem war, daß er sie trotzdem nicht kannte.

Er wollte alles über sie wissen. Er war allein, und jeder einzelne Tag mit seinen vierundzwanzig Stunden war so lang wie ein Jahr; denn er konnte sich aus der Zeitvorstellung der Stadt nicht mehr lösen: aus der Vorstellung, daß die Zeit unaufhörlich verging. Manchmal kam ihm eine einzige Stunde wie ein ganzes Jahr vor. In Kingsburg hatte er nie gemerkt, wie die Zeit verging. Er hatte gar nicht gewußt, wie das ist. Er hatte überhaupt nichts gewußt über die Zeit. Es hatte nichts dergleichen gegeben. Er hatte bloß gegessen und geschlafen, war zur Schule gegangen, war mit dem Auto herumgefahren und hatte das eine oder andere Mädchen besucht, das er seit Jahren schon kannte.

Und dann hatte mit einem Mal nichts mehr gestimmt: Plötzlich wollte er weg von zu Hause. Er hatte von einem Tag auf den anderen entschieden, nicht mehr in Kingsburg leben zu wollen. Irgendwie ging es nicht mehr an, in Kingsburg zu bleiben. Etwas konnte nicht stimmen, wenn man nicht irgendwo mitmachte, sich nicht am Lauf des Weltgeschehens beteiligte, kein Weltmann war. Er hatte dieses Gefühl ab und zu beim Lesen von Büchern verspürt, und es hatte dazu geführt, daß ihm Kingsburg nicht mehr gefiel. Zu guter Letzt hatte er beschlossen, die kleine Stadt zu verlassen und eine Zeitlang nach San Francisco zu gehen. Anschließend wollte er nach New York und dann weiter nach Europa; und vor seinem Tode wollte er alle wichtigen Städte der Welt und jeden noch so abgelegenen Winkel aufsuchen, wo Menschen lebten.

Er würde sich in der Welt umsehen und versuchen, hinter ihr Geheimnis zu kommen.

Er hatte die Vorstellung, bei einer Zeitung zu arbeiten, denn ein Job bei der Zeitung mußte ihn näher zum Zentrum, zur Weltenergie, zum Herzschlag der Welt bringen; wenn er bei der Zeitung war, würde er alles erfahren, was irgendwo vorging. Er hätte dann teil an allen Dingen und würde sie zu Papier bringen können.

Er beschloß, sich der Welt auszusetzen und zu sehen, wie sie ihn beeinflußte und ob er sie in einer Sprache einfangen könnte, die vollkommen neu wäre. Sonderlich viele Worte waren ihm nicht geläufig, und jene, die ihm wirklich vertraut waren, mochte er nicht und hielt sie für unbefriedigend. Worte wie *nichts, verrückt, lausig, Schwindel* waren ihm wohlbekannt. Er kannte auch die anderen Wörter, aber sie bedeuteten nichts. Sie gingen an sich völlig in Ordnung, aber in seiner Sprache bedeuteten sie nichts, Wahrheit nicht, Schönheit nicht und so weiter. Solche Wörter sagten ihm gar nichts. Wenn Wahrheit beinhaltete, daß zweimal zwei vier war, dann wußte er, was das hieß. Doch was war mit den übrigen Dingen? Was war mit all den Menschen, all den Städten? Worauf lief das hinaus? Wenn mit Schönheit die Weite des Himmels an einem sonnigen Tag gemeint war, dann wußte er, was das hieß. Aber wie stand es um alles übrige?

Er hatte sich vorgenommen, alles zu erfahren, das Ganze kennenzulernen. Welche Kraft steckte hinter den Lebewesen, die sich bewegten? Welche Kraft ruhte in denen, die dies nicht taten? Welche Kraft hielt die Dinge zusammen, die zwar nicht lebten, aber doch Form und Gewicht und Wirklichkeit hatten? Was hielt überhaupt alles zusammen? Den Körper des Menschen, jeden kleinsten Teil seines Körpers? Was hielt überhaupt alles zusammen?

Er hatte einen Job gebraucht, und deshalb hatte er versucht, einen bei der Zeitung zu bekommen. Er hatte sich große Mühe gegeben, aber es klappte nicht. Die Leute sagten, er wäre für einen Reporter zu jung und als Botenjunge zu alt. Sie fanden seine Ernsthaftigkeit und seine Redeweise sehr ulkig.

Dann versuchte er es woanders, und eine der vielen Firmen, bei denen er vorsprach, war das Kaufhaus gewesen. Da kam er gerade zur rechten Zeit. Einer der Verkäufer in der Buchabteilung war krank, und der andere hatte gekündigt und wollte in ein paar Tagen gehen. Die Leute fragten ihn, ob er irgendeine Ahnung vom Buchhandel hätte, und er sagte, er hätte sehr viele Bücher gelesen, aber noch keine verkauft. Die Leute konnten nicht mehr viel Zeit verlieren und deshalb beschlossen sie, ihm die Stelle vorläufig zu überlassen. Zunächst für höchstens eine Woche. Er selbst hatte gesagt, er wisse nicht, ob es ihm Spaß machen werde, Bücher zu verkaufen. Darüber hatten die vom Personalbüro mächtig gelacht und das ungeheuer komisch gefunden.

Es zeigte sich, daß ihm das Bücherverkaufen überhaupt keinen Spaß machte, aber aus irgendeinem Grund verkaufte er sehr viele. Er verkaufte sogar mehr Bücher als es je ein Verkäufer des Warenhauses vor ihm getan hatte. Als der kranke Kollege genas und wieder zur Arbeit kam, sagte dem Jungen aus Kingsburg niemand, er brauche am nächsten Tag nicht mehr zu kommen. Er behielt den Job. Der Leiter der Buchabteilung vermochte sich allerdings gar nicht zu erklären, warum der Neue so viele Bücher verkaufte, denn im Prinzip war er der schlechteste Verkäufer in der ganzen Abteilung.

Wenn zum Beispiel eine Dame ihn fragte, ob er einen Roman gelesen habe, den sie kaufen wolle, sagte er nein. Er habe die erste Seite des Buches gelesen und keinerlei Grund gesehen, auch noch die zweite zu lesen. Wenn die Dame den Roman nicht kaufte, dann nahm sie bestimmt sechs oder sieben andere Bücher mit, oft technische Werke, wie sie Damen in der Regel nie kauften. Meistens allerdings erwarb die Dame den Roman dann doch, weil sie zeigen wollte, daß sie sich nicht von den offensichtlich unreifen Ansichten eines so naiven jungen Mannes beeinflussen ließ.

Die meiste Zeit schien er sich zu langweilen, er wirkte sehr unglücklich und auf eine ihm eigentümliche Art einsam. Er begeisterte sich für kein Buch und keinen Schriftsteller, für nichts, was in den Büchern stand, und auch sonst für nichts. Alle Bücher zusammen waren eines seiner Worte: *nichts*. Zu allem Überfluß benahm er sich auch nicht so, wie es sich für einen Verkäufer geziemte. Er war, in der Tat, unverschämt.

Er verkaufte zum Beispiel ein Buch, und dann schlug er es mittendrin auf und zog ein angewidertes Gesicht. Er las irgendwo einen Absatz, und der angewiderte Gesichtsausdruck vertiefte sich noch. Den Kunden hatte er völlig vergessen. Manchmal verzog er sich sogar in eine Ecke, als ob er den Kunden loswerden wolle, als ob er von allem und jedem so weit weg sein wolle wie möglich. Dann schien er sehr allein zu sein in der Welt. Dennoch fanden einige der wohlhabenderen Kunden seine Persönlichkeit so außergewöhnlich und merkwürdig, daß sie ihn zu sich einluden.

Er ging auch hin, aber ohne jede Begeisterung. Der Leiter der Buchabteilung saß auf seinem Stuhl und dachte über die ganze Angelegenheit nach. Aber er kam nicht dahinter; jeden Tag war er nahe daran, den Jungen zu feuern, doch er schaffte es nicht.

Der Junge selbst begriff überhaupt nichts, aber im Gegensatz zum Leiter der Buchabteilung und anscheinend auch im Gegensatz zu allen anderen Leuten war er fest entschlossen, es weiterhin zu versuchen.

Der Geruch seiner Wohnung war ihm ein Rätsel, und die

schäbige Straße; vor allem aber waren ihm die schäbigen Leute in der schäbigen Straße ein Rätsel: die armen, mürrischen, müden, stumpfblickenden, vor sich hinträumenden Menschen in seiner Straße.

Und das Mädchen, das er liebte, war ihm ein Rätsel; die Liebe war ihm ein Rätsel.

Er konnte das Mädchen, das er liebte, als Mädchen begreifen, aber er konnte nicht begreifen, wie sie plötzlich herausgetreten war aus der Welt und der Zeit und etwas geworden war, was er so verzweifelt begehrte. Er begriff das Begehren nicht. Na schön, sie war jung, ihr Gesicht war ein erfreulicher Anblick, ihre Arme waren reizvolle Arme, ihr Körper war gut gebaut, aber warum blieb dieser Körper, ob man ihn sah oder nicht, so rätselhaft, selbst nachdem er mit ihr gesprochen und herausgefunden hatte, daß es ihr innerlich an Tiefgang und Rätselhaftigkeit völlig fehlte. Warum war das so?

Auf die einfache Weise konnte er alles begreifen, aber er begriff nichts auf die schwierige Weise, und es gefiel ihm nicht, alles auf die einfache Weise zu begreifen und nichts auf die schwierige Weise.

Am Tage war es besonders schlimm: Wenn es Tag wurde, erwachte der Weltkörper, bewegte sich durch die Welt, vollzog die wache Hälfte der Lebensaktivitäten, und er konnte nicht begreifen, warum diese Aktivitäten unweigerlich so kümmerlich und sinnlos waren, sich stets auf unwesentliche Dinge bezogen, gehetzt und von Millionen Ängsten bedrängt.

Die Nacht war noch schlimmer, denn dann wurde der Zeitkörper, der Weltkörper zum zeitlosen, weltlosen Körper, zum Allkörper, schloß seine Augen, schlief und träumte. Und er konnte den Traum nicht begreifen.

Er war einsam, aber er war dabei stolz, und er konnte nicht begreifen, warum seine Einsamkeit noch größer wurde, wenn er mit dem Mädchen zusammen war, warum die Frage Warum-Wer-Was-Wann-Wo mit jedem Augenblick wuchs, wenn er ihr Gesicht sah und in ihrer Gegenwart war, bis alles Chaos und Nichts war, bis er sich eine Zigarette ansteckte, bis er sie anlächelte und etwas sagte, was jeder Idiot gesagt haben könnte.

All diese Dinge in seinem Inneren waren den anderen ziemlich unbekannt, die wenigsten vermuteten bei ihm, was nur gelegentlich aufblitzte, und so hielten ihn die meisten Leute für einen sehr naiven, unerfahrenen, aber netten Jungen vom Lande.

Manchmal lachte er sogar, aber dabei wußte er stets, was die anderen nicht wußten, daß er eins der Worte lachte, die er gut kannte: *nichts, verrückt, lausig, Schwindel.*

Als er vier Monate in San Francisco und zwei Monate in das Mädchen verliebt war, kam eine Nacht, in der er nicht schlafen konnte, obwohl er sehr müde und es sehr spät war. Er lag wach in der Dunkelheit seines Zimmers mit offenen Augen, und er konnte gut in der Dunkelheit sehen. Und obwohl er schlicht *nichts* sehen konnte, immer wieder schlicht *nichts*, begann er sich schrecklich zu fürchten. Er war hellwach, er brauchte dringend Schlaf, und er hatte nicht nur um sich, sondern um alle, die lebten, so schreckliche Angst, daß er aus seinem Bett aufspringen, das Licht einschalten und sich anziehen mußte.

Es war sehr traurig, wie die Dunkelheit und das Nichts bei ihm blieben, als er das Licht angemacht hatte, und es war traurig, wie er lachte, weil es so traurig war, weil alles, was der Weltkörper je getan hatte, so armselig war, weil alles überall so armselig war.

Er beschloß, sich mit frischen, neuen Sachen anzukleiden, soweit dies möglich war. Allerdings stimmte es sehr traurig, ein brandneues, säuberlich zusammengestecktes Hemd zu betrachen und die Stecknadeln herauszuziehen, als ob das eine Aktivität von größter Bedeutung wäre, dann das Hemd anzuziehen und neue Socken, einen neuen Schlips umzubinden, die Schuhe zuzuschnüren, den Hut aufzusetzen, eine Zigarette anzuzünden und den Rauch zu inhalieren.

Es gab in seinem Zimmer keinen Wecker und keine Uhr. Als er auf die Straße trat, warf er einen Blick auf die Uhr im Schaufenster des Friseurs und stellte fest, daß sie Viertel nach zwölf zeigte. Die Straße war leer, und die Welt war sehr still und schwarz. Er lief los, erreichte nach sechs Blocks eine Straße, wo noch Menschen unterwegs waren, und nahm sich ein Taxi. Erst sagte er dem Fahrer, er solle die Straße hinunterfahren, dann jedoch nannte er dem Fahrer die Adresse des Mädchens. Der wendete und brauste in die Gegenrichtung zurück.

Das Haus war dunkel. Er ging drei Blocks weit zu einem Drugstore, von wo aus er die Nummer des Mädchens wählte. Es war nicht ihre Nummer, sondern die ihres Vaters. Es klingelte viermal, ehe jemand den Hörer abnahm. Es war das Mädchen, sie hatte geschlafen. Daß er sie aus dem Schlaf geweckt hatte, merkte er daran, wie ihre Zunge und ihre Lippen die Worte zu bilden versuchten.

»Was ist los?« fragte sie.

»Ich muß dich sehen, jetzt sofort«, sagte er. »Zieh dir was über und komm runter. Ich werde vor der Tür stehen.«

»Was ist denn los?« fragte sie.

»Ich muß dich sehen«, sagte er.

»In Ordnung«, sagte das Mädchen. »Ich ziehe mir was an und komme gleich runter. Wieviel Uhr ist es eigentlich?«

»Es ist noch früh«, sagte er. »Früher wird es bestimmt nicht mehr. Ich erwarte dich direkt vor dem Haus.«

»In Ordnung«, sagte das Mädchen.

Er verließ den Drugstore und ging die stille Straße zum Haus des Mädchens hinunter. Er lächelte idiotisch, und er wußte, er würde nie etwas wissen, genausowenig wie alle anderen Leute.

Geschichten aus der alten Heimat. Teil Zwei.

1. Der Kahlköpfige, der Mann mit der laufenden Nase und der Mann mit dem Klumpfuß

Diese drei saßen eines Tages zusammen. Der Kahlköpfige kratzte sich dauernd den Kopf, der Mann mit der laufenden Nase wischte sich dauernd den Rotz weg, und der Mann mit dem Klumpfuß streckte dauernd sein Bein. So versuchten sie, ihre Gebrechen ein wenig zu lindern.

Der Kahlköpfige sagte: »Laßt uns sehen, wer von uns sein Gebrechen am längsten vergessen kann.«

Die anderen nahmen die Wette an.

Fliegen setzten sich auf den Schädel des Kahlköpfigen und krabbelten auf den schorfigen Stellen herum. Das Jukken wurde zur unerträglichen Qual. Da sagte der Kahlköpfige: »Liebe Freunde, als ich noch ein kleiner Junge war, fuhr mein Vater nach Konstantinopel, und als er zurückkam, brachte er mir einen Fes mit. Das war ein ganz außergewöhnlicher Fes. Erst setzte ich ihn so auf die Mitte des Kopfes, aber da fiel er herunter; dann setzte ich ihn auf das linke Ohr, seht ihr, so, aber da fiel er genauso herunter; dann setzte ich ihn auf das rechte Ohr, und wieder fiel er herunter; mal setzte ich ihn vorn auf die Stirn, dann wieder schob ich ihn ganz in den Nacken, aber ganz gleich, wo und wie ich ihn aufsetzte, immer fiel er herunter.«

Bei diesen Erklärungen über den Fes gelang es dem Kahlköpfigen mühelos, die Fliegen zu verscheuchen, seinen Schädel zu kratzen und seine Beschwerden zu lindern.

Die beiden anderen durchschauten natürlich die Schlauheit dieser Vorstellung. Der Mann mit der laufenden Nase sagte: »Merkwürdig, als ich ein kleiner Junge war, fuhr mein Vater auch nach Konstantinopel. Er kam mit einem schönen deutschen Gewehr wieder und benutzte meine Nase als Zielscheibe. Der erste Schuß ging links daneben, der zweite rechts und so weiter, bis das Magazin leer war.«

Dabei wischte er sich mit der Hand durchs Gesicht und linderte damit seine Beschwerden.

Der Mann mit dem Klumpfuß litt inzwischen schon große Pein und überlegte, was ihm sein Vater aus Konstantinopel mitgebracht haben könnte, um seine Beschwerden zu lindern. Aber je länger er nachdachte, um so klarer wurde ihm, daß es weder in Konstantinopel noch sonst irgendwo, daß es weder in seiner Kindheit noch sonst irgendwann etwas gegeben hatte, das ihm jetzt erlaubt hätte, sein Bein mit dem Klumpfuß zu strecken.

Also hob er sein Bein, schleuderte es energisch herum und sagte: »Wenn das, was ihr da gerade erzählt habt, der

Wahrheit entspricht, dann soll dieser Klumpfuß eure Väter in den Steiß treten und in alle Ewigkeit in der Hölle herumjagen.«

2. Der König und der Blinde

Ein König hörte, die Blinden in seinem Reich seien hinterlistig und habgierig. »Wie kann das sein?« fragte er. »Sie können nichts sehen; wie sollen sie da hinterlistig und habgierig sein?« Er solle doch die Blinden besuchen und sich selbst ein Bild machen, sagte man ihm.

Da fuhr der König zu den Blinden und stellte sich mitten unter sie. Als er einen gefunden hatte, der ein besonders frommes Gesicht hatte, sagte er: »Ein guter Mensch hat mir auf der Straße ein Goldstück geschenkt.«

Der Blinde sagte: »Meine Hand hat noch niemals ein Goldstück berührt. Bitte, laß es mich halten.«

»Es ist wie alle anderen Münzen auch«, sagte der König, »nur etwas größer und schwerer.«

»Ich habe noch niemals ein Goldstück berührt«, sagte der Blinde. »Das wünsche ich mir vor meinem Tod. Bitte, laß mich das Goldstück einen Augenblick halten. Ich gebe es dir gleich wieder zurück.«

Der König reichte dem Blinden das Goldstück. Der schlich sich leise davon und versteckte sich hinter einem Felsblock. Der König rief: »Wo bist du, mein Freund? Bitte, gib mir mein Goldstück wieder zurück!«

Schweigen.

Noch einmal wiederholte der König laut seine Aufforderung und bekam keine Antwort. Da trat der König dicht an den Blinden heran, hob einen Stein auf und sagte: »Allmächtiger Gott, laß diesen Stein den Kopf des hinterlistigen, habgierigen Blinden treffen, der mein Goldstück gestohlen hat.« Dann ließ er den Stein los, und der fiel dem blinden Mann auf den Kopf. Der Blinde murmelte: »Das war bloß ein Zufall, ich habe Pech gehabt, das ist alles.«

Da hob der König einen zweiten Stein auf und sagte: »Allmächtiger Gott, laß diesen Stein den Knöchel des blinden Diebs treffen.« Dann ließ er den Stein los, und er fiel dem blinden Mann auf den Knöchel.

»Er hat wirklich ungewöhnlich viel Glück«, sagte der Blinde.

Da hob der König einen dritten Stein auf und sagte: »Allmächtiger Gott, laß diesen Stein die Augen des blinden Diebs treffen.«

Da sprang der Blinde auf die Füße und rief: »Laß den allmächtigen Gott aus dem Spiel. Da hast du dein lausiges Goldstück! Du hast Augen, und daher ist das Ganze nicht fair.«

3. Der Löwe und das ehrgeizige Kaninchen

Ein Löwe wachte eines Nachmittags aus dem Schlaf auf und brüllte so laut, daß alle Tiere im weiten Umkreis ebenfalls aufwachten. Ein Kaninchen erwachte und sah alle Tiere fortlaufen und sich verstecken. Da sagte es: »Warum laufen eigentlich alle fort und verstecken sich, wenn der Löwe losbrüllt? Warum brülle ich nicht und bringe alle zum Laufen?« Also brüllte das Kaninchen aus Leibeskräften. Aber sein Brüllen war nichts mehr als ein Quieken. Das hörte ein hungriger Fuchs. Er schlug das Kaninchen mit der Pfote auf den Kopf, daß es tot umfiel. »Du bist ein Kaninchen«, sagte er, »und kein Löwe. In Zukunft bleib da, wohin du gehörst.«

4. Der taube Tagelöhner, der taube Schäfer, der taube Ehemann, der sich mit seiner Frau gestritten hat, und der taube Richter

Ramadan ist die mohammedanische Fastenzeit. Sie dauert ungefähr dreißig Tage, dann kommt der *Bairam*, und dann wird wieder gefastet. Der *Ramadan* endet, wenn drei Gläubige gleichzeitig auf einen Berg steigen, den neuen Mond sehen, in die Stadt zurückkehren und mit erhobenen Händen schwören, daß sie den neuen Mond erblickt haben. Dann werden die Gewehre abgefeuert, und der *Bairam* ist da.

Vor etwa siebzig oder achtzig Jahren fand ein tauber Tagelöhner am dritten Tag des *Ramadan* zwei Schafe auf einer Straße, auf der eine halbe Stunde zuvor ein Schäfer mit seiner Herde das Dorf durchquert hatte. »Meine Ehrlichkeit«, sagte der Tagelöhner, »ist berühmt. Ich werde dem Schäfer die beiden verlorenen Schafe zurückbringen.«

Er trieb die beiden Schafe vor sich her aus dem Dorf in die Berge hinauf. Eines der beiden Tiere war auf dem rechten Vorderfuß lahm.

Ein tauber Ehemann hatte mit seiner Frau einen Streit, verließ wütend das Haus und schrie, er wolle sein Lebtag nicht zurückkehren. Er hätte sie endgültig satt. Zur Hölle mit ihrer ewigen Nörgelei. Irgendwo gebe es für alles mal eine Grenze.

Und so marschierte er in Richtung der Berge.

Der Tagelöhner fand den Schäfer, der ebenfalls taub war,

und sagte: »Mein Bruder, im ganzen Land ist meine Ehrlichkeit bekannt. Mein Name ist Osman, und hier sind deine Schafe.«

Der taube Schäfer sagte: »Sohn des Himmels, nimm das lahme Schaf als Belohnung.«

»Was soll das heißen?« fragte der Tagelöhner. »Ich bringe dir deine Schafe zurück, und jetzt behauptest du, ich hätte dem Tier das Bein gebrochen. Was bist du nur für ein Mensch?«

»Ich bitte dich«, sagte der Schäfer. »Es war sehr nett von dir, daß du die Schafe zurückgebracht hast. Aber warum willst du unbedingt ein gesundes Schaf haben anstelle des lahmen? Du wirst es doch bloß schlachten und aufessen. Was stört dich an dem kaputten Bein?«

Da sahen der Tagelöhner und der Schäfer den wütenden Ehemann in den Bergen herumirren und riefen ihn zu sich, damit er ihren Streit schlichten solle.

»Aha«, sagte der Mann, »die wissen von dem Ärger, den ich gehabt habe, und wollen, daß ich zu meiner Frau zurückkehre. Aber von wegen! Die sollen sich um ihre eigenen Angelegenheiten kümmern. Ich werde bestimmt nicht tun, was sie vorschlagen.«

Dennoch ging er zu den beiden hin. Der Tagelöhner sagte: »Mein Name ist Osman. Seit sieben Generationen ist meine Familie wegen ihrer Ehrlichkeit berühmt. Ich habe im Dorf die verlorenen Schafe dieses Mannes gefunden und drei Meilen weit zu ihm gebracht. Und jetzt behauptet er, ich hätte einem der Tiere das Bein gebrochen. Dabei ist es von Anfang an lahm gewesen!«

»Bitte, mein Freund, hör mir zu«, sagte der Schäfer zu dem wütenden Ehemann. »Ich bitte ihn doch nur, daß er sich mit dem lahmen Tier zufriedengibt, anstatt das gesunde

Schaf zu verlangen. Ich bin ihm sehr dankbar, daß er mir die Schafe zurückgebracht hat und will ihn ja gerne belohnen. Aber warum will er das gesunde Schaf haben? Sei du der Richter. Habe ich recht oder nicht?«

»Du kannst reden, solange du willst«, sagte der taube Ehemann. »Ich streite mich nicht mehr mit ihr. Ich habe sie endgültig satt. Keine Macht des Himmels oder der Hölle bringt mich wieder in dieses Haus. Du kannst reden bis zum Ende der Zeit, du wirst mich nicht dazu bringen, daß ich zurückkehre.«

Der Streit ging noch stundenlang weiter, und jeder beharrte darauf, daß er recht hätte. Schließlich stiegen sie von den Bergen herunter und gingen zum Haus eines Richters, der ebenfalls taub war. Einer nach dem anderen hoben der Tagelöhner, der Schäfer und der Ehemann ihre Hände und erzählten ihre Geschichte. Der taube Richter hörte ihnen geduldig zu. Schließlich sagte er: »Drei gläubige Männer haben geschworen, sie hätten den Neumond gesehen. Sagt den Leuten, sie sollen ihre Gewehre abfeuern. Der *Ramadan* ist zu Ende. Der *Bairam* ist da.«

Mein Zeuge bezeugt

Einige Dinge haben darum gebeten, daß ich sie zu Papier bringe, aber sie haben mich stets zu so ungewöhnlichen Stunden ersucht, daß ich sie immer schon wieder vergessen hatte, wenn ich Zeit gehabt hätte, sie niederzuschreiben.

Ihre Anfragen erreichen mich zum Beispiel nachts um zwei, wenn ich schlafen will.

Natürlich lehne ich es ab, um diese Zeit aufzustehen und an die Arbeit zu gehen. Statt dessen versuche ich einen Kompromiß: Ich drehe mich und schlafe weiter. Am nächsten Morgen weiß ich dann noch, daß ich eine Idee gehabt habe, aber zugleich ist sie weg.

Manche dieser Ideen wären, wenn ich mich nur an sie erinnern könnte, wirklich großartig, historisch und bedeutend. Sie könnten das Leben für jedermann leichter machen und das Verhalten der Menschheit verändern oder dergleichen.

Heute nacht zum Beispiel. Was für ein Ozean von einer Idee! Sie war so lächelnd und freundlich und einfach, ein Stück von jedermanns Herz, wunderbar und gewöhnlich zugleich, herrlich schlicht und doch bis heute nacht unaussprechlich.

Ein Engländer wie H. G. Wells wäre in seiner Jugend genauso wie im Alter mitten in der Nacht aufgestanden, wenn er eine solche Vision gehabt hätte, er hätte sie am Schwanz gepackt und ein Buch darüber geschrieben.

Aber was tue ich? Ich drehe mich um und schlafe weiter. Am Morgen wache ich auf und habe das Wunder vergessen. Beim Kaffee suche ich in meiner Erinnerung nach der Vision, und nach dem Kaffee suche ich weiter, erinnere mich an zahllose vergessene Bruchstücke, die jetzt allerdings ohne Wert sind, kleine, lächelnde Kiesel im Universum, kleine Stücke der Küste, einzelne Wellen im Meer und so weiter, aber nicht jener Lichtstrahl, der die ganze Welt in sich trug, der zu mir kam, als ich noch schlief, der wußte, daß er unsterblich war, der aber auch wußte, daß er mich und ein bißchen Sprache brauchte, um für die anderen wirklich zu werden, der um Sprache bat, an den ich mich zu erinnern versuchte und den ich vergessen hatte am Morgen.

Nun ja, so ist das Leben des faulen Schriftstellers. Dieser Dummkopf stellt den Schlaf über die Offenbarung. Er träumt lieber die gewöhnlichen Träume des gewöhnlichen Schlafs (seien sie nun freudianisch, marxistisch, christlich, mythisch, surrealistisch, gegen den Tod oder sonstwas), und am Morgen steht er auf und versucht die dumme Geschichte der dummen Verschwendung der Menschen zu schreiben. Nennt die Welt zum Beispiel kriminell, betitelt seine kümmerliche Geschichte *Die Welt des Verbrechens* und zählt darin alle Vergehen und Schandtaten der Welt auf, jede Brandstiftung, jeden Diebstahl, jede falsche Zeugenaussage, jeden Mord, jede Vergewaltigung und Sodomie, jeden schändlichen Verstoß gegen §632 des Zivilgesetzbuchs von Kalifornien oder sonst irgendwas. Er erzählt eine kümmerliche Geschichte, die zu nichts führt und nichts bedeutet, außer daß der Verfasser ein Dummkopf ist, der aus dem nächsten Monat tausend Jahre machen und lange und inständig darüber nachdenken sollte, was eigentlich vorgeht, und der erst dann überlegen sollte, ob er durch Gottes Gnade vielleicht etwas versteht und womöglich aufschreiben kann.

Mein Zeuge bezeugt, daß ich im Alter von drei Jahren ein besserer Schriftsteller war als jetzt, ein besserer Schriftsteller als H. G. Wells jemals war, ein besserer Schriftsteller als beinahe jeder Schriftsteller je war, nur daß ich damals noch nicht schreiben konnte; und jetzt, wo ich es kann, muß ich ehrlicherweise zugeben, ich habe den Weg verloren, die Vision verloren, die Welt verloren, von denen ich wußte, daß man sie hätte verwirklichen müssen, ich habe das Reich der Wahrheit verloren, von dem ich wußte, daß es in mir war, ich habe alles verloren außer den paar verstreuten Bruchstücken der gewöhnlichen Welt, die sich so leicht in den leicht geschriebenen Worten jenes leicht abzulenkenden Narren einfangen lassen, der ich geworden bin.

»Du schreibst von dir selbst«, sagen sie – die Kritiker, die Verwandten, die Freunde und die Leute, die keineswegs Freunde sind, und bei jedem hat es eine eigene Bedeutung. Sie sagen es alle, und bei jedem steckt eine andere Schwäche dahinter. »Es liest sich recht gut. Es ist durchaus unterhaltend. Es ist alles sehr interessant, aber es handelt immer von dir. Warum eigentlich?« Meine Freunde, ich wurde hineingeboren in den Körper von William Saroyan. Ich, und kein anderer. Ich war das, und der Geist, der dieses armenische Fleisch bewohnt, bin ich. Wenn ich über jemand anderen schriebe, und wäre es noch so kunstvoll, dann würde ich immer noch über mich selbst schreiben.

Mein Zeuge aber bezeugt, wie ich schon erwähnte, daß ich mit drei Jahren ein besserer Schriftsteller war als heute mit dreißig.

Es ist in der Tat eine kleine Welt, eine Welt, die alles klein macht und lächerlich außerdem. Nichts könnte zum Beispiel lächerlicher sein als ich und H. G. Wells und die zahllosen anderen, ob sie nun schreiben oder nicht. Die Art und Weise, wie wir uns benehmen, wäre äußerst erstaunlich, wenn wir einmal einen Augenblick in der Zeit zurücktreten und so tun könnten, als ob wir das alles zum ersten Mal sehen; es wäre lächerlich, unglaublich, verrückt, herzzerreißend und schlechterdings, um es noch einmal zu sagen, unglaublich.

Die Art und Weise, wie ich heute schreibe, anstatt so zu schreiben, wie ich von Anfang an hätte schreiben sollen, ist unglaublich. Von dreitausend Worten werden oft nur sechs tatsächlich lebendig; der Rest ist genauso tot wie die Milliarden von Worten in Millionen von Büchern, die zu dieser oder jener Zeit geschrieben wurden von Menschen, Worten, die nach langem Überlegen ganz bewußt gebraucht wurden, die gedruckt und gebunden und eine Zeitlang gelesen wurden und die jetzt so tot und bedeutungslos sind, das heißt eigentlich schrecklich und tragisch.

Das alles kommt daher, vermute ich, daß sie alle Feiglinge waren, daß sie Angst hatten, das zu tun, was man doch immerhin in Ehren versuchen könnte. Sie hatten Angst, ganz und gar persönlich zu sein und sich damit vielleicht zu entblößen. Sie hatten Angst, die kriecherische Vorsicht fallenzulassen, hielten sich statt dessen zurück, harrten aus, blufften, zeigten die starken Schultern, versteckten das schwache Herz, streckten das Kinn vor, zogen die zitternde Seele zurück, kehrten die Kräfte des triebhaften Fleisches heraus und verhüllten die jämmerliche Schwäche des innersten Herzens, die Hilflosigkeit. Sie versuchten geheimzuhalten, daß niemand je der Vater eines anderen sein kann, sondern jeder nur der Vater seiner selbst ist, obwohl es doch angeblich anders sein sollte. Daß immer nur ein ungeborener Mann einen anderen gebiert. Sie wußten, daß es falsch und hohl und lächerlich war, und doch akzeptierten sie diese Vaterschaft, sei es aus Verzweiflung oder aus Scham oder um zu betrügen. Sie legten dieses Gewand der Elternschaft an: Väter und Eltern von gar nichts, weil der Mensch nämlich nichts ist, noch ungeboren ist, nirgends, sich selbst nicht und Gott nicht bekannt. Weil dem Menschen das Universum unbekannt ist; weil in seinem Inneren nichts Wunderbares ist und ihm gehört; weil nichts von dem, was wunderbar an ihm ist, von ihm ausgeht und andere Dinge bewohnt, ob es nun sein Kind ist, seine Frau oder sonstwas.

Besonders hartnäckig war eine blitzartige Vision, die fast die ganze Antwort auf die ganze Frage enthält. Aber dieser Blitz ist so schwer in die schwächlichen Worte zu fassen, die uns gegeben sind, in diese schwache Grammatik, diese schwachen Strukturen und Stützen des Denkens, daß, wenn man der Wahrheit nicht nachjagt wie ein Falke, der eine dunkle Wolke umkreist, wenn man nicht darauf wartet, daß der kurze Lichtblitz herausbricht, wahrscheinlich gar nichts davon bekannt wird, nicht einmal die kleinste Andeutung – und mehr als eine Andeutung kann ich nicht versuchen.

Ich habe keinerlei Aussichten, das, was ich meine, auf gewöhnliche Weise, in gewöhnlichen Worten niederzuschreiben, mit all der Hochstapelei, mit all den modischen Arrangements, mit all den toten Worten, mit all den toten Arrangements. Ich finde ein solches Verfahren bei mir genauso bedauerlich wie bei den anderen, die sich aus diesen oder jenen Gründen, die allein sie kennen, gezwungen sahen, zu schreiben und die Botschaft zu verkünden, worin sie auch immer bestehen mag.

Nichts in der Welt ist leichter, als ein guter Schriftsteller zu sein, wenn du weißt, wie man schreibt; nichts ist bequemer; nichts schmeichelt einem mehr als das Bewußtsein, schöne und kraftvolle – oder besser: scheinbar schöne und kraftvolle – Dinge sagen zu können, die weder Fisch noch Fleisch sind, aber den anderen Kadavern auf der Welt in ihrer grenzenlosen Dummheit Gelegenheit geben, Anerkennung zu zollen, Listen aufzustellen, zu diskutieren, zu kanonisieren, zu bibliographieren, zu vergleichen, zu loben und all die anderen Dinge zu tun. Nichts ist sinnloser, als auch ein Schriftsteller zu sein; das kann jeder; wirklich jeder. Das kann ich jedem auf der Welt beibringen. Das ist etwas, was man keiner Fliege beibringen sollte, es lohnt einfach nicht, wenn ich das sagen darf. Auch wenn es mir alle verübeln: Ich fühle mich ziemlich blöd, wenn die jungen Leute kommen und errötend oder entschlossen oder verbittert oder verzweifelt sagen: »Ich möchte schreiben; ich weiß, ich kann schreiben. Wie macht man das?« Ich komme mir vor wie ein verkohlter Idiot. So fühle ich mich. Ich fühle mich wie ein Kaninchen, das von einem Felsen gefragt wird, wie man singt. Oder noch etwas Idiotischeres. Ich staune über mich selbst, meine närrische Weisheit und den galoppierenden Schwachsinn der anderen, die mich fragen, wie man es macht.

Ich wollte einmal Schriftsteller werden. Jetzt bin ich ein toter Fisch. Und dann kommen die Leute daher und fragen mich, den toten Fisch, der in Millionen Jahren kein Schriftsteller wird, wie man schreibt. Ich kann's euch nicht sagen! Ich habe auch nur dasselbe getan wie H. G. Wells. (Armer H. G. Wells. Ich habe gar nichts gegen ihn. Ich benutze nur diesen Namen, weil es der Name von jemandem ist, der eben auch ein, zwei Tonnen neue tote Bücher in die Regale gestellt hat. Wenn ich seinen Namen nenne, spreche ich von allen Schriftstellern, ob ihre Gestalt und ihr Gewicht persönlich und literarisch nun groß oder klein sind. Es ist bei allen dasselbe, und ich bin einer von ihnen, möge der liebe Gott uns vergeben und zu verstehen versuchen.)

Jeder kann Schriftsteller werden. Es gibt keinen Sprößling der Mittelklasse in Europa oder Amerika, der nicht sogar noch ein schlechterer großer Schriftsteller als H. G. Wells werden kann. Das ist keine Phantasie, sondern die Wahrheit. Alles, was der Junge tun muß, ist arbeiten, lediglich arbeiten und fleißig herumbasteln. Dann ist es eine Kleinigkeit, mit siebzig oder achtzig über einen guten Prosastil zu verfügen.

Aber warum soll ich immer bloß auf dem armen H. G. Wells herumhacken? Warum lassen wir die armen Schriftsteller nicht einmal beiseite? Warum beschäftigen wir uns nicht mal mit den anderen? Was ist mit dem armen Albert Einstein und den Sachen, an denen er arbeitet? Alles dasselbe. Alles arme, abgebrannte Kerle, wie die Armenier sagen. Arm und abgebrannt und, wie ich von mir aus hinzufügen möchte, auch tot; tot geboren, lebendige Tote.

Natürlich ist alles, wenn Sie so wollen – und was Ihnen durchaus zusteht –, Unsinn, eine gigantische Idiotie, über die man nicht weiter nachdenken sollte – bis auf eines: Daß es möglicherweise verwirrender ist, alles Unsinn zu nennen, anstatt sich um das zu bemühen, was es darüber hinaus noch ist, außer Unsinn. Das könnte nämlich das Warten auf den Tod oder die Befreiung, auf Asche zu Asche oder auf die Heimkehr des Herzens noch schwieriger machen; das könnte der größte von allen möglichen, unvermeidlichen Fehlern sein. So einfach ist das alles nicht. Ich selbst bin mir jedenfalls sicher (aber nur für meine Person, nicht für Sie, nicht für H. G., Albert oder sonst jemand, auch nicht für meinen Bruder), daß es da etwas gibt, eine der großartigsten, unglaublichsten Möglichkeiten, daß noch gar nichts bekannt ist, daß es noch nicht mal geahnt wird, daß alles erst noch kommt; entweder es ist alles so verloren wie die vergangenen Jahrmillionen, entweder es ist alles umsonst, oder es wird alles eintreffen, wenn sich unsere Augen dem großen Glanz öffnen, wenn etwas ganz Phantastisches mit unseren Ohren geschieht und etwas Unglaubliches mit unseren Nüstern und Lungen und all unseren Poren und allem, was zu uns gehört. Ich für mich selbst, wie gesagt, habe aber den Glauben, daß mein Leben nicht verstreichen wird, ohne daß ich nicht wenigstens eine Ahnung davon erlange, und daß ich mit etwas Glück oder Glauben oder was immer sonst einen Augenblick davon erfahre.

Wenn Sie der Es-ist-alles-Unsinn-Schule angehören, kann Ihnen natürlich alles egal sein. Sie brauchen sich nur um das zu kümmern, was ist (oder was es in seinen offensichtlichsten Erscheinungsformen und Beziehungen zu sein scheint). Aber selbst dann haben Sie noch manche Gelegenheiten, sich zwanglos zu amüsieren und zwanglos zu leiden – mit dem was ist. Sie haben eine gute Chance, je nach Gesundheit und Unschuld, etwas davon zu haben, solange Sie leben, und das ist ja auch was. Wenn Sie wissen, daß Sie zu dieser Schule gehören, dann sind Sie kein solcher Idiot wie die anderen, sondern im Gegenteil ziemlich helle; Sie werden schon kriegen, was Ihnen zusteht; aber Sie werden auch nicht mehr bekommen, als Sie verlangen; und ich halte zu Ihnen und bin nicht gegen Sie. Ganz nüchtern, wenn ich das sagen darf, und unabhängig von dem, was der Zeuge bezeugt, gehöre ich selbst dieser Schule an. Und ganz ohne Falsch: Ich wünsche niemandem Böses.

Aber der Zeuge bezeugt, deshalb weiß ich es besser, *es* will zu Papier gebracht werden, und ich möchte schlafen, und am Morgen ist es verloren oder bestenfalls in so kläglichem Zustand wie das, was hier steht. Lassen Sie sich bloß auf nichts ein, aus dem Sie nicht wieder herausfinden. Wünschen Sie sich bloß nicht, die Botschaft verkünden zu müssen, die so verdammt wichtig und zugleich so verdammt unfaßbar ist. Was zum Teufel kann man mit Worten schon sagen? Man weiß es. Man ist sich ganz sicher. Es ist ein ganzes Buch, so wie das Universum ein Buch ist; alle Seiten sind vorhanden, die ganze Bedeutung, die Poesie und das Wunder – nur nicht in Worten. Und doch will alles zu Papier gebracht werden und weiß keinen anderen Weg als durch

DICH, um irgendwohin zu gelangen. Man muß dieses japsende »durch dich« sehr genau hören. Das ist die Wahrheit. Wenn diese Erkenntnis zu einem Fuchs kommt, der von allen gejagt wird, dann weiß ich nicht, wie die Erkenntnis hoffen kann, irgendwohin zu gelangen, aber wahrscheinlich kommt sie stets nur zu uns leichtgläubigen Schwächlingen; zu uns Tieren, die wir keine sind, sondern geradezu Anti-Tiere, da wir uns derartig bemüht haben, dem TIER zu entkommen, daß wir innerlich ganz verklemmt sind, wenn wir uns fortpflanzen wollen, weil uns der dabei notwendige Körperkontakt und die ganze Methode so gottlos und tierisch vorkommen, so vergleichbar mit vielem, was wir als häßlich empfinden.

Wir haben einen Forscher gebraucht, der uns in aller Ruhe unsere wirren Träume erklärte und alles ans Licht brachte, der uns zum Hinsehen einlud, der uns aufforderte, zurückzukehren zum Tier und uns klarzumachen, daß alles, was noch kommen könnte, vom Tier kommen muß, weil sonst nur noch mehr Krankhaftes kommt, das heißt, nicht eigentlich mehr, sondern noch gesteigerter Krankhaftes. Aber der arme Freud ist auch nur der Lumpensammler der Seele. Er ist fabelhaft, und wir lieben ihn. Wir sind ihm auch dankbar; er ist ein tapferer Mann, ein Held, aber er bringt weder Schönheit noch Licht.

Dadurch, daß man den Müll auf die Straße kippt, macht man ihn auch nicht zum Wunder. Mit anderen Worten (falls es andere Worte überhaupt gibt): Es muß alles auf einmal aufs Pferd, beziehungsweise aufs Fahrrad, es muß in einem Stück auf die Reise. Man kann es nicht unterteilen, denn dann verschwindet der Sinn. Es muß alles zusammen bleiben – oder gar nichts. Und nichts war es lange genug – all die Zeit der armen Bücher, all die Zeit der armen Schriftsteller.

Was kann denn ein einzelner tun, der ohnehin nur so und so viele Jahre zu leben hat, von denen die ersten zwanzig die besten und schwierigsten sind, während der Rest ohnehin entgleist ist, unterm Strich, in der Welt und nicht in der Welt, Kompromiß, Vergessenheit, Reue und Sinnlosigkeit? Und wenn dem so ist, was kann ein Schriftsteller, der zum Schreiben geboren ist, tun? Wenn in den Jahren nach zwanzig nicht mehr Zeit genug ist und davor noch kein Können? Was kann der geborene Schriftsteller sagen, wenn er weder Grammatik noch Rechtschreibung richtig gelernt hat, die Grenzen nicht kennt, nicht weiß, wie eng sie sind, und so weiter?

Wenn man tatsächlich mitten in der Nacht aufsteht oder am frühen Morgen und alles aufschreibt, dann sind es meist nicht mehr als drei oder vier Worte, und die sind tot, und die Vision ist verloren, denn wenn man am Morgen aufsteht und die Worte liest, bedeuten sie nichts mehr. Alles ist weg. Freud hat es verstanden, unter den Eisberg zu kommen, aber er hat klarerweise kein Telefon mitgenommen und auch nicht Victor aus Camden, N.J., um die Sprache dort festzuhalten. Auch Joyce hat nur die Oberfläche gestreift – er hat den Tonfall, eine nettes idiotisches Lachen, getroffen, aber nicht den Sinn. Bei weitem nicht. Wie es nach Joyce weitergehen wird, kann man nicht sagen. Wenn er etwas beiläufig erwähnt, vielleicht in einem Gespräch, kann es das Wort sein, die Botschaft. Wahrscheinlich ist sie es allerdings nicht, denn Joyce hat nicht alles mitgenommen, als er per Fahrrad oder Pferd zu neuen Dimensionen aufbrach. Er gibt keine schlechte Figur ab und kommt auch gut voran, dennoch fehlen ihm sehr wichtige Dinge von Belang. Das gesteht er nicht ein. James gibt dies nicht zu. Und die anderen auch nicht; H. G. nicht; Albert nicht; Freuds Vornamen hab' ich vergessen, aber der sagt es auch nicht; Präsident Roosevelt sagt es bestimmt nicht; der alte J.P. tut es nicht; das Rockefeller Institute nicht und Guggenheim Fellowship; und auch die nicht, die über die Vergabe des Pulitzer-Preises und des Nobelpreises entscheiden. Aber forsch und energisch treten sie auf.

Was soll also werden? Und wie soll werden, was da werden soll? Wahrscheinlich genauso. Genauso wie vorher, genauso wie immer. Denn ich glaube, selbst wenn du zum Schreiben geboren bist, selbst wenn du zum Sehen und Hinsehen, zum Hören und Hinhören, zum Fühlen und Verstehen, zum Spüren und Erkennen geboren bist, steckst du, wenn du die lausige Sprache dann endlich beherrschst, genauso im Urwald wie alle anderen. Dann kannst du zwar schreiben, aber nicht wirklich; du kannst schreiben, wie die Leute so schreiben und immer geschrieben haben; du kannst alles sagen, was nichts bedeutet und keinen Sinn hat; du beherrschst es ganz fachmännisch; und das zu lesen, was du schreibst, ist ein Vergnügen; und so weiter. Aber du kannst den Menschen nicht das Leben vermitteln, das ihnen fehlt, du kannst sie nicht bei den Ohren packen und zum Leben hinführen; du kannst die Zeit nicht um eine Sekunde voranbringen, sie wird bleiben, wo sie vor Millionen Jahren schon war, denn du bist genau wie die anderen; du kannst das Wort nicht sagen, denn du hast es vergessen; du kannst nichts tun außer warten, auf den Tod warten, obwohl du schon tot bist, genau wie die anderen – du kannst den kläglichen Griff nach dem Leben versuchen, wie alle anderen auch, aber nie, keinen Augenblick lang zum Leben gelangen; du wirst tot von den Toten kommen, aus dem Tod kommen, um neue Tote zu schaffen, auf die Beine zu stellen, auf die Straße zu schicken und in die Benommenheit und den Wahnsinn rennen zu lassen.

Das ist sicher eine recht traurige Niederschrift der Dinge, die zu Papier gebracht werden wollten, aber es ist sicher die beste, die mir mit der Sprache möglich ist, die mir gegeben ist, mit der Kultur, die ich geerbt habe, und dem Körper, den ich bewohne, dem Geist, an dessen Erziehung ich gearbeitet habe, und dem Herzen, das man mir wohl oder übel als Beiwaage mitgeben mußte. Dies ist bestimmt nicht das Wort. Ich, Saroyan, bin mit größter Wahrscheinlichkeit nicht der Mann, der das Wort sagen wird. Dies betrifft sicher alles nur mich. Es ist sicher alles nicht besser als das klägliche Zeug, das die anderen schreiben, und sicher nicht schlechter. Es ist sicher alles sehr aufrichtig. Es ist ehrlich meins, und gehört ehrlich auch Ihnen, wie mein Zeuge bezeugt.

Geschichten aus der alten Heimat. Teil Drei

1. Der Schwindler aus der Stadt, der allzu selbstbewußte König und der königliche Ratgeber

Ein königlicher Ratgeber kam zu seinem Herrn und sagte: »In der Stadt läuft ein Schwindler mit raschem Mundwerk herum. Er beschwatzt die Leute, und ehrliche Männer geben ihm Geld für nichts.«

»Und wie kommt das?« fragte der König.

»Es liegt an seiner Art«, sagte der Ratgeber. »Er blickt

einem ins Auge, er redet sehr viel, und ehe man weiß, wie einem geschieht, hat man ihm Geld gegeben, und er ist verschwunden. Aber nur den Klügsten hat er Geld abgenommen.«

»Ich glaube dir nicht«, sagte der König.

»Es ist wahr«, beteuerte der Ratgeber.

»Dann geh und hol ihn«, befahl der König. »Das möchte ich sehen, ob der mich auch betrügen kann. Wenn es ihm nicht gelingt, verlierst du deinen Kopf.«

Der Ratgeber ging zu dem Schwindler hin und sagte: »Der König will dich herausfordern. Du sollst ihn übertölpeln. Also gib dir ja Mühe.«

»Ich?« sagte der Schwindler. »Ich sollte den König übertölpeln? Gott bewahr mich.«

»Falls du es nicht schaffst«, sagte der Ratgeber, »kostet dies mich den Kopf, doch du verlierst dann deinen mit mir. Komm also mit und vergiß nicht, dir Mühe zu geben.«

»Wie du willst«, sagte der Schwindler.

Der Ratgeber brachte den Schwindler zum König.

Der König sagte: »Ich habe gehört, du hältst die klügsten Männer zum Narren und nimmst ihnen Geld ab. Ich bin auf meine Klugheit sehr stolz; versuche, mich zum Narren zu halten.«

»Oh, König des Lebens«, sagte der Schwindler, »es tut mir sehr leid, aber das ist unmöglich. Ich habe all meine Instrumente ins Pfandhaus gebracht, und ohne sie kann ich niemanden zum Narren halten, auch die leichtgläubigsten Dorftölpel nicht. Ich bin in Eurer Gewalt.«

»Hol deine Instrumente«, sagte der König.

»Ich habe kein Geld«, sagte der Schwindler.

»Für wieviel hast du denn deine Instrumente verpfändet?« fragte der König.

»Zweihundert Goldstücke«, sagte der Schwindler.

»Kämmerer«, sagte der König, »gib dem jungen Mann zweihundert Goldstücke, damit er seine Instrumente holen kann. Wir werden ja sehen, ob er es schafft, mich zu betrügen.«

Der Kämmerer gab dem Schwindler zweihundert Goldstücke. Der Schwindler ging unter vielen Verbeugungen bescheiden zur Tür und versprach, in zwei Stunden wiederzukommen. Der König lehnte sich auf seinem Thron zurück und fing an zu warten. Der Ratgeber lächelte unmerklich.

»Weshalb lächelst du denn?« fragte der König.

»Falls Ihr darauf wartet, daß er zurückkommt«, sagte der Ratgeber, »dann können Eure Kinder und Kindeskinder noch warten. Man hat Euch zum Narren gehalten, mein kluger König des Lebens. Die Instrumente gibt es nicht. Sein Werkzeug ist seine Zunge.«

2. Der König, der Spion, der armenische Barbier und der armenische Schlachter

Ein Spion ging zum König und sagte: »Über die Armenier können wir nichts herausfinden, denn sie sprechen miteinander ohne zu reden.«

»Was soll das heißen?« fragte der König.

»Wenn sie laut reden, erfahren wir ein paar einfache, unwichtige Dinge«, erklärte der Spion, »aber wenn sie miteinander sprechen, ohne etwas zu sagen, erfahren wir nichts. Sie verständigen sich oft mit einem einzigen Blick. Dann sind wir vollkommen hilflos. Ja, sogar wenn sie laut miteinander reden, verstehen wir meistens das Falsche, denn sie ändern die Bedeutung dessen, was sie gesagt haben, mit ihren Blicken.«

»Du redest von ein paar einzelnen Männern in diesem Volk«, sagte der König. »Das ist nichts, was mich beunruhigen müßte.«

»Nein, ich rede von allen!« sagte der Spion. »Sie sprechen alle diese unhörbare Sprache.«

»Na schön«, sagte der König. »Ich werde es überprüfen. Bring mir zwei von den einfachsten Leuten. Einen Barbier, vielleicht, und einen Schlachter.«

Der Spion ging zu Isro, dem Barbier, und sagte: »Der König wünscht dich zu sehen.«

Der Barbier dachte: Warum will der König ausgerechnet mich, einen Barbier, sehen? Er sagte aber nichts, sondern ging mit zum König.

Der König sah den Barbier an und beobachtete ihn. Spricht er schon? fragte er sich. Der Barbier schwieg. Der König beschloß, auf die Ankunft des Schlachters zu warten.

Nach einiger Zeit kehrte der Spion mit Boghos, dem Schlachter, zurück, der sich ebenfalls gefragt hatte, warum der König ausgerechnet ihn, einen Schlachter, sehen wollte. Als der Schlachter den Barbier sah, wußte er sofort: Das ist auch ein Armenier. Und während er durch den Saal ging, warf er dem Barbier einen raschen Blick zu. Der Barbier gab den Blick an den Schlachter zurück.

Der König sagte: »Jetzt, wo sie beide da sind, sollen sie sprechen, ohne etwas zu reden.«

»Sie haben schon miteinander gesprochen«, sagte da der Spion.

»Und was haben sie gesagt?« fragte der König.

»Das ist schwer zu erraten«, sagte der Spion. »Ich bin sicher, sie haben sich tausenderlei Dinge gesagt. Aber nach dem, was ich gesehen habe, würde ich sagen, daß der Schlachter gefragt hat: Was geht hier vor, Landsmann? Und der Barbier hat gesagt: Landsmann, das weiß ich auch nicht, aber wie es scheint, glauben diese Dummköpfe, sie könnten uns dazu bringen zu reden.«

3. Der Teufel und der Mann aus Bitlis

Der Teufel hatte gehört, daß die Leute aus Bitlis die klügsten Menschen der Welt seien, und so beschloß er, die Stadt zu besuchen und zu sehen, ob er die Leute nicht zum Narren halten könne. Auf dem Weg dahin wurde er schrecklich müde von dem Fußmarsch und freute sich sehr, als ihn ein junger Mann mit raschem Schritt überholte.

»Mein Freund«, sagte der Teufel. »Wohin gehst du?«

»Nach Bitlis«, sagte der junge Mann.

»Ich auch«, sagte der Teufel. »Laß uns den Rest des Weges zusammen zurücklegen.«

»Das wäre mir ein Vergnügen«, sagte der andere.

»Wie weit ist es denn noch?« fragte der Teufel.

»Zehn Meilen«, sagte der junge Mann.

»Wie lange bist du denn schon marschiert?« fragte der Teufel.

»Eine Nacht und zwei Tage«, sagte der junge Mann.

Der Teufel war erst ein paar Stunden unterwegs und dennoch schon erschöpft. Es erschien ihm sehr seltsam, daß der junge Mann noch so frisch sein sollte nach einem so langen Marsch. In Wirklichkeit war der junge Mann allerdings erst seit zwei Stunden auf den Beinen.

»Ist es dein erster Besuch von Bitlis?« fragte der Teufel.

»Zum ersten Mal bin ich nach Bitlis gekommen«, sagte der junge Mann, »als ich geboren wurde.«

Aha, dachte der Teufel, das ist einer der Schlauköpfe. Den will ich zum Narren machen.

»Da wir ja in dieselbe Stadt gehen, laß uns ein Geschäft machen«, schlug der Teufel vor, »damit wir uns nicht so anstrengen müssen. Wir sind beide schon weit gelaufen. Warum trägst du mich nicht ein Stück auf dem Rücken, bis ich wieder zu Atem gekommen bin und mich erholt habe? Dann steige ich wieder ab und trage dich ein Stück, bis du dich ebenfalls ausgeruht hast.«

»Gut«, sagte der Mann aus Bitlis. »Wie sollen wir denn die jeweilige Wegstrecke abmessen, damit keiner Nachteile hat?«

»Das ist ganz einfach«, sagte der Teufel. »Derjenige, der getragen wird, singt ein Lied, und wenn er fertig ist, steigt er ab.«

»Das ist fair«, sagte der andere. »Steigst du zuerst auf?«

»Ja, gern«, sagte der Teufel. »Vielen Dank.« Er stieg dem jungen Mann auf den Rücken und fing an zu singen. Er sang das Lied vom armenischen Alphabet, *Das Morgenlicht*, in dem es für jeden der sechsunddreißig Buchstaben eine Strophe gibt. So langsam, wie der Teufel das Lied sang, braucht man dafür mindestens eine halbe Stunde, wenn nicht mehr. Der Teufel war sehr zufrieden, daß er sich so lange ausruhen konnte, und erholte sich prächtig. Ein gutes Geschäft, dachte er, als er abstieg und der Mann aus Bitlis auf seinen Rücken stieg und zu singen begann.

Der Mann aus Bitlis sang das Lied der armenischen Kirche: *Dai ni, nai ni, nai ni, ni; don ni, non ni, no.* Dieses Lied läßt sich fortsetzen, solange der Sänger nur will.

Er braucht die Silben nur immer zu wiederholen. Wenn es sein muß, kann das Lied bis zum Jüngsten Tag dauern.

»Was soll denn das für ein Lied sein?« fragte der Teufel.

»Das ist das einfache Lied eines einfachen Volkes«, sagte der junge Bewohner von Bitlis.

»Und wie viele Strophen gibt es davon?« fragte der Teufel.

»Eine und eine Million«, sagte der andere.

»Aber es hat doch bestimmt Anfang und Ende«, sagte der Teufel.

»Es hat genausowenig einen Anfang oder ein Ende wie die Welt und Gott der Allmächtige«, sagte der junge Mann und sang immer weiter: *»Dai ni, nai ni, nai ni, ni; don ni, non ni, no.«*

Der Teufel trug den jungen Mann den ganzen Weg von den Bergen herunter nach Bitlis.

Er war schändlich geprellt worden und wünschte sich nichts mehr, als den zum Narren zu halten, der ihn so gefoppt hatte.

»Mein Freund«, fragte er, »was ist dein Beruf?«

»Ich bebaue das Land«, sagte der junge Mann.

»Laß uns Partner werden«, sagte der Teufel.

»Gut«, sagte der junge Mann.

Sie bepflanzten ein Feld mit Zwiebeln, und es kam der Tag, an dem es Zeit war zu ernten.

»Was nimmst du?« fragte der Teufel. »Das untere oder das obere Ende?«

»Mir ist beides recht«, sagte der junge Mann.

»Nein«, sagte der Teufel, »du mußt dich entscheiden.«

»Na schön«, sagte der junge Mann. »Ich nehme das obere Ende.«

Der Teufel war bereits einmal der Gelackmeierte gewesen und wollte nicht, daß sich dies noch einmal wiederholte.

»Wenn es dir recht ist«, sagte er daher, »nehme ich doch lieber das obere Ende und du das untere.«

Der Teufel schnitt die Schlotten ab und versuchte anschließend vergeblich, sie zu verkaufen. Der junge Mann grub die Zwiebeln aus und verkaufte sie alle.

Der Teufel war zum zweiten Mal hereingelegt worden, und nun war er völlig versessen darauf, seinerseits den Mann aus Bitlis zum Narren zu halten.

»Laß uns weiter Partner bleiben«, sagte er.

»Gut«, sagte der andere.

»Was wollen wir als nächstes anpflanzen?« fragte der Teufel.

»Weizen!«

Also säten sie Weizen. Der Tag der Ernte kam, und wieder fragte der Teufel: »Was willst du diesmal, das obere oder das untere Ende?«

»Ja«, sagte der Mann aus Bitlis. »Ich nehme wieder das untere Ende.«

»Oh, nein«, sagte der Teufel. »Diesmal nimmst du das obere und überläßt *mir* das untere Ende.«

So wurde der Teufel noch einmal geprellt. Am Abend verließ er leise die Stadt und ist bis zum heutigen Tage nur inkognito wiedergekehrt – um des Vergnügens willen, die Bewohner der Stadt zu bewundern.

Ein Wort an die Spötter

Alles, was man aus dem Bus oder einer anderen Fahrgelegenheit von Reno nach Salt Lake City zu sehen bekommt, ist Wüste, und alles, was man im August verspürt, ist dörrende Hitze. Wüste besteht aus Sand, der sich nach allen Richtungen hin eben ausbreitet, aus verschiedenen Kaktusarten und aus Sonne. Der Sand erscheint manchmal weiß, manchmal braun, und bei Sonnenuntergang geht die Farbe des Sandes von Weiß oder Braun in Gelb und dann in Schwarz über. Dann ist es Nacht, und dann ist es in der Wüste am besten. Wenn die Wüste und die Nacht sich vereinen, so entsteht das, was man Schweigen heißt.

Das ist etwas, das nie mehr aus der Erinnerung schwindet.

In dieser Erinnerung lebt die Stille und das Geheimnis der Welt.

Ich weiß das alles, weil ich einmal, unterwegs nach New York, mit einem Bus von Reno nach Salt Lake City fuhr.

Mein Onkel Gyko riet mir, die Stadt zu verlassen und nach New York zu gehen. »Bleibe nicht in dieser kleinen Stadt. Geh nach New York. Ich sage dir, Aram, es ist Wahnsinn.«

So kam es, daß ich mit dem Bus von Reno nach Salt Lake City fuhr.

Eine solche Gegend hatte ich weder je gesehen, noch mir vorgestellt. Weites, dürres Ödland, ausgefüllt mit nichts. Ich hielt die Augen Tag und Nacht offen und schaute mir diese Gegend an. Ich wollte nicht durch ein derartiges Land reisen, ohne alles darüber zu erfahren, was ich konnte.

Der Bus verließ Reno kurz nach Mitternacht. Reno ist

eine jener amerikanischen Städte, die ausschließlich von der Krankheit der Menschen leben. Es gibt dort nichts außer Glücksspiel und Hurerei.

Darum sind die Lichter der Stadt so strahlend hell.

Ich erinnere mich, wie ich in eine Spielhölle ging und wie ich während der ganzen Strecke vom Geländer zum Pokertisch in der Ecke des Saales deutlich die drei schwarzen Haare sehen konnte, die dem Kartengeber aus der Nase herauswuchsen. Das machte jenes Licht.

Dann rollte der Bus aus Reno hinaus in die Wüste. Das war ein unerhörter Gegensatz, über den einer lange nachsinnen konnte: zuerst die strahlenden Lichter der Spielhöllen von Reno, und dann die nächtliche Wüste. Von Mitternacht bis zum Morgen dachte ich über diese hellen Lichter und die Wüste nach, und gleichwohl fiel mir zu wenig ein, als daß ich auch nur einen kleinen Satz von drei Worten daraus hätte machen können.

Am Morgen mußte ich die ganze Zeit gähnen. Als der Bus hielt, stieg ich aus und schaute mich gehörig um. Da war nichts als Staub und Himmel und die aufgehende Sonne. Nicht drei Wörtchen fielen mir ein, mit denen ich mir diesen Anblick hätte klarmachen können. Es war nichts. Fertig. Überhaupt nichts. Keine Straßen, keine Häuser, keine Ekken, keine Toreingänge, keine Türen, keine Fenster, keine Verkehrszeichen, nichts.

Mein Onkel Gyko riet mir, nicht in einer kleinen Stadt wie meiner Geburtsstadt zu bleiben, und jetzt konnte ich es nicht erwarten, aus der Wüste heraus in eine große Stadt zu kommen, damit ich wieder etwas begreifen könnte. Ich überlegte mir, daß es meinem Onkel Gyko nicht schaden könnte, wenn er aus unserer Kleinstadt herauskäme und selbst durch die Wüste führe. Ich dachte mir, er würde sich nicht in allem so sicher fühlen, wenn er selbst Tag und Nacht von der Wüste umgeben wäre und dieses hartnäckige Schweigen spürte. Mein Onkel Gyko hatte nicht so viele feine Bücher gelesen wie ich, denn er las langsamer und mit mehr Mühe, aber alles, was er las, hatte er sehr aufmerksam gelesen, und er wußte ganze Seiten aus den Werken von Schriftstellern auswendig, die vor zweihundert Jahren in Europa gelebt hatten. In der ihm eigenen gedehnten Ausdrucksweise pflegte er sich mit einer Menge anzüglicher Schimpfwörter aus einer Diskussion zurückzuziehen. Er nannte die Leute Schafe und beanspruchte für sich selbst, keines zu sein. Ich selbst war ebenso gescheit wie mein Onkel Gyko, nur sprach ich ohne seinen Akzent. Mein Onkel Gyko sagte: »Geh foort aus dieser Staadt und fahre nach Nor York.«

Ich sagte mir, mein Onkel Gyko sollte die Wüste selber besuchen und sehen, wie sie auf *ihn* wirke. Ich mußte erkennen, daß ich mir keinen Ort ausdenken könnte, der so leer wäre wie dieser. Es war mir ganz und gar nicht behaglich zumute. Ich fühlte mich überdies einsam. Ich versuchte darum, obwohl in der Kunst der höflichen Konversation völlig unerfahren, ein Gespräch mit dem einzigen Mädchen im Bus anzuknüpfen.

»Wie heißt diese Gegend?« sagte ich zum Mädchen.

Sie war mindestens fünfunddreißig Jahre alt und sehr häßlich.

»Welche Gegend?« sagte sie.

»Dieses ganze Land hier ringsherum?« sagte ich.

»Ich weiß es nicht«, sagte das Mädchen.

Damit war die Unterhaltung zu Ende, bis spät am anderen Nachmittag, als das Mädchen mich fragte, wieviel Uhr es sei, und ich sagte, ich wisse es nicht.

Ich wußte nicht einmal, was für ein Tag es war. Ich begann zu merken, daß ich nur eines wußte, nämlich daß ich nichts wußte, und daß ich sobald wie möglich in Salt Lake City sein wollte, damit ich wieder Straßen und Plätze und herumgehende Menschen sehen und vielleicht bei meinem riesigen Bücherwissen Halt finden würde, das in der Wüste hier so unnütz war.

»Wenn ich nur erst wieder in einer Stadt bin«, sagte ich mir, »so werde ich so gescheit sein wie irgendeiner, vielleicht noch gescheiter. Wenn ich nur erst aus dieser Ödnis herauskomme, so werde ich den ganzen Ort mit weisen Reden überschütten.«

Nun, ich irrte mich. Als ich nach Salt Lake City kam, fühlte ich mich verwirrter denn je. Ich konnte weder ein Zimmer für fünfzig Cent auftreiben, noch ein Restaurant finden, wo ich ein vernünftiges Abendessen für fünfzehn Cent erhielt. Ich war müde und hungrig und schläfrig, und die Leute in der Straße und die Häuser waren mir zuwider, und ich wünschte bei Gott, ich wäre zu Hause geblieben.

Ich bezahlte für ein kleines Zimmer in einem alten Hotel einen Dollar. Es zeigte sich, daß es im Zimmer nicht geheuer war. Es war das seltsamste Zimmer, in dem ich je zu wohnen versucht habe, aber in jenen Tagen war ich sehr hartnäckig, und ich blieb in dem Zimmer so lange, bis ich darin alle Arten böser Wesen sehen konnte, die in der Weltgeschichte noch keine Verkörperung gefunden hatten, und sämtliche Arten erschreckender Geräusche hörte, die es der Wissenschaft zufolge gar nicht gibt. Ich war starr vor Angst. Während zweier Stunden rührte ich mich nicht vom Schaukelstuhl in der Mitte des Zimmers, weil ich sicher war, daß mich etwas packen und würgen werde, bevor ich zur Tür oder zum Fenster gelangen könne. Das Zimmer war voll böser Wesen. Ich weiß nicht, wie ich lebend da wieder herausgekommen bin, aber irgendwie schaffte ich es.

Ich ging durch die Straßen von Salt Lake City und fand ein Lokal, wo ich für fünfundzwanzig Cent einen Hamburger als Abendessen bekam.

Nachdem ich gegessen hatte, kehrte ich in das Zimmerchen in jenem kleinen Hotel zurück und legte mich völlig angekleidet, samt den Schuhen und dem Hut, ins Bett. Ich wollte für den Fall von Aufruhr, Feuer, Erdbeben, Überschwemmung, Pest oder für irgendeinen anderen unerwarteten Notfall zur Flucht bereit sein. Ehe ich das Licht ausdrehte, übte ich mich darin, vom Bett zur Tür zu laufen. Ich schaffte dies in einer Rekordzeit, mit einem einzigen Sprung zur Tür, und in vielleicht drei oder vier Sekunden war ich auf der Straße. Ich verließ das Zimmer während der Nacht nur dreimal, aber am Morgen erwachte ich erfrischt und heiter.

Ich stand am Morgen um fünf Uhr auf, weil ich den Bus nicht verfehlen wollte, der um halb zehn aus der Stadt fuhr.

Um Viertel nach neun stand ich vor dem Bus-Bahnhof, rauchte eine Fünf-Cent-Zigarre und versuchte mein Gleichgewicht als junger Freigeist wiederzugewinnen, damit ich mich wieder glücklich fühle, als ein sehr langer und schwermütig dreinschauender Fünfziger in einem wallenden Gewand mir ein kleines Heft in die Hand drückte und sagte: »Mein Sohn, bist du erlöst?«

Nie zuvor hatte ich einen so schwermütig dreinblickenden Mann gesehen, ungefähr einsneunzig groß, kaum schwerer als fünfzig Kilo, unrasiert, und ganz von Religion erfüllt. Ich dachte, er werde mich um ein Zehn-Cent-Stück bitten, denn er sah mehr nach einem hungrigen Landstreicher als nach einem heiligen Manne aus, aber er drückte mir nur das Heft in die Hand und fragte mich, ob ich erlöst sei. Der Titel der kleinen Geschichte in dem Heft lautete: *Ein Wort an die Spötter*. Der Missionar hatte sich anscheinend an den Richtigen gewandt. Ich wußte es nicht. Ich konnte es in jenem Augenblick nicht sagen. Ich war ganz verwirrt.

Ich zog blasiert an meiner Fünf-Cent-Zigarre und sagte: »Nein, ich glaube nicht, daß ich erlöst bin, aber ich bin der Sache nicht abgeneigt.«

»Bruder«, sagte der Glaubensmann, »ich kann dich durch das Evangelium von Brigham Young erlösen.«

»Ich fahre in fünfzehn Minuten von hier weg«, sagte ich.

»Das macht nichts«, sagte der Glaubensmann. »Ich habe einmal einen Mann in vier Minuten erlöst.«

»Das ist rasche Arbeit«, sagte ich. »Was muß ich tun, um erlöst zu werden?«

»Mein Sohn, du brauchst gar nichts zu tun«, sagte der Glaubensmann. »Du ahnst nicht, wie nah jeder lebendige Mensch der Erlösung ist. Jeder Mensch, den du dir denken kannst. Ich war selber ein Lebemann, schicke Kleider, harte Getränke, Panatela-Zigarren, Spielkarten, Würfel, Pferde, flotte Mädchen. Alles änderte sich jedoch über Nacht.«

»Warum?« sagte ich.

»Ich hatte kein Glück mehr und konnte nicht schlafen«, sagte der Glaubensmann. »Begann nachzudenken und entdeckte, daß ich gar nicht dazu bestimmt war, ein Feind der Wahrheit zu sein.«

»*Welcher* Wahrheit?« sagte ich.

»Gottes *heiliger* Wahrheit«, sagte der Missionar. »Keiner ist im Grunde ein Feind der Wahrheit. All das Närrische, das die Leute tun, kommt davon, daß sie nicht wissen, was sie suchen.«

»Und was *suchen* sie denn?« sagte ich.

»Wahrheit«, sagte er. »Jeder, der im Kartenspiel betrügt, den Frauen nachjagt, eine Bank ausraubt, sich betrinkt oder rumreist, sucht die Wahrheit. Ich vermute, du gehst irgendwohin, mein Sohn. Wohin gehst du?«

»Ich bin nach New York unterwegs«, sagte ich.

»Dort wirst du freilich keine Wahrheit finden«, sagte er. »Ich bin in den letzten dreißig Jahren sechsmal dort gewesen. Du kannst dich in der ganzen Welt herumtummeln und wirst nie etwas finden, weil du auf diesem Wege überhaupt nichts finden kannst. Du hast nichts zu tun, als deine Haltung zu ändern.«

»Das müßte leicht sein«, sagte ich.

»Die leichteste Sache der Welt«, sagte er.

»Ich bin bereit«, sagte ich. »Ich habe nichts zu verlieren. Wie ändere ich meine Haltung?«

»Du hörst auf zu grübeln und *glaubst*«, sagte der Glaubensmann.

»Glauben«, sagte ich. »*Was* glauben?«

»Nun, alles«, sagte er. »Alles, was dir einfällt, links, rechts, Norden, Osten, Süden, Westen, treppaufwärts, treppabwärts und rundherum, innen, außen, sichtbar, unsichtbar, gut und böse und keines und beides. Das ist das kleine Geheimnis. Brauchte fünfzig Jahre, um es zu entdecken.«

»Muß ich weiter nichts tun?« sagte ich.

»Nichts, mein Sohn«, sagte der Missionar.

»In Ordnung«, sagte ich. *»Ich glaube.«*

»Mein Sohn«, sagte der Glaubensmann, »du bist erlöst. Du kannst jetzt nach New York oder sonstwohin fahren, und alles wird glatt und leicht vonstatten gehen.«

»Hoffentlich haben Sie recht«, sagte ich.

»Du wirst es sehen«, sagte der Glaubensmann.

Der große Bus fuhr an den Randstein, und ich stieg ein. Der hagere Gottesmann trat ans Fenster und lächelte stolz:

»Du bist der siebenundfünfzigste Mensch, den ich erlöst habe«, sagte er.

»Also, leben Sie wohl«, sagte ich. »Vielen Dank für das kleine Geheimnis.«

»Habe es mit Freude getan«, sagte er. »Nur vergiß nicht. Glaube einfach.«

»Ich will es nicht vergessen«, sagte ich. »Ich will glauben.«

»*Irgend etwas*«, sagte er.

Der Motor sprang an.

»Aber nicht das alte Zeug«, sagte ich.

Der Bus stieß eine Qualmwolke aus und setzte sich in Bewegung.

Ich dachte, ich hätte den alten Pater aus Salt Lake City zum besten gehabt und würde nun zu meinem umfassenden Bücherwissen und zu meinem antireligiösen Gleichgewicht zurückkehren. Aber ich irrte mich gewaltig. Denn ohne mein Wissen *war* ich erlöst. Keine zehn Minuten, nachdem der Bus Salt Lake City verlassen hatte, glaubte ich alles, links und rechts, wie der Missionar gesagt hatte, und so habe ich es seither gehalten.

Der kleine Streit zu Hause

Ich lehnte an der Bar, trank einen Scotch mit Soda und unterhielt mich mit Sam über Probleme.

»Sie sind doch Schriftsteller«, sagte Sam. »Was ist die Ursache für all diesen Unsinn, der überall vorgeht?«

Ich erklärte ihm, ich wüßte es nicht, was völlig der Wahrheit entspricht. »Vielleicht«, sagte ich, »kommt alles von der verschwendeten Energie.«

»Welcher Energie?« fragte Sam.

»Na ja«, sagte ich. »Ich meine das Zeug, das mich hierher gebracht hat, nachdem ich den ganzen Tag geschwitzt habe, und das mich veranlaßt, bei Ihnen zu trinken und mit Ihnen zu reden. *Diese* Energie.«

»Was soll damit sein?« fragte Sam.

»Nichts«, sagte ich. »Aber vielleicht ist sie die Ursache für all diesen Unsinn. Sie meinen doch den Krieg in Europa, oder?«

»Nein«, sagte Sam.

»Wieso? Haben wir nicht vom Krieg geredet?«

»Doch, sicher«, sagte Sam. »Aber das sind Sachen, die im Anschluß passieren. Die Probleme, die ich meine, sind die *kleinen* Probleme, die zu Hause beginnen und sich in jedem Menschen entwickeln, bis sie groß genug sind, um Krieg, Aufruhr oder noch etwas Verrückteres zu erleben.«

»Was meinen Sie mit kleinen Problemen?« fragte ich.

»Für einen Schriftsteller«, sagte Sam, »sind Sie ganz schön beschränkt. Ich nehme doch an, Sie sind auch auf dem College gewesen. Was meine ich für kleine Probleme? Du kommst zum Beispiel nach Hause und es ist alles in Ordnung, du hast Arbeit und keine Schulden, sondern sogar ein bißchen Geld auf dem Konto, du bist gesund, und deine Frau auch, sie hat das Essen auf dem Tisch, es ist alles prächtig, aber du fühlst dich keineswegs prima, sondern beschissen, das meine ich.«

»Ach«, sagte ich.

»Ja«, sagte Sam. »Ich meine, wenn man all die Sachen hat, von denen man, solange man sie nicht hatte, dachte, man würde sich prächtig fühlen, wenn man sie hätte, und dann fühlt man sich, wenn man sie hat, schlimmer als zuvor, als man sie nicht hatte, das meine ich.«

»Ach das«, sagte ich. »Da bewegen Sie sich auf sehr gefährlichem Gelände, Sam. Ich würde nicht in dieses schreckliche Terrain eindringen, wenn ich Sie wäre. Da ist schon mancher in aller Unschuld hineingelaufen und nicht lebend zurückgekommen.«

»Nehmen Sie zum Beispiel gestern«, sagte Sam.

»Okay«, sagte ich. »Gestern. Was war da los?«

»Ich weiß es nicht«, sagte er.

Es klang schrecklich tragisch für jemanden, der Drinks mixt. Ich begriff nicht, wie so ein Bursche so sein konnte.

»Jetzt fühle ich mich ganz mies«, sagte er. »Ich bin angewidert.«

»Und wovon?«

»Von mir selbst«, sagte er. »Aber das ist es nicht. Es geht nicht um mich. Es geht um uns alle.«

»Okay«, sagte ich. »Sie sind angewidert von uns allen. Was ist denn gestern passiert?«

»Es war genau, wie ich sagte. Ich kam nach Hause, es war alles in Ordnung, es war alles bestens, aber anstatt mich prima zu fühlen, fand ich alles beschissen.«

»Okay«, sagte ich. »Sie haben alles beschissen gefunden.«

»Beschissen ist nicht das richtige Wort«, sagte er. »Sie denken vielleicht, das ist lustig. Aber es ist überhaupt nicht lustig. Ich habe so einen irren Streit gehabt mit meiner Frau. Wegen nichts. Tomatensuppe aus der Büchse. Ich meine, es ist völlig egal, was es war. Ich mag zudem Tomatensuppe aus der Büchse. Wenn es nicht die Tomatensuppe gewesen wäre, dann wäre es etwas anderes gewesen. Die werden es nie schaffen, den Leuten wirklich zu helfen, das weiß ich. Es ist hoffnungslos.«

»Geben Sie mir noch mal dasselbe«, sagte ich.

Er schenkte mir nach.

»Weiter«, sagte ich. »Erzählen Sie mir alles.«

»Ich meine, ich hab' sie gekränkt.«

»Das kommt vor«, sagte ich. »Deshalb brauchen Sie keine Schuldgefühle zu haben.«

»Ich meine, das war der Anfang. Danach fühlte ich mich so mies, daß ich einfach loslegte, ohne recht zu wissen, was los war, und plötzlich merkte ich, daß sie heulte. Anstatt zu essen, heulte sie bloß, und ich war wütend darüber, daß sie heulte, und ich war wütend darüber, daß ich sie zum Heulen gebracht hatte. Denken Sie nur nicht, ich hätte nicht alles versucht, bevor es zu spät war. Ich hab' mein Bestes versucht. Ich hab' versucht, alles wieder gutzumachen, aber ich schaffte es nicht. Und dabei war bis dahin eigentlich ja noch nicht viel passiert. Und wenn ich es geschafft hätte, meine üble Laune zu überwinden, hätte ich bestimmt alles wieder ins Lot bringen können. Ich habe es ehrlich gewollt. Deshalb frage ich mich, warum ich es nicht vermochte. Warum ist es immer weitergegangen? Es war doch Zeit genug, etwas dagegen zu tun.«

»Sam«, sagte ich. »Sie haben doch nicht etwas losgelegt und Ihre Frau umgebracht?«

»Sie denken, das wäre ein Witz? Na ja, vielleicht ist es auch einer. Vielleicht ist die Sache bloß komisch. Aber wenn sie das ist, dann ist alles andere erst recht komisch. Alles, was irgendwer tut. Es ist einfach alles bescheuert. Es hat nicht genügt, sie zum Heulen zu bringen. Es hat nicht genügt, sie zu kränken. Ich mußte sie auch noch schlagen.«

Sam ekelte sich vor sich selbst.

»Das hätten Sie nicht tun sollen«, sagte ich.

»Sie hat etwas gesagt, was mir wieder einmal gezeigt hat, was für ein Schuft ich doch bin. Ich konnte mich dagegen nicht wehren. Ich wollte es auch nicht tun. Es war das erste Mal in meinem Leben, daß ich so etwas getan habe. Mir wurde richtig schlecht davon.«

»Sie sind sehr sensibel«, sagte ich.

»Von wegen sensibel«, sagte Sam. »Ich bin schon k.o. geschlagen worden und liegengeblieben, aber ich habe mich noch nie so mies gefühlt wie letzte Nacht.«

»Ich glaube, das wird ganz von selbst wieder«, sagte ich.

Sam schüttelte den Kopf. »Nein, das wird nicht von allein wieder gut. Wir machen uns bloß etwas vor, wenn wir so tun, als erledigten sich diese Dinge von selbst. Niemand hat schuld. Wir sind eben so. Wir sind schlecht. Es wird immer allen möglichen Streit geben. So was hört auch dann nicht auf, wenn jeder kriegt, was er will. Das hört nie auf.«

»Tja«, sagte ich. »Vielleicht stimmt es, was Sie da sagen.«

»Es ist ja im Grunde nichts passiert«, sagte er. »Ich meine, ich weiß ja, sie wird zu Hause sein heute abend, und das Essen wird auf dem Tisch stehen. Ich weiß, sie wird mir nicht mehr böse sein, und ich weiß, mir wird die Geschichte leid tun. Aber es ist alles so aussichtslos. Wir sind einfach von Natur aus böse, das ist alles.«

»Vielleicht hatten Sie etwas zu sich genommen, das Ihnen nicht bekommen ist«, sagte ich.

»Das ist ausgemachter Quatsch«, sagte Sam.

»Na schön«, sagte ich. »Vielleicht hat es auch am Wetter gelegen. Es war drückend schwül möglicherweise und wir hatten Tiefdruck.«

»Das ist doch völliger Blödsinn. Hören Sie doch auf, solche Entschuldigungen für die Leute zu suchen. Man kann doch nicht den ganzen Unsinn, der überall vorgeht, auf diese Weise erklären. Wir sind einfach böse, das ist alles.«

»So schlecht sind wir nun auch wieder nicht«, sagte ich. »Allerdings habe ich noch nie jemanden getroffen, der wegen praktisch nichts solche honorigen Schuldgefühle gehabt hat wie Sie heute abend.«

»Praktisch *nichts*?« sagte Sam. »Wenn Sie glauben, was ich erzählt habe, sei praktisch nichts, dann sind Sie wirklich dümmer, als ein Schriftsteller von Rechts wegen sein darf. Verstehen Sie denn nicht, worüber ich rede?«

Mir ging es prächtig inzwischen. Ich war auf ganz angenehme Weise betrunken. »Wenn ich mich nicht sehr irre, Sam«, gab ich von mir, »dann reden Sie über jene tiefe innere Unzufriedenheit, die den menschlichen Geist seit Urzeiten quält und stärkt und niederschmettert und aufrichtet.«

»Was?«

»Na ja, das ist so, wie ich gesagt habe. Ich brauch mich da ja nicht zu wiederholen.«

»Nein. Bloß was haben Sie gesagt?«

»Keine Ahnung«, sagte ich.

»Wie war das mit dem Niederschmettern und Aufrichten?«

»Ach so«, sagte ich. »Genau bring ich es nicht mehr

zusammen. Jedenfalls hatte es mit dem zu tun, was Ihnen gestern und heute passiert ist. All diese Sachen, die da vorgefallen sind. Wenn Ihnen das nicht passieren würde, was da gerade läuft, wären wir allesamt böse. Daß wir nicht alle böse sind, hängt damit zusammen, daß Ihnen das gerade passiert. Erst verlieren wir alles, und dann erhalten wir es wieder zurück. Sam, Sie haben die ganze historische Komödie in einer Nacht und einem Tag durchgemacht, falls ich nicht zufällig einem bedauerlichen Irrtum anhänge. Wenn ich mich aber nicht irre, Sam, dann haben Sie eine hervorragende Chance, mindestens vier oder fünf Tage lang ein prächtiger Bursche zu sein. Danach kann alles mögliche geschehen, und wenn das der Fall sein sollte, müssen Sie unbedingt daran denken, wieder kuriert zu werden. Versuchen Sie, heiter zu bleiben, wenn es eintritt; denn die Sache ist mindestens genausooft komisch wie traurig. Machen Sie mir bitte noch einen Scotch?«

Der Mann, der im Zeichen des Skorpions geboren ist

Jemand, der sich mit gutem Whiskey auskennt, ist ein Mann, den zu kennen sich lohnt, Sam.

Ich verstehe was von gutem Whiskey. Ich weiß alles darüber und bin sehr geschickt, wenn's darauf ankommt. Ich will ja nicht prahlen, aber ich bin mit der Whiskeyflasche so gut, daß die Leute unbekümmert werden und sich nicht nur ein Glas, sondern gleich die ganze Flasche geben lassen.

Was bedeutet das, Sammy?

Umsatz. Geld in der guten alten eisernen Kasse.

Sam, Sie brauchen hier einen Mann, der sich auskennt mit dem Whiskey. Nehmen Sie mir's nicht übel, Bruderherz, aber dieser Schuppen hier ist am Eingehen. Sie können ihn entweder gleich einem Beerdigungsunternehmen übergeben, oder Sie vermachen ihn dem alten Doc Floyd Smith, seines Zeichens Metzger, Bäcker, Friseur, Soldat, Freund und Bruder.

Ich hab' allerdings keine Visitenkarte.

Ich habe Sie noch nie zuvor gesehen, Bruder, aber mein Name ist Floyd Smith, und wenn ich sage Smith, dann meine ich Smith.

Smith, Sammy. Das bin ich, der alte Doc Floyd aus Philadelphia.

Ich bin nicht in Philadelphia geboren, mein Freund, aber aufgewachsen. Meine Erziehung war so gut wie jede andere. Das bin ich. Floyd Smith aus Philadelphia, und jeder, der mir die Hand schüttelt, so wie Sie mir die Hand geschüttelt haben, ist mein Freund. Mein Freund, ja, mein Freund. Jahr für Jahr und Stunde um Stunde. Tagein, tagaus. Für immer, bis zum Ende, mein Freund.

Was ich über Whiskey und all die anderen Sachen in Flaschen weiß, einschließlich dessen, was passiert, wenn das Zeug von den Flaschen in die Leute wechselt, weiß sonst kein Mensch auf der Welt, und ich glaube nicht, daß es je einer lernt. Ich weiß alles darüber. Ich bin Spezialist für diesen Wissenschaftszweig. Ich habe ein Leben lang Insekten, Würmer, Reptilien, Eidechsen, Fische, Zwerge, Säugetiere und Vögel studiert. Vögel, die größer waren als Menschen.

Ich kann mit der Flasche umgehen, wie sonst niemand.

Ganz zärtlich und lüstern, geradezu unwiderstehlich. Die meisten Barkeeper hantieren jämmerlich mit den Flaschen. Der durchschnittliche, ungebildete Barkeeper ist sehr ignorant. Sie müssen mal zusehen, wenn ich eine Flasche anfasse. Sie müssen mal meine Haltung studieren. Das ist eine Wohltat für schmerzende Augen.

Junge, Junge, wenn ich mir eine Flasche schnappe, die flüssige Sachen enthält, da bleibt kein Auge trocken, da kriegen die Leute was zu sehen, was sie ihr Lebtag nicht vergessen. Es ist einfach traumhaft schön, wenn ich ein Glas nehme und das Zeug rausgluckern lasse.

Ich habe keinerlei gefühlsmäßige Vorurteile gegen irgendeine politische Meinung. Ich kannte mal einen Republikaner. Bei Gott, ich habe ihn richtig gemocht. Wir sind prima miteinander ausgekommen. Drei Stunden lang kein böses Wort.

Sie haben gar nicht das Gemüt eines Barkeepers. Sie sehen nicht aus wie ein Trinker. Sie reden nicht so und benehmen sich nicht so. Sie sehen aus wie ein Schneider und reden daher wie ein Chorknabe. Sie sind nicht aus dem Holz, aus dem man Barkeeper macht.

Ich bin der geborene Barkeeper.

Das ist meine gottgegebene Begabung, und was Gott gibt, soll kein Mensch wegnehmen.

Was Gott uns gibt, mein Freund, soll kein Mensch, kein Tier, kein Insekt, Wurm oder Reptil, keine Eidechse, kein Fisch und kein Liliputaner uns wegnehmen. Das ist die heilige Schrift an der Wand. Als der große Finger feurige Buchstaben auf den pechschwarzen Himmel schrieb, Bruder, als er das Wort Floyd Smith, meinen Namen, schrieb, da schrieb er dahinter: Barkeeper.

Ich wurde im Zeichen des Skorpions geboren.

Das will nicht viel heißen für den Durchschnittsignoranten, aber es steckt 'ne Menge Bedeutung hinter dieser Fügung: Skorpion – Floyd Smith. Und worin besteht die? In einem Wort: *Barkeeper*.

Es gibt keine himmlische und keine irdische Macht, die mich von den dunklen Winkeln der großen Städte fernhalten könnte, wo es Gläser und Flaschen gibt. Das ist mein Schicksal. Jahr für Jahr, Tag für Tag. Ich vermute, Sie haben nicht darauf geachtet, wie ich diesen Whiskey geschluckt habe. Ich vermute, Sie haben mich nicht aus sicherer Entfernung bewundert. Den durchschnittlichen, ungebildeten Mann kann ich mit dem kleinen Finger umlegen. Schnipp und bum. Was ihm passiert ist? Er ist hin. Er liegt flach auf dem Fußboden. Zack. Bum. Er ist ohnmächtig. Und wenn ich richtig mit der Faust zuschlage, was passiert dann? Dann ist er tot. Ich kann diese Säufer nicht brauchen.

Ich bin jetzt seit vollen drei Stunden hier, und Sie haben keinen einzigen Kunden gehabt. Was Sie in Ihrer kleinen Klitsche hier brauchen, bin ich. Im Zeichen des Skorpions, da oben am Himmel, bin ich geboren. Es ist schon ziemlich lange her, aber das Datum steht irgendwo in einem Buch, und da gibt es nichts dran zu rütteln. Mit einem Fingerschnippen mach ich jeden Durchschnittstypen kalt, der auch nur andeutet, da wäre was nicht in Ordnung. Skorpion. Ich kann Ihnen wirklich viel helfen. Mit meinem kleinen Finger kann ich jeden Mann auf der Welt umlegen, und jetzt komme ich hinter die Bar und nehme da meinen Platz ein. Ich werde aber nicht um die Theke herumlaufen, wie das ein mickriger Durchschnittstyp tun würde. Ich werde ganz leicht und locker meine Beine emporschwingen und hinter der Bar landen und meinen Platz einnehmen.

Ich bin im Zeichen des Skorpions geboren, mein Freund.

Und jetzt passen Sie gut auf. Ich komme herüber und werde hier für den Rest meines Lebens Barkeeper.

Geschichten aus der alten Heimat. Teil Vier

1. Der Lump aus Odessa und der Knabe aus Bitlis

Ein unehrlicher Mann aus Odessa kam nach Bitlis, weil sein schlechter Ruf daheim bereits zu bekannt war. In Bitlis sah er einen achtjährigen Knaben, der an seinem Finger einen Ring mit einem unschätzbar wertvollen Stein trug.

»Mein Kind«, sagte er zu dem Knaben, »wenn du mir dieses Spielzeug an deinem Finger schenkst, gebe ich dir drei Goldstücke dafür. Davon kannst du dir glatt Hunderte kaufen.«

»Wenn du auf Händen und Füßen die Straße hinaufläufst und dazu schreist wie ein Esel«, sagte der Knabe, »dann werde ich tun, was du vorschlägst.«

Da in der fremden Stadt niemand ihn kannte, kniete der unehrliche Mann sich hin, lief auf Händen und Füßen die Straße hinunter und schrie dazu wie ein Esel. Schließlich stand er auf und sagte: »So, mein Kind, jetzt gib mir den Ring.«

»Verschwinde«, sagte der Knabe, »geh dahin zurück, wo du hergekommen bist. Bildest du dir ein, du mit deinem Eselsverstand kennst den Wert dieses Ringes, während ich ihn mit meinem Menschenverstand nicht ermessen soll?«

2. Der einfältige Mann, die Ehebrecherin, der Liebhaber und die Gans

Eines Tages brachte ein einfältiger Mann seiner Frau eine Gans und sagte: »Die sollst du mir braten. Wenn ich heute abend nach Hause komme, will ich sie essen.«

Die Frau rupfte den Vogel, nahm die Eingeweide heraus und schob die Gans in die Bratröhre. Am Nachmittag kam ihr Liebhaber, und ehe er wieder ging, fragte er, ob er seinen Freunden nicht etwas zu essen mitbringen könnte. Er warf einen Blick in den Ofen und sah die gebratene Gans. »Die ist für meinen Mann«, sagte die Frau.

»Ich will sie aber haben«, erklärte der Liebhaber. »Wenn ich sie nicht mitnehmen darf, ist es mit Liebe vorbei.« Dann ging er mit der Gans fort.

Am Abend setzte sich der Ehemann an den Tisch und sagte: »Jetzt bring mir die Gans!«

»Was für eine Gans?« fragte die Frau.

»Die Gans, die ich dir heute morgen gegeben habe«, sagte der Mann. »Tisch sie auf.«

»Du machst Witze«, sagte die Frau. »Du hast mir keine Gans gegeben. Wahrscheinlich hast du geträumt.«

»Bring mir die Gans«, brüllte der Mann.

Die Frau begann zu schreien. »Mein armer Mann hat den Verstand verloren«, jammerte sie. »Mein armer Mann ist verrückt. Er bildet sich ein, es sei wirklich geschehen, was er geträumt hat.«

Die Nachbarn liefen zusammen und glaubten der Frau. Der Ehemann schwieg und mußte, um nicht ganz leer auszugehen, mit Brot, Käse und Wasser vorliebnehmen.

Am nächsten Morgen brachte der Mann seiner Frau eine neue Gans. »Ist das eine Gans?« fragte er.

»Ja«, sagte die Frau.

»Träumst du?«

»Nein.«

»Ist das der Kopf der Gans?«

»Ja.«

»Sind das die Flügel?«

»Ja.«

»Und das die Federn?«

»Ja.«

»Gut«, sagte der Mann. »Dann brate sie jetzt. Wenn ich heute abend nach Hause komme, will ich sie essen.«

Die Frau schob die Gans in den Ofen. Der Liebhaber kam. Seine Freunde hätten ihn sehr gelobt, weil er so köstliches Essen mitgebracht habe, sagte er. Er sei jetzt der populärste Mann in der Clique.

»Heute gibt es wieder eine Gans«, sagte er. »Ich kann es riechen.«

»Die kannst du nicht mitnehmen«, sagte die Frau. »Ich hatte einen schrecklichen Krach mit meinem Mann gestern abend, und heute morgen hat er mir noch einmal eine Szene gemacht. Mir reicht es. Ich liebe dich, aber die Gans kriegst du nicht.«

»Entweder du liebst mich oder du liebst mich nicht«, sagte der Liebhaber. »Entweder ich kriege die Gans oder nicht.«

Also nahm er die Gans mit.

»Bring die Gans«, sagte abends der Ehemann.

»Mein armer Mann«, schrie die Frau. »Jetzt ist er völlig verrückt. Gans, Gans, Gans! Was für eine Gans? Da ist keine Gans. Mein armer, armer Mann.«

Die Nachbarn kamen und glaubten wieder der Frau.

Der Ehemann aß nichts.

Am nächsten Morgen kaufte er eine weitere Gans in der Stadt. Er mietete einen großen Mann, der sie auf einem Tablett auf dem Kopf tragen mußte, bestellte ein sechsköpfiges Orchester, das hinter dem Mann mit der Gans hergehen mußte, und führte sie durch die Straßen zu seinem Haus. Dabei rief er laut nach den Nachbarn.

Als er zu Hause ankam, folgte ihm eine beträchtliche Menschenmenge.

Er wandte sich zu den Leuten um und sagte: »Mohammedaner, Nachbarn, Freunde in aller Welt, gütiger Himmel, Fische am Meer, Soldaten und alle anderen! Seht her! Eine Gans!«

Er nahm den Vogel vom Tablett des Trägers herunter und gab ihn seiner Frau.

»Jetzt brate das verfluchte Ding«, sagte er, »und wenn ich heute abend nach Hause komme, will ich es essen.«

Die Frau nahm die Gans aus und briet sie. Dann kam der Liebhaber. Es gab eine zärtliche Szene mit Tränen, Küssen, Weglaufen, Handgemenge, weiteren Tränen und Küssen, und schließlich ging der Liebhaber mit der Gans weg.

In der Stadt hatte der Ehemann eine Verabredung mit einem alten Freund. »Komm mit zu mir nach Hause«, sagte er zu ihm. »Meine Frau hat eine Gans gebraten. Wir nehmen ein paar Flaschen Raki mit und machen uns einen lustigen Abend.«

Also gingen der Ehemann und sein Freund zusammen nach Hause, und der Mann sagte zu seiner Frau: »Hast du die Gans gebraten?«

»Ja«, sagte die Frau. »Die Gans ist im Ofen.«

»Gut«, sagte der Mann. »Du bist keine schlechte Frau, das habe ich immer gewußt. Mein Freund und ich werden erst ein paar Gläschen trinken und dann die Gans essen.«

Der Ehemann und sein Freund tranken vier oder fünf Gläschen, dann sagte der Ehemann: »So, jetzt bring uns die Gans.«

Die Frau sagte: »Wir haben kein Brot mehr; geh doch schnell zu deinem Vetter und hol etwas; ohne Brot schmeckt ja die Gans nicht.«

»Gut«, sagte der Ehemann und ging aus dem Haus.

»Mein Mann ist verrückt«, sagte die Frau zum Freund ihres Mannes. »Wir haben gar keine Gans. Er hat Sie eingeladen, um Sie mit seinem riesigen Tranchiermesser und seiner Gabel zu schlachten. Sie sollten lieber rasch gehen.«

Der Mann machte sich sofort auf den Weg. Der Ehemann kam nach Hause und fragte nach seinem Freund und der Gans.

»Dein sogenannter Freund«, sagte die Frau, »ist mit der Gans weggelaufen. Und dafür habe ich den ganzen Tag in der Küche gestanden und gekocht. Ein schöner Freund ist das!«

Der Ehemann nahm die Gabel und das Tranchiermesser und lief hinaus auf die Straße. In einiger Entfernung sah er seinen Freund laufen. »Nur eine Keule!« schrie er hinter ihm her. »Mehr will ich ja gar nicht!«

»Mein Gott, er ist wirklich verrückt«, sagte der andere und lief, so schnell ihn seine Beine nur trugen. Bald konnte der Ehemann nicht mehr folgen und kehrte müde nach Hause zurück zu seiner Frau. Wieder mußte er mit Brot und Käse vorliebnehmen. Als er gegessen hatte, begann er Raki zu trinken.

Während er trank, begann ihm die Wahrheit zu dämmern, Stück für Stück, wie es ihm der Alkohol eingab.

Als er völlig betrunken war, wußte er alles. Er stand auf und prügelte stumm seine Frau durch die Räume.

»Du hättest mir sagen sollen«, knurrte er dann, »daß dein Liebhaber jeden Tag eine Gans haben muß. Morgen bringe ich zwei! Ich werde schließlich auch manchmal hungrig.«

Wie es sein wird

Als George Gershwin starb, wollte ich unbedingt, daß mein Schädel geröntgt würde, aber der Arzt sagte, das wäre nicht nötig.

»Das ist etwas, worüber wir so gut wie nichts wissen«, sagte er. »Wir wissen bloß, daß es zwei Arten von Geschwülsten gibt, gutartige und bösartige. Warum sie entstehen, wissen wir weder bei den einen noch bei den anderen. Das sollen *Sie* herausfinden.«

»Ich?« sagte ich. »Was soll das bedeuten, ich?«

»Das bedeutet«, sagte er, »daß Sie genausogut herumraten können wie andere Leute, vielleicht sogar besser.«

»Besten Dank«, sagte ich. »Aber was ist mit den Kopfschmerzen, die ich öfters habe?«

»Tja«, sagte er. »Und was ist denn mit den Kopfschmerzen, die ich gelegentlich habe? Verstehen Sie? Die Kopfschmerzen haben nichts zu bedeuten, sie sind ein natürlicher oder zumindest unvermeidbarer Bestandteil des Lebens.«

»Das ist etwas anderes«, sagte ich, »wenn jeder sie hat, und falls es nicht daher kommt, daß ich Schriftsteller bin.«

»Es kommt nicht daher, daß Sie Schriftsteller sind«, sagte er. »Es kommt daher, daß Sie sterben. Also machen Sie sich keine Sorgen, alle Leute sterben.«

»Mein Gott«, sagte ich, »ist das wahr?«

»Sie wissen, daß es so ist«, sagte er. »Sie wissen besser als ich, daß es wahr ist. Keiner von uns ist jemals weiter vom Tod entfernt als zwei Stunden. Das wissen Sie doch. Sauerstoffmangel, zum Beispiel wenn man ertrinkt, kann uns im Nu sterben lassen. Der Verlust eines Halts oder des Gleichgewichtes, zum Beispiel wenn man dadurch stürzt, kann uns in wenigen Sekunden töten. Ein Zusammenprall, bei dem man mit großer Geschwindigkeit auf einen Gegenstand stößt, der härter ist als man selbst, kann einen auf der Stelle ins Jenseits befördern. Das sind die Unfälle und die mehr gewaltsamen Abgänge, aber selbst unter normalen Umständen ist keiner von uns weiter vom Tod entfernt als einen Tag.«

Ich beschloß also, meine Kopfschmerzen zu ignorieren.

Dennoch war es die traurigste Nachricht, die ich seit Jahren gehört hatte, denn ich hatte George Gershwin an einem Abend in New York kennengelernt und mit ihm gesprochen, und er hatte ein paar Stunden lang Klavier gespielt. Er war noch so jung. Niemand möchte, daß jemand wie er mit fünfunddreißig oder sechsunddreißig schon stirbt. Niemand möchte, daß jemand, der ein solches musikalisches Gehör hat, schon so jung stirbt. Ich habe einmal mit Sibelius gesprochen. Er war beinahe siebzig. So stellen wir uns das vor.

Ich war in meiner Heimatstadt, als ich von Gershwins Tod erfuhr. Einer meiner Vettern erzählte es mir. Er holte mich mit seinem offenen Chevrolet bei meiner Großmutter ab, und wir fuhren zusammen nach Kingsburg. Als wir in der Nähe von Malaga auf den Highway kamen, drehte er das Radio an. Ein Orchester spielte Swing, und da fiel es meinem Vetter plötzlich wieder ein.

»Gershwin ist tot«, sagte er.

Nun ja, er brauchte es bloß zu sagen, und ich wußte gleich: Es ist wahr. Deshalb war ich auch nicht überrascht. Wenn mein Vetter es sagte, dann mußte es stimmen. Ich konnte es nicht glauben, aber ich glaubte es, ohne zu fragen. Ich erinnerte mich an Gershwin in New York, und gleichzeitig glaubte ich meinem Vetter, als er sagte, Gershwin sei tot. Es war, bei Gott, wahr. Einfach so. Er war tot. Ich sah hinaus zu den Weinstöcken, in das wundervolle Licht, ich starrte die herrlichen Bäume, die Straßen, das ganze Tal an.

»Hast du ihn gekannt?« fragte mein Vetter.

»Ich habe ihn an einem Abend in New York kennengelernt«, sagte ich. »Es war eine große Party mit vielen Leuten, und alle haben getrunken und geredet.«

In Kingsburg suchten wir den Weinberg auf und betrachteten die Rebstöcke und die Trauben, die daran hingen.

Dann fuhren wir zu meiner Großmutter und aßen mit Lammfleisch und Reis gefüllte Weinblätter, armenisches Brot und eine gekühlte Wassermelone zu Mittag. Anschließend fuhren wir hinaus in den Park, und ich sah alles an. Ich fragte mich, wie alles sein würde. Und wie es jetzt ist. Wie unglaublich und wie herrlich es ist. Wie eigenartig und traurig und schön: all die Dinge, die von großen Malern gemalt wurden, die herausfinden wollten, wie es ist: die Stilleben, die Gestalt schöner, stiller Dinge, die Gestalt der Birne, der Pfirsiche, die Weintrauben, der Fisch auf der Platte, der Brotlaib, die wirklichen Dinge im Licht. Wie großartig, wie gut und wie rätselhaft die lebendigen Dinge sind, die alle Menschen geliebt haben.

In der Nacht um zwei nahm ich den Zug nach San Francisco und sah weiter alle Dinge an: die Dunkelheit der Landschaft und des Himmels, die auf das Licht warteten, die bleiche Ankunft des Morgens, den Sonnenaufgang, der die von uns gemachte Welt erleuchtete, die häßlich schöne Welt, die wir auf die Erde gestellt haben, die Eisenbahnen und Fabriken und die stillen traurigen Häuser der Armen. Ich träumte die ganze Nacht davon, wie es ist.

Ich will versuchen, euch zu sagen, wie es ist. Wenn ich es schaffe, mich zu erinnern, werde ich alle Orte noch einmal aufsuchen, an denen ich schon mit der Eisenbahn oder per Schiff gewesen bin. Und wenn ich es schaffe, mich zu erinnern, werde ich euch erzählen, was geschehen ist; wenn die Schmerzen in meinem Kopf nicht daher rühren, daß ich Schriftsteller bin, dann sind die Dinge für euch dasselbe, was sie für mich sind, und dasselbe, was sie für alle anderen sind, die noch leben, die noch nicht auf die andere Seite gereist sind, in zwei Stunden oder zwei Minuten, im Krieg, bei Unfällen oder durch Krankheit. Wenn ich es schaffe, nicht mehr alles gleichzeitig sagen zu wollen, werde ich euch erzählen, wie es ist, oder euch zumindest eine Vorstellung davon geben.

Ich gehe ganz zurück bis zum Anfang, wenn ich darf. Das muß sein, denn sonst wäre das Ganze nicht vollständig. Der Anfang ist, wenn man anfängt, und das ist nicht, wenn man geboren wird, das ist nur so ein faktisch-statistischer Anfang. Wenn man geboren wird, das ist schon ein Anfang, aber nicht der, an den ich denke. Der Anfang, den ich meine, ist der, wenn man sich umschaut und zum ersten Mal wirklich sieht.

Der Anfang, den ich meine, ist, wenn man aus dem Traum erwacht, den das Universum träumt, und den einsamen, wilden Stolz fühlt, zu sein, dem Nichts entronnen zu sein, geformte Gestalt zu besitzen, mit Energie geladen zu sein, in Beziehung zur großen Energie zu stehen, Teil von ihr zu sein, warm und lebendig zu sein, eine Einheit zu sein, heil und vergänglich, gutartig und bösartig.

Der Anfang, den ich meine, ist, wenn man den Unterschied erkennt zwischen dem, was Menschen sein wollen, und dem, was sie tatsächlich sind: Besucher auf dieser Erde mit geliehener Zeit, die kommen und gehen und nichts besitzen außer dem Privileg, einen Körper bewohnen und Zeit darin verbringen zu dürfen. Daß der Mensch lebt, ist ein Wunder, nie ist er mehr als einen Tag vom Tod entfernt und nie weit vom Ruhm. Die Menschen sind Kinder, solange sie leben, denn das Leben steckt noch in den Kinderschuhen. Männer, die den letzten Augenblick ihrer Reise zum Tode im Alter von siebzig, achtzig oder neunzig Jahren zurücklegen, reisen als Kinder. Sie gehen, wie sie gekommen sind, hilflos.

Egal, ob sie nun groß gewesen sind in den Augen ihrer Zeitgenossen oder unbekannt oder klein, ob sie in den Augen Gottes edel, gut und wahrhaftig gewesen sind, wenn der letzte Augenblick ihrer Reise gekommen ist, reisen die Menschen genauso wie jene, die es bei der Ankunft erstmalig tun. Diese Augenblicke, bei der Ankunft und beim Verlassen der Welt, sind die Augenblicke, die dem Rätsel und dem Geheimnis gehören, gutartig oder, wenn wir so wollen, bösartig, obwohl die Ankunft nicht gutartig und das Weggehen nicht bösartig sind, sondern beides gleichermaßen.

Sie sind fast identisch, wenn man vom Klima, dem Licht und den kurzen Augenblicken des Glanzes, die jedermann kennt, einmal absieht, vom Anblick des Pfirsichs, vom Gefühl eines belebten Körpers, der einem selbst gehört und in Wärme und Licht getaucht ist, von der Lust, im anderen Teil der eigenen Art seine Bestimmung zu finden. Gutartiges und Bösartiges sind in den Lebenden und allen Dingen eins, außer in jenen Momenten, wo die Zeit stillsteht, weil das Herz sich unendlich erhebt, weil der Geist ins Grenzenlose aufsteigt, weil die Materie, die ihre Bestimmung sucht, sich ausdehnt in endloser Bewegung und schließlich ihr Ziel findet.

Das ist eine vage Andeutung davon, wie es ist, zumindest ein Teil davon. Aber die Teile sind so zahlreich und so unterschiedlich, daß kein Mensch sagen kann, wie alles ist. Auch für sich selbst kann kein Mensch, kein Menschenkind – ob groß oder klein oder edel und wahrhaftig in den Augen Gottes – wissen, wie alles ist, ja nicht einmal, wie alles sein könnte. Es könnte für jetzt sein, wie es in der Ballade heißt, oder für immer. Ob es aber nur für einen Augenblick ist oder für immer, kann kein Mensch wissen.

Am Abend, als wir wieder in meiner Heimatstadt waren, fuhren mein Vetter und ich durch die sonntäglichen Straßen, und plötzlich sahen wir eine vom anderen Teil unserer eigenen Art, die auch in dieser Stadt geboren war und durch den Abend ging. Sie war so schön wie die schönste Weintraube, und mein Vetter schrie vor Vergnügen. Er fuhr mit seinem Sportwagen die Straße hinauf und wieder hinunter, behielt dabei das Mädchen immer im Auge, schrie vor Freude und Lust und schlug sich gleichzeitig sorgenvoll die Hand ins Gesicht, stöhnte armenisch und sagte auf englisch: »Ach, Gott!«

Das Mädchen war nicht älter als sechzehn oder siebzehn, vielleicht nicht einmal älter als fünfzehn oder gar vierzehn, aber sie war so voller Liebreiz wie alle Dinge, die jung sind auf dieser Erde. Sie war so ebenmäßig und anmutig wie alle Dinge, die eben ins Leben eintreten: wie der Anbruch des Tages, wie die Frucht in den Zweigen, wie die Wellen am Strand, wie die Heiterkeit des Herzens. Und ich war genauso wie mein Vetter mit jener Wehmut geschlagen, die einen trifft, wenn man voller Freude und Lust einen Körper betrachtet, der so schön ist, daß er heilig wird, auch wenn er der Tochter eines Säufers, eines Schwachsinnigen oder sonst eines Mannes gehört, sei er nun klein oder groß. Mein Vetter und ich sahen sterbliche Schönheit, und als diese Schönheit in einem schäbigen Haus in einer trostlosen Straße verschwand, stöhnte mein Vetter, sah sich wütend um und sagte: »Komm, wir trinken ein Bier.«

Wir fuhren zu einer Bar an der Ventura Avenue und tranken zwei Bier. Dann fuhren wir zum Haus meines Vetters. Ein Dutzend von uns, alle aus der gleichen Familie, saßen zusammen und unterhielten sich. Die Älteren waren bereits bei ihren Erinnerungen an die alte Heimat und die Toten; sie erinnerten sich an die ersten Tage in Amerika, wie schön alles gewesen war, wie schön und wie anders, und doch wieder gleich. Sie erinnerten sich an die schweren Zeiten und daran, wie einer von uns auf dem Wege zu seinem letzten Augenblick war, wie die anderen beteten und fluchten und der Reisende schließlich zu uns zurückkehrte, wie die anderen schließlich hinsanken und einschliefen und den Kranken am Morgen friedlich schlafend vorfanden, wie er zwei, drei Wochen später wieder gänzlich zu uns gehörte, wie er mit uns sprach, zwanzig Jahre alt, oder dreißig, oder vierzig, wie er mit uns lachte, wie wir immer noch zusammen waren, wie wir weiter tafeln würden, und zusammen essen und trinken und die Jahreszeiten genießen, weil es immer noch Licht in der Welt gab. Von den Toten sprachen wir, als ob sie nicht tot wären, als ob die Jahre nicht vergangen wären, als ob Dikran noch unter uns wäre, scharfsinnig, komödiantisch und geistreich, als ob er noch lauthals herauslachen und die Kinder seiner Schwestern umarmen könnte, wenn er Geschenke mitbrachte. Wir unterhielten uns über Hovagim und seinen klapperigen alten Buick und seine schreckliche Wut, wenn jemand unfreundlich war oder log. Wir sprachen darüber, wie wütend er einmal geworden war, als ihn sein Nachbar angelogen hatte, und wie er den Ford seines Nachbarn umgekippt und dazu gerufen hatte: »So! Jetzt kannst du weiterlügen!« Und dann brüllten wir alle vor Lachen.

Am späten Abend fuhren mein Vetter und ich zurück in die Stadt, und dort gingen wir in eine Bar.

»Erinnerst du dich an die Männer, über die sie geredet haben?« fragte er.

»An einige«, sagte ich. »Manche waren vor meiner Zeit, aber an Hovagim erinnere ich mich. Er hat mich und meinen Bruder einmal in seinem klapperigen Buick zu seinem Weinberg gefahren, er hat uns auf die Jagd mitgenommen und bisweilen auf seinem alten Grammophon armenische Platten gespielt, und er hat uns auch Weintrauben, Pfirsiche und Wassermelonen gebracht. An Dikran hingegen kann ich mich nicht erinnern. Ich weiß nur, daß ich von ihm gehört habe. Seine Schwester, die meine Mutter war, und seine Mutter, die meine Großmutter war, erzählten von ihm. Ich hätte ihn bestimmt gemocht. Er scheint ein ernster Mann gewesen zu sein, auch wenn er sehr komisch sein konnte.«

Dann gingen wir in die baskische Bar in der Tulare Street. Dort gab es ein Grammophon, und wir saßen zwei Stunden herum, tranken Scotch und hörten uns spanische Liebeslieder und Tangos an. Es war eine gute Kneipe. Es war ein guter Platz zum Trinken, einer der besten, den ich je angesteuert habe, und ich dachte die ganze Zeit an die Nacht in New York, in der ich George Gershwin kennenlernte, als er noch am Leben war und mir erzählte, wie er sich beim Komponieren fühlte.

Solange ich trank, wußte ich, wie es ist, ich konnte es aber nicht sagen. Es ist so, wie niemand weiß. Er war durch den letzten Augenblick gereist, aber er weilte immer noch bei uns. Schon, als es ihn noch körperlich gab, war er hin- und hergereist, in die Dunkelheit und wieder ans Licht, hatte sich umgesehen, hatte gelauscht, war in die Region vorgedrungen, die außer unser aller Reichweite liegt, und war zurückgekommen. Ich wußte, daß es so war, und ohne die Gnade Gottes wird jeder von uns tot, wieder Erde oder Stein oder nichts sein, noch ehe wir gekommen oder gegangen sind, noch ehe wir begonnen haben, noch bevor wir einen einzigen Augenblick hatten, an den zu erinnern sich lohnte.

Im Zug, auf der Heimfahrt, war ich zwar kein »trauriger Indianer«, aber ein trauriger Armenier. Nicht weil Brahms gestorben war, oder Bach oder einer der anderen, Cézanne oder Goya, Dostojewski oder Dickens oder Robert Burns oder Byron oder Daniel Boone oder Andrew Jackson oder Mark Twain oder sonst einer von denen, die wir so lieben. Es lag daran, weil es so ist, bösartig und gutartig und durch Gottes Gnade.

Ich habe wahrscheinlich nicht alles gesagt, denn es ist eine schwierige Sache, die sich nicht leicht erzählt. Ich werde mindestens fünf Jahre brauchen, um festzustellen, ob ich wenigstens angedeutet habe, wie es ist. In jedem Fall ist es alles, das Gutartige ist immer mit dabei, zwischen dem Häßlichen und dem Bösartigen und dem Ungerechten und Grausamen. Für uns, die wir groß oder klein, unbekannt oder in den Augen Gottes gut und rein sind, ist es nichts und doch alles, dem Bösen einen Augenblick Einhalt zu gebieten und den flüchtigen Moment des Guten festzuhalten, den Geschmack einer Frucht, Anmut und Gestalt eines Augenblicks zu genießen, all diese sterbenden Dinge, die noch einen Augenblick am Leben erhalten werden durch die Gnade Gottes.

Ein Bündel gemischter Prophezeiungen, die mehr oder weniger garantiert eintreffen

Bereits als ich acht Jahre alt war, habe ich einen beachtlichen Ruf als jemand genossen, der Dinge vorhersagen kann. Seit Jahren fragt mich mein Bruder solche Dinge wie: »Was meinst du, wer wird Präsident? Roosevelt oder Landon?« Und ich werfe einen tiefen Blick in die Büchse Kondensmilch, die anstelle einer Kristallkugel bei mir auf dem Tisch steht, und ich sehe die Wahrheit.

»Roosevelt«, sage ich. Und Roosevelt ist es dann auch geworden.

Oder mein Bruder sagt: »Glaubst du, daß es morgen regnet?« Und ich sehe zum Fenster hinaus in den Himmel, der mir in diesem Fall als Kristallkugel dient, und ich sehe die Wahrheit.

»Ja«, sage ich. Und am nächsten Tag hat es dann auch ununterbrochen geregnet.

Ich behaupte nicht, daß ich übernatürliche Kräfte besitze oder so etwas Dummes. Es ist einfach so, daß ich sehr viele verschiedene Dinge als Kristallkugel benutzen und die Wahrheit darin sehen kann.

Wenn ich zum Beispiel in die Zeitungen sehe, die ich als Kristallkugel benutze, stelle ich immer wieder fest, daß sich mir erstaunliche Wahrheiten zeigen, und ich fühle mich verpflichtet, der Menschheit davon Mitteilung zu machen, ganz unabhängig davon, was sie davon hält.

Eines, was ich jeden Tag in meiner Zeitungs-Kristallkugel sehe, ist der Tod. Ich prophezeie damit, daß Benito Mussolini, Adolf Hitler, Josef Stalin und ein achtundachtzigjähriger Bauer namens Gropka sterben werden. Ich prophezeie des weiteren, daß jeder dieser Männer nicht mehr atmen und in Verwesung übergehen wird, wenn er stirbt. Außerdem prophezeie ich, daß im selben Augenblick, da einer dieser Männer stirbt, mindestens ein Kind auf die Welt kommen wird. Ich prophezeie, daß sich für die Welt nichts ändert, wenn diese Männer sterben. Am Morgen wird die Sonne aufgehen, und am Abend wird sie wieder verschwinden, die Flüsse werden weiter fließen, die Jahreszeiten werden kommen und gehen, wie sie es immer getan haben, die Saat wird aufgehen und Frucht bringen, und alle Lebewesen werden weiterleben.

Wenn ich noch tiefer in die Kristallkugel hineinsehe, entdecke ich, daß all die Dinge, die ich eben erwähnt habe, auch während des Krieges weitergehen werden, und nach dem Kriege auch. Die Zahl der auf der Welt lebenden Menschen wird stets bei etwa zwei Milliarden liegen – abzüglich einer Summe von fünfhunderttausend bis fünf Millionen Toten während des Krieges. Für die Dauer des Krieges sage ich eine gesteigerte Produktion von Feuerwaffen voraus. Außerdem werden sie häufiger angewendet werden. Schwere Projektile werden in unbewegliche Ziele, wie zum Beispiel Gebäude, und bewegliche Ziele, wie zum Beispiel Menschen, einschlagen. Ich prophezeie außerdem, daß Bomber herumfliegen, U-Boote sämtliche Meere durchstreifen, Kanonen donnern und Panzer über die Felder hinrollen werden, daß der Himmel mit Rauch vernebelt wird und die Erde mit Gas.

19. Oktober 1938

Ein neuer Tag, ein neuer Traum

Dienstag, der 5. Oktober 1937

5 Uhr 22
Seit vier Uhr heute morgen bin ich auf, seit drei Uhr habe ich wach gelegen. Zu Bett gegangen bin ich gestern abend um acht. Mein Schlaf war der gierige, lächelnde Schlaf der Kindheit. Er war keine bloße Erinnerung, er war die Kindheit selbst. Es kam damals häufig vor, daß ich um drei Uhr morgens aufwachte. In der Stille vor Sonnenaufgang träumte ich Wachträume und freute mich dabei der Fremdheit, Verwirrung und Rätselhaftigkeit des Lebens.

Als kleiner Junge sagte ich morgens meinen Feinden, deren Identität ich freilich nicht kannte: »Euch werde ich es zeigen. Ich werde es euch zeigen.« Lächeln und weitere Träume folgten, wanderten irgendwo die Straße hinunter, irgendwohin auf dem Weg, zu einer Stunde des Tages oder der Nacht, in der niemand sonst unterwegs war, eine Gelegenheit zu phantastischem Reichtum. Dann ein erneutes Aufwachen für eine halbe Minute und das Bewußtsein meiner irdischen Armut, die Aufzählung meiner Reichtümer: Gesundheit, Heiterkeit, Energie, Intelligenz und jene nur halb verstandene, nur halb bewußte Eigenschaft, von der ich spürte, daß sie wertvoller war als jeglicher andere Reichtum. Diese Eigenschaft möchte ich die Kraft des Wohlwollens nennen. Sie beruht auf der Verbundenheit und der Verwandtschaft mit dem großen Dynamo des Universums, auf dem Bewußtsein, von der Erde, von der Sonne, vom Mond, vom Meer, vom Himmel und von der Zeit unermüdlich vorwärts getrieben zu werden und mit elf Jahren schon ein Mann von Bedeutung zu sein, der etwas darstellt in der Welt und auf die eine oder andere Weise Aufmerksamkeit wecken wird.

Wenn es Sommer war und früh hell wurde, stand ich auf, zog meine Sachen an, verließ das Haus und ging in die Stadt. Ich bin immer in die Stadt, in die Welt, zum Mittelpunkt der Gemeinschaft gegangen. Schon wenn ich in den Straßen herumwanderte und schaute und alles liebte, was ich sah, die Enge, die Armseligkeit und die Hochstapelei, die Absurdität, den Prunk und den kindischen Mut, hatte ich das Gefühl, daß ich mich zumindest in den Augen Gottes hervorragend benommen und überall dort Bewunderung gezeigt hatte, wo sie angebracht war. Wenn es Winter war und die Sonne vielleicht den ganzen Tag nicht herauskam, oder wenn es regnete, stand ich auf, zog meine Sachen an, ging in die Küche, machte ein Feuer im Herd und redete bei allem, was ich tat, mit mir selbst.

Heute morgen, an einem der ersten Tage meines dreißigsten Jahres, befinde ich mich wieder in der Zeit von damals und spüre das gleiche Lebensgefühl. Ich besitze immer noch keine nennenswerten weltlichen Reichtümer, wenn man von den paar Büchern, drei Anzügen, einem Dutzend Hemden, zwei Paar Schuhen, einem alten und einem neuen Hut, einer Röntgenaufnahme, zweihundert Schallplatten und einer signierten Photographie von Jan Sibelius einmal absieht. Geld besitze ich auch, neunzehn Cent: ein Zehncentstück, ein Fünfcentstück und vier Centstücke. Das eine Centstück kann allerdings nicht ausgegeben werden, denn es hat ein Loch. Schulden habe ich in diesem Jahr nicht viele. Fünfhundert Dollar und keinen Cent mehr. Bald werde ich von einer kleinen Zeitschrift einen Scheck über fünfundzwanzig Dollar erhalten. Der Kaffee ist billig, und im Hinblick darauf, daß im Verlauf der vierundzwanzig Stunden des Tages der Morgen für mich die wichtigste Zeit ist, bin ich mit allem zufrieden, außer mit der Gemeinheit und Bösartigkeit auf der Welt. Eine Schreibmaschine besitze ich übrigens auch.

6 Uhr 20
Jetzt ist es hell. Die Sonne strahlt den Himmel im Osten an. Ich werde zur Sankt-Anna-Kirche hinübergehen. Falls mir unterwegs etwas einfällt, ich mich an etwas erinnere oder etwas passiert, werde ich darüber sprechen.

7 Uhr 7
Als ich um den Parnassus-Hügel herumkam, trafen die Sonnenstrahlen meinen Rücken, und die Straßenbahn Nummer Sechs fuhr vorbei, in der ein Assistenzarzt vom University of California Hospital auf dem Weg ins Krankenhaus saß. Zwei Krankenschwestern spielten ein Einzel auf dem Krankenhaus-Tennisplatz. Die eine trug einen braunen Wollrock, die andere Shorts. Die mit den Shorts hatte einen guten Aufschlag. Ihre Arme und Beine waren gerötet. Als ich am Schwesternheim vorbeiging, kamen fünf Krankenschwestern in blauen Uniformen heraus. Eine andere, in

weißer Uniform, kam fröstelnd die Straße herauf. Es war ein schöner Morgen.

Ich ging zur Sankt-Anna-Kirche, aber nicht hinein. Früher bin ich oft in der Sankt-Anna-Kirche gewesen, wegen des Anblicks, der Weite des Raumes und des Lichtes, das durch die großen farbigen Fenster hereinfiel. Viele Menschen sind anderer Ansicht, aber ich bin sehr für die Kirche. Eine falsch verstandene Religion ist immer noch besser als gar keine. Unwissenheit und Frömmigkeit sind besser als bloße Unwissenheit.

In der Nähe der Kirche lief ein kleiner Hund ohne Halsband herum, eine Promenadenmischung mit einem Schuß Terrierblut. Herrenlose Hunde sind merkwürdig ruhig, eine tödliche Einsamkeit umgibt sie, die mich manchmal freut und manchmal traurig macht. Bei diesem Hund freute mich seine Ruhe, denn es war kein trauriger Hund. Er war so fröhlich wie jeder andere Hund. Wir begrüßten uns. Ich kraulte ihm den Kopf, dann gingen wir beide unserer Wege. Ansonsten blieb der Spaziergang ohne besondere Vorkommnisse. Keinen Cent habe ich auf der Straße gefunden, obwohl ich bei jedem Spaziergang grundsätzlich nach verlorenem Geld Ausschau halte.

7 Uhr 27

Ich besitze keine nennenswerten weltlichen Reichtümer, habe ich erklärt, aber ich bin auch nicht irgendwie arm. Ich habe mich persönlich niemals beklagt, auch wenn gelegentlich der gegenteilige Eindruck entstanden sein mag, wie ich hinzufügen möchte, weil ich gelernt habe, daß man das tut. Vergessen habe ich von allem etwas, vom Guten wie auch vom Schlechten. Wenn ich meine Schreibmaschine ins Pfandhaus gebracht habe, um in einem Restaurant essen zu können oder um spielen zu können, und dann eine Geschichte daraus gemacht habe, dann wollte ich damit nicht jammern. Das wäre ein ganz falscher Eindruck. Ich wollte damit nichts anderes sagen, als ich gesagt habe. Meine Feinde sind unerheblich. Die Kritiker sind damit nicht gemeint. Die Welt ist mein Freund. Ein lausiger Freund, bestenfalls, und doch, in guten Stunden, ein sehr gütiger Freund. Die Welt ist keineswegs schlimmer als Sie oder ich. Die Ökonomie ist an vielen Problemen schuld, aber die Ökonomie ist nicht alles. Und als Rezept für ein gutes Leben ist das Christentum genauso brauchbar wie jedes andere auch, selbst für einen, der kein Christ ist.

In gewissem Sinne bin ich ein Mörder, der nicht erwischt worden ist. Das muß der eine oder andere schaffen, finde ich. In gewissem Sinn jedenfalls. Andererseits habe ich nie die Situation ausgenutzt. Im Clinch bin ich niemand unfair angegangen. Neben dem gewaltigen, schönen und komplizierten Aufbau des Universums und der Ordnung des Lebens liebe ich vor allem die Musik, denn in ihr haben einzelne zu ihrer Zeit das sterbliche Leben bewahrt. Das Schreiben ist gefährlich, und Schriftsteller sind Unruhestifter. Aber Unruhe ist sehr gesund. Ich habe meinen Teil beigetragen dazu.

7 Uhr 45
Nun ist also ein neuer Tag da.

Liberty, fünf Cent

Vor langer, langer Zeit habe ich einmal für die *Saturday Evening Post* aus Philadelphia, der Stadt der Brüderlichen Liebe, gearbeitet. Das ist vor vielen Jahren gewesen. Ich war damals ungefähr zehn. »Geboren« 1908, sagen die Deutschen, »in Kalifornien«. Zehn, elf, zwölf Jahre später, mußte es dann so um 1920 herum gewesen sein. Ich weiß jedenfalls, es war eines dieser Jahre. Ich glaube, ich habe mich seither ziemlich verändert. Ich bin zum Beispiel nicht mehr so wie damals ohne weiteres bereit, als Komiker aufzutreten, und mein Sinn für das Tragische hat sich auch sehr verändert. Ich finde es jetzt oft unmöglich, überhaupt festzustellen, ob ein Ereignis komisch ist oder tragisch. Das kommt, glaube ich, von der sogenannten Erfahrung.

Die folgende Begebenheit ist wahrscheinlich weder das eine noch das andere, aber irgend etwas daran zwingt mich, sie niederzuschreiben.

Zehn Jahre, nachdem ich in Kalifornien geboren wurde, begann ich für die erwähnten Leute aus Philadelphia zu arbeiten. Der Job bestand darin, jede Woche einen weißen, über meiner Schulter hängenden Sack mit frischen Exemplaren der *Saturday Evening Post* zu füllen und dann in der Stadt herumzulaufen und Verkäuferinnen, Mechaniker und Büroangestellte für Literatur und Belletristik zu interessieren. Außer der *Saturday Evening Post* rief ich noch den *San Francisco Examiner*, manchmal auch das *San Francisco Chronicle* aus, vor allem aber jeden Nachmittag den *Fresno Evening Herald*. Fresno ist meine Heimatstadt. Dort wurde ich 1908 geboren, in der

Eye Street, auf der anderen Seite der Southern Pacific Railroad, drei Blocks vom Depot entfernt. Kunst? Na, ich muß schon sagen.

So, und nun zu dem Jungen, der 1928 in San Francisco geboren wurde und gestern, 1938, auf der Market Street *Liberty* verkauft hat, für fünf Cent.

Er war wie ich, wissen Sie, als ich noch nicht so klug und so weiter und so fort war. Ich ging mit den ganzen Leuten, die Feierabend hatten, um fünf Uhr die Market Street rauf, und plötzlich stand ich da an der Ecke, zehn Jahre alt, rothaarig, eifrig, mit wilden Augen und fest entschlossen, mit dem Verkauf der *Liberty* mein Glück zu machen. Verdienst pro Exemplar: zwei Cent. Dann kam Saroyan vorbei, nicht ganz zurechnungsfähig und ohne zu begreifen, was für eine Geschichte da ablief. Der Junge von 1918, 1919 oder 1920 kam ihm entgegen.

»Erinnerst du dich?« sagte er.

»Erinnern? Woran?« fragte ich.

Sehen Sie, so ist das. Der Junge schreit aus Leibeskräften, und was tut man? Dasselbe wie alle Leute. Man ignoriert ihn.

Also hielt ich inne.

»Was tue ich da?« wollte ich von mir wissen. »Da steht dieser Junge, und ich gehe vorbei, als wäre er Luft. Was ist mit mir los?« Also stemmte ich mich gegen den Strom und drängte mich durch die Menge zurück.

Der Junge brüllte, als ob er in einem brennenden Haus steckte, wie man so sagt. »*Liberty*«, schrie er, »*Liberty*, fünf Cent.«

»Gib mir eine«, sagte ich.

Ich machte es recht dramatisch, damit er merkte, daß er die ersten Jahre seines Lebens nicht nutzlos vergeudete.

Er war selbst recht dramatisch. Er gab mir ein Exemplar des Blattes, ich ging weiter, und er schrie weiter mit doppelter Kraft.

Was ist *Liberty*? Eine amerikanische Zeitung, nicht besonders schlecht und nicht besonders gut. Und was ist mit dem Jungen, der *Liberty* ausruft? Ein Junge, den es überall im Land gibt? Was soll mit ihm sein? Ich warf die Zeitung in den Rinnstein, zog den Hut ins Gesicht, stemmte mich noch einmal gegen den Menschenstrom, ging zurück, verlangte noch ein Exemplar für fünf Cent, und wir machten den Handel noch einmal.

Ich warf auch dieses Exemplar in den Rinnstein. Es war dieselbe Ausgabe. Dann ging ich ein weiteres Mal zurück, diesmal mit hochgeschlagenem Kragen.

Vierzehnmal kehrte ich insgesamt um, denn so viele Exemplare hatte der Junge. Ich kam immer wieder, bis alle weg waren.

Ich vermute, der Junge hat achtundzwanzig Cent an der Sache verdient. Was ich davon hatte, kann ich Ihnen nicht sagen. Aber ich weiß, daß ich ein gutes Geschäft gemacht habe.

Ich habe recht. Die Welt ist im Unrecht

Ich bin nicht zum Weltmann geschaffen, aber heute, mit dreißig, versuche ich immer noch den Eindruck zu erwekken, daß ich, wenn schon sonst nichts, doch zumindest zivilisiert bin. Der absurde Wunsch, weltklug zu erscheinen, ist schon seit meiner Kindheit übermächtig in mir, und obwohl ich es längst besser weiß, gibt es nichts Befriedigenderes für mich als das Gefühl, auf Leute, die mich noch nicht kannten, einen erfreulichen Eindruck gemacht zu haben. Wenn ich mich selbst nicht durchschaute, wäre dieses Verhalten geradezu tragisch. Aber so wie die Dinge liegen, trägt mein Verhalten sehr zu meiner Belustigung bei. Es ist eine kindische Eitelkeit, die ich gern dulde und mir schon deshalb verzeihe, weil ich dagegen nichts tun kann.

Es geht mir wie dem Bauern in der alten Heimat, der eine Wassermelone gestohlen hatte. Er schnitt sie auf, aß aber nur das Herz und sagte dabei: »Wenn ein Reisender hier an der Straße vorbeikommt und sieht, was ich von der Wassermelone übriggelassen habe, wird er die Melone essen und sagen: ›Ein edler Herr hat einen Bissen von einer Wassermelone genommen, Gott segne seine Großzügigkeit.‹« Ein paar Minuten später wurde der Bauer erneut hungrig und aß noch mehr von der Wassermelone und sagte: »Der Reisende wird sagen: ›Der edle Herr hat seinem Diener zu essen gegeben. Er ist wirklich ein großzügiger Mann.‹« Noch etwas später wurde der Bauer erneut hungrig, und diesmal aß er die ganze Melone, einschließlich der Schale. »Das ist völlig in Ordnung«, sagte er zu sich selbst, »der Reisende wird einfach sagen: ›Der edle Herr hat nicht nur seinem Diener zu essen gegeben, sondern auch noch sein Pferd gefüttert.‹«

Mein ganzes Leben lang habe ich unsinnig großzügig, gütig und mitleidig sein wollen. Ich habe mir immer gewünscht, mein Geld zum Fenster hinauswerfen zu können, hatte aber in meinem ganzen Leben nie genug Geld, um diesen Wunsch Wirklichkeit werden zu lassen. Es ist zwar richtig, daß ich bei vielen Gelegenheiten verschwenderisch mit Geld umgegangen bin, aber ich habe dabei immer gewußt, daß ich mich wie ein Idiot benahm und bald wieder ohne einen Penny dastehen würde, und das beeinträchtigt die Unschuld solchen Verhaltens doch sehr.

Wenn ich gesagt habe, ich wünschte stets einen erfreulichen Eindruck bei Leuten zu hinterlassen, meine ich allerdings nicht die Art von Eindruck, die man mit Geldausgeben erreicht. Die Art und Weise, wie man Geld ausgibt, gehört natürlich dazu, aber sie ist nur ein Teil, der kleinste Teil eigentlich. Der größte Teil ist die Art und Weise, in der man die anderen Dinge weggibt, die man besitzt. Deine Energie, deine Heiterkeit, deinen Witz, deine Intelligenz oder was du sonst gerade hast. Manchmal vielleicht auch das Gegenteil dieser Dinge. Langeweile statt Energie, Bitterkeit statt Heiterkeit, und so weiter. Auf jeden Fall geht es darum, das wegzugeben, was man gerade hat, sei es nun gut oder schlecht, und darum, wie großzügig man dabei ist. Natürlich gibt man überhaupt etwas weg, weil man weiß, daß man stets nur zurückerhält, was man weggibt.

Bei alledem bin ich jedoch jemand, dessen grundlegenden Werte wenig oder nichts mit Geld zu tun haben. Meine Lebensfreude ist nicht die Freude an materiellem Besitz. Selbst die größte materielle Armut hat mich niemals zu irgendeiner anderen Armut gezwungen; und wenn es nur sehr wenige materielle Dinge gab, herrschte keineswegs Mangel an immateriellen Dingen, sondern ganz im Gegenteil solcher Überfluß, daß die materielle Armut eigentlich gar keine war. Mit einer Ausnahme: wenn die ganz reale Armut materiell und immateriell erniedrigend wurde. Die Notwendigkeit, meine Zeit zum Verkauf anzubieten, hat mich immer empört und mich dazu gebracht, die Welt und diejenigen, die sie durch Zufall geerbt haben, ebenso zu verachten wie die große Masse, die das demütig hinnimmt. Ob ich nun Arbeit hatte oder nicht, ich habe die Welt nie akzeptiert. Ich habe ihrer Realität nie geglaubt und ihre Regeln verworfen, obwohl ich weiß, daß dies dumm von mir ist. Nichts ist mir je unverschämter erschienen als die dreiste Erwartung der Welt, daß ich ihr von meinen Lebensjahren soundso viel Zeit verkaufe, um von einem Tag auf den nächsten überleben zu dürfen. Ich habe diesen Handel mit der Welt nie gemacht, denn ich habe stets gewußt, daß meine Zeit *meine* Zeit und viel zu wertvoll ist, um für eine letztlich erniedrigende Sicherheit hergegeben zu werden.

Wenn jemand eine Arbeit verrichtet, die sein Herz nicht erfreut, dann ist er ein Sklave; wenn er eine Arbeit tut, die sein Herz erfreut, dann handelt es sich, wie schwierig auch immer sie sein mag, gar nicht um Arbeit, sondern um Spiel. Deshalb sage ich, daß die Menschen Sklaven sind, solange sie arbeiten. Solange sie sich auf den Handel einlassen, werden sie immer betrogen. Wenn das, was sie tun, ihr Herz nicht erfreut, sind sie Narren, Ich persönlich will mich an dem Handel mit der Welt nicht beteiligen. Mein Handel soll mit Gott direkt sein. Von einem bin ich fest überzeugt, und keine Macht der Erde wird mich davon abbringen: Ich habe recht. Die Welt ist im Unrecht.

9. August 1938

Meine finanziellen Probleme

Mein ganzes Leben lang habe ich einen aussichtslosen Kampf gegen das Geld geführt.

Dennoch hieß die erste Geschichte, die ich je geschrieben habe: *Wie ich meinen ersten Dollar verdient habe*. Die Überschrift war nicht von mir. Sie stammte von meiner Lehrerin in der dritten Klasse. Sie hieß Miss Eulalia Pinkerton Washoe. Sie war die erste Person in Nordamerika, die den Mut hatte, unerschrocken darauf hinzuweisen, daß ich ein Schriftsteller sei.

Ich reichte einen guten, handwerklich sauberen Beitrag zur englischsprachigen Literatur ein, der wahrscheinlich für einen achtjährigen Schriftsteller, der im Sommer noch sieben war, als eine kleine Sensation gelten durfte, als ein Werk von ungewöhnlichem Charme, wie Kritiker gelegentlich schreiben, wenn es sich um Werke von dreiundvierzigjährigen Kindern handelt. Es war, mit einem Wort, ein Werk, das außerordentlich vielversprechend war, und ich freue mich, daß ich dieses Versprechen zumindest für Miss Washoe eingelöst habe, die ich (falls sie es nicht damals schon wußte) in der zweiten Maihälfte und im Juni jenes Jahres heimlich geliebt habe und für die auch die zärtlichen Botschaften in der unteren Ecke der Tafel bestimmt waren. Ohne Unterschrift natürlich. Nur die gute alte Melancholie. *Ich liebe Sie.*

Ich freue mich, daß ich die Erwartungen meiner Angebeteten von damals erfüllt habe.

Meine erste vielversprechende Geschichte handelte zwar davon, wie ich meinen ersten Dollar verdient hatte, aber die Tatsache, daß ich schon in diesem zarten Alter wußte, wie man einen Dollar verdient, führte keineswegs, wie man hätte vermuten können, dazu, daß ich ein Finanzmagnat wurde, ja, ich lernte nicht einmal, den Penny zu ehren, trotz vieler Belehrungen durch meine Großmutter. Ihre Bestrebungen verwirrten mich ziemlich, und ich habe sie daher oft gefragt, worin denn der besondere Wert eines Pennys bestünde. Da wurde sie immer ganz wütend. »Soll ich dir etwas sagen?« fauchte sie. »Ja«, sage ich. »Gut«, sagt sie. »Aus dir wird nie etwas Rechtes. Du bist ein Dummkopf.«

Das alles auf armenisch, versteht sich.

Es ist allerdings richtig, daß ich im Alter von siebzehn Jahren tatsächlich einen energischen Versuch machte, ein Finanzmagnat zu werden, und mit meinem Bruder zusammen die »Paramount Distributing Company« gründete, die sieben Tage lang im Geschäft war und Verluste in Höhe von 327 Dollar und 48 Cent machte. Das jedenfalls wies die Bilanz aus, nachdem mein Bruder, unser Finanzfachmann, die erheblichen Ausgaben für alle möglichen Investitionen, wie beispielsweise Briefbögen, Trinkgelder, Speisen, Erholung, Spiel und Sport, Bonbons und Erfahrungen, abgebucht hatte. Die Firma ging nach sieben Tagen in Konkurs, und mein Bruder und ich zogen uns in jenes mehr philosophische und beschauliche Leben zurück, das unserer Wesensart besser entspricht. Mein Bruder gab dieses Leben sechs oder sieben Jahre später wieder auf, und heute, zwanzig Jahre später, schuldet er, wie er sagt, niemandem auf der Welt einen Penny und kann jedermann gerade ins Auge sehen, »außer natürlich wenn der Betreffende schielt«, wie er sagt. Das tun aber glücklicherweise nur wenige Leute, und so kann man wohl durchaus behaupten, daß mein Bruder die ökonomische Reife besitzt.

Ich hingegen besitze sie offenbar nicht.

Jedenfalls kann ich nach Jahren mühseligster Anstrengung feststellen, daß sich nichts, was ich je unternommen habe, finanziell ausgezahlt hat. Schon ehe ich anfing, sie zu unternehmen, sahen die Unternehmungen, die ich unternommen habe, aussichtslos aus, und nachdem ich sie unternommen hatte, waren sie aussichtslose Unternehmen geblieben. So wie ich es sehe, kann man bei diesem Spiel gar nicht gewinnen. Es ist ein Wunder, daß überhaupt noch irgendwer irgendwo auch nur von der Hand in den Mund leben kann, von einem Tag auf den anderen, denn es gibt offensichtlich gar nicht genug Geld für uns alle, und wenn sich nicht sehr bald jemand sehr Kluges etwas sehr Schlaues einfallen läßt, werden wir nicht nur pleite sein, sondern auch noch verschuldet bis über den Hals.

Das einzige System, das ich selbst vorschlagen könnte, ist zweiteilig. Entweder muß das Geld sofort gesetzlich verboten werden, oder es muß jedermann freigestellt werden, sein eigenes Geld zu entwerfen und nach Maßgabe seiner Bedürfnisse drucken zu lassen. Da ich im Grunde meiner Seele ein Kapitalist bin und wohl auch entsprechende Instinkte besitze, neige ich zur zweiten Alternative. Ich bin dafür, daß man jeden, der gern Millionär wäre, seine Million machen läßt, und wenn ich machen sage, dann meine ich *machen*. Ich meine, daß er sich hinsetzen und die Münzen und Banknoten herstellen soll. Jeder, der auch nur den mindesten Anstand besitzt, wird gewiß dafür sorgen, daß sein Porträt, sein Name, sein Geburtsdatum, sein Wappen (falls er eins hat) oder wenigstens eine vernünftige Abbildung seines Sonntagsanzuges in sauberer Wiedergabe auf dem Papiergeld und, soweit das möglich ist, auch auf den Centstücken, Fünf- und Zehncentstücken, den Viertel- und Halbdollarmünzen und Dollarstücken erscheint.

Meine finanziellen Probleme haben mich immer in die schlimmsten Verlegenheiten gebracht, und solange auf dieser Welt keine so menschenfreundlichen Gesetze erlassen werden, wie ich sie oben vorgeschlagen habe, werde ich mich wahrscheinlich weiterhin in Verlegenheiten befinden und jeden Tag meines Lebens bis zu meinem Tode erröten.

1937

Die wunderbare Welt der Genies

Das Interessanteste an der Welt ist ihr wunderlicher, psychoanalytisch ganz unerforschter Charakter, ihre erbärmliche und tapfere Persönlichkeit, ihre erschreckende Dummheit und ihre herrliche Intelligenz, ihre unglaubliche Grausamkeit und ihre ebenso unglaubliche Güte, ihr Gorillastumpfsinn, ihr Kanarienfrohsinn, ihre donnernde Göttlichkeit und ihre jaulende Gewöhnlichkeit.

Das Zweitinteressanteste an der Welt ist ihre Bevölkerung, jedermann eingerechnet. Vor zwei Jahren wußte ich noch nicht, wie groß die Weltbevölkerung ist. Als ich es hörte, war ich verblüfft und bin es die ganze Zeit geblieben. Das liegt daran, daß ich ebenso wie die frühen Philosophen davon überzeugt bin, daß es niemanden gibt, der kein Genie wäre. Aber schon das Wenige, was ich über mich selbst weiß, macht mich ganz sicher, daß zwei Milliarden Genies eine Menge zuviel sind.

Fünfzig Cent am Tag für jedes der zwei Milliarden Genies

wäre wohl kaum zuviel verlangt. Am Tag wären das bereits eine Milliarde Dollar, und wir wissen doch alle, daß es soviel Geld gar nicht gibt – nicht einmal, wenn wir sparten. Und im Jahr wären es 365 Milliarden.

Die Tatsache, daß Tag für Tag diese ungeheure Summe gebraucht wird, ist einer der Gründe für den Streit in der Welt. Ein weiterer Grund, habe ich gehört, ist das Liebesbedürfnis dieser Genies. In einem religiösen Zeitalter hätten sie Gott geliebt, was nicht sehr viel kostet. In unserem Zeitalter versuchen die Genies, sich gegenseitig zu lieben, was gewisse Kosten verursacht: Glasperlen, gefärbte Federn, Kokosnüsse, Orchideen, Champagner, Juwelen, Pelzmäntel, Miete oder das eine oder andere sonstige Ding.

Aus einer Komplikation dieser Größenordnung kann man sich schwerlich ohne Phantasie und Dichtkunst befreien. Wahrscheinlich haben wir uns niemals daraus befreit und dabei wird es auch künftig bleiben. Zwar befreit jedes Genie sich daraus, zumindest persönlich, aber erst wenn es stirbt. Das war zweifellos eine sehr poetische und schöpferische Erfindung der poetischen und schöpferischen Allmacht: eine Lösung, die ich selbst nach Jahren andauernden, tiefen Nachdenkens für die wahrscheinlich vernünftigste aller möglichen Lösungen halte. Es ist sicher die demokratischste Lösung und die einzige, bei der die Chance besteht, daß sie irgendwann alle Menschen zu Brüdern macht.

Bis dahin gibt es die köstliche, berauschende, wahnsinnige, dem Tode trotzende Unordnung der Welt und des Lebens. Wie man diese unvermeidliche Unordnung ertragen soll, ist bei weitem das faszinierendste Problem, das jedes einzelne Genie anpacken und nach Möglichkeit lösen muß.

Natürlich kann jedes Genie nur für sich selbst sprechen, aber ein außergewöhnlich aufgewecktes Genie, wie zum

Beispiel ich selbst, kann mit einiger Mühe gelegentlich etwas sagen, was vielleicht auch für andere, möglicherweise weniger aufgeweckte Genies von einem gewissen Wert ist. Oder für solche Genies, die viel zu beschäftigt mit anderen Dingen sind, als daß sie Zeit hätten, etwas zu sagen.

Meiner Ansicht nach gibt es grundsätzlich zwei Methoden, die Unordnung und die Zeit zu ertragen: die eilige und die geruhsame. Beide Methoden haben ihre Vorzüge und ihre Mängel. Ein kluges Genie wird die Vorteile der jeweiligen Methode nutzen und deren Mängel vermeiden. Es wird sich bemühen, in guter körperlicher Verfassung zu bleiben, denn ein starker Körper hat wesentlich bessere Chancen, mit einem schwachen Geist zurechtzukommen, als ein schwacher, und ein starker Geist hat ausgezeichnete Möglichkeiten, Komödie zu spielen, so er über einen starken Körper verfügt. Das Genie mit einem extrem starken Geist und einem extrem starken Körper wird die Zeit klugerweise eilig ertragen, schon um nicht den Verstand zu verlieren. Auch wird es sich klugerweise an solchen Orten aufhalten, wo es gute Aussichten gibt, sich zu vergnügen.

Eigentlich sollte die ganze Welt so ein Ort sein, aber leider ist sie es nicht. Im Gegenteil, die Orte, wo man sich wirklich vergnügen kann, werden jedes Jahr weniger, was zumindest teilweise damit zu tun hat, daß einige der berüchtigtsten Genies auf höchst bedauerliche, ja, geradezu krankhafte Weise Energien verschwenden. Der größte Teil von Europa zu Beispiel, und dazu gehören Frankreich und England, taugen überhaupt nicht mehr zum Vergnügen, selbst wenn man als Genie die gesamte notwendige Ausrüstung mitbringt, einschließlich Geld. Selbst ausgedehnte Landstriche Amerikas sind, zumindest während gewisser Jahreszeiten, nicht zu gebrauchen – jedenfalls nicht von Genies, die nicht sehr viel Geld haben. Im Winter zum Beispiel ist praktisch ganz Amerika, mit Ausnahme der Pazifikküste, für Vergnügungen nicht zu gebrauchen.

Was wir brauchen, ist eine neue Welt.

8. Dezember 1938

Wie sie den unwillkommenen, gefräßigen Besucher loswurden

Ein Mann besuchte eine Familie und fraß sich rücksichtslos bei ihr durch, wie man so sagt. Niemand wußte, wie man ihn loswerden sollte. Schon im Februar begann er darüber zu reden, wie schön es zu Ostern sein würde, und so versuchten der Gastgeber und seine Frau, den Mann dazu zu bewegen, daß er in seine eigene Stadt zurückkehre. Zunächst hörten sie damit auf, ihm das beste Essen vorzusetzen, statt dessen gaben sie ihm kalte Buttermilch, die sie mit drei Vierteln Wasser verdünnt hatten. Das Essen sei ihm bisher viel zu schwer gewesen, sagte der Mann, jetzt sei es gesünder. Dann nahmen ihm die Gastgeber die Bettdecken weg und ließen ihn im Stall bei den Kühen schlafen, im Stroh. Er habe sein ganzes Leben im Stroh geschlafen, sagte der Mann, Betten und Bettdecken seien ihm viel zu weich, er könne darin gar nicht schlafen. Keine der Maßnahmen zeigte irgendeine Wirkung bei ihm, statt dessen redete er immer weiter davon, wieviel Spaß man noch zusammen haben werde. Da ging der Gastgeber zum Priester und erzählte von der Sache.

Der Priester versprach, ihm den Mann vom Halse zu schaffen, und bat den Gastgeber, seinen Besucher am nächsten Sonntag mit in die Kirche zu bringen. Außerdem forderte er ihn auf, mit Hilfe eines Stückes Schnur die Größe des Besuchers abzumessen. Der Gastgeber tat, wie ihm geheißen, und brachte dem Priester die Schnur. Am Sonntag, als er seine Bekanntmachungen vorlas, verkündete der Priester unter anderem, die Behörden hätten ihn gebeten, bei der Ergreifung eines Mörders zu helfen. Die Größe des Täters sei bekannt, er sei so groß, wie diese Schnur lang sei. Dann mußten alle vor dem Priester vorbeigehen, damit er Maß nehmen konnte, und der Mann, der nicht nach Hause zurückkehren wollte, hatte genau die richtige Größe.

»Ganz gleich, ob du den Mord begangen hast oder nicht«, sagte der Priester, »man wird dich verhaften und vielleicht aufhängen. Du solltest daher am besten gleich morgen früh flüchten. Laß dich in einen Sack stecken und von deinem Freund mit dem Esel wegschaffen. Falls dein Freund dann gefragt werden sollte, was er da transportiert, kann er behaupten, es wäre Getreide, und du kannst auf diese Weise entkommen.«

Und so wurde es gemacht.

Am nächsten Tag stieß der Priester auf den Gastgeber und seinen Esel. Das Tier trug zwei große Säcke, und in einem davon steckte der gefräßige Mann. »Mein Freund«, sagte der Priester, »mit was seid ihr da unterwegs?«

»Mit Weizen«, sagte der Gastgeber.

»Laß mich den Weizen segnen«, sagte der Priester, »damit er überreich Frucht trägt.«

Er ging zu dem Sack, in dem der gefräßige Mann sich verbarg, und schlug mit der Peitsche darauf. »Gott segne den Weizen im Frühjahr«, sagte er. Dann schlug er noch einmal zu. »Gott segne den Roggen im Sommer.« Und erneut setzte es einen Schlag. »Gott segne den Hafer im Herbst.« Und wieder. »Gott segne die Gerste.« Die ganze Zeit litt der gefräßige Mann große Schmerzen.

Schließlich ging der Priester seiner Wege, und nach einiger Zeit sagte der gefräßige Mann: »Ist der Priester gegangen, mein Freund?«

»Ja«, sagte der Gastgeber.

»Dann sieh zu, daß wir weg sind, ehe er noch einmal zurückkommt«, sagte der gefräßige Mann. »Die Winterrettiche hat er, Gott sei Dank, bisher vergessen.«

Fallschirmspringer

Als Miss Wheeler in die »Taverne« an der McAllister Street in der Nähe der Buchanan Street kam, war Ike Levy, der mit seinem verheirateten Bruder Irwin gleich um die Ecke wohnte, gerade dabei, ein Flipperspiel zu gewinnen, das »Fallschirmsprung« hieß. Bei diesem Spiel kriegte man um so mehr Punkte, je mehr Soldaten man dazu brachte, aus dem Flugzeug zu springen. Wenn man zweiunddreißig zum Springen brachte, bekam man zwei Freispiele. Bei sechsunddreißig gab es deren vier. Und wenn man gar zweiundvierzig zum Springen brachte, erhielt man *zehn* Freispiele und wahrscheinlich noch die höchsten Orden der französischen und britischen Regierung dazu. Ike hatte schon neunundzwanzig Fallschirmspringer aus dem Flugzeug befördert und immer noch eine Kugel zur Verfügung.

Es sah wie ein Kinderspiel aus.

Ike fühlte sich so, wie ein junger Mann das tut, der seit zwei Jahren arbeitslos ist, von allen Freunden und Verwandten verachtet und bemitleidet wird und der jetzt endlich wieder Aussichten hat, Arbeit zu finden, und der endlich einmal etwas geschafft hat.

»Okay«, dröhnte Ike zu Harry, dem alten Barkeeper, hinüber, »jetzt sind neunundzwanzig raus aus dem Flugzeug, und ich hab' noch die fünfte Kugel übrig.«

»Na und?« sagte Harry. »Du hast neunundzwanzig draußen. Na und?«

»Na und?« machte Ike, während er die fünfte Kugel ins Spiel brachte. »Ich gebe kein Geld mehr für dieses blöde Flipperspiel aus, das wirst du schon sehen. In einer Minute wirst du wissen, wieviel du mir zahlen mußt.«

Ike schoß die letzte Kugel im selben Augenblick ab, als Miss Wheeler den Saloon betrat.

Sie war eine gutgekleidete junge amerikanische Frau, deren Figur weitaus attraktiver war als ihr Gesicht.

»Einen Scotch mit Soda, bitte«, sagte sie.

Anstatt sich auf das Spiel zu konzentrieren, drehte Ike sich um. Er wollte sehen, wer da gekommen war. Die Kugel schubste einen Fallschirmspringer aus dem Flugzeug, dann rollte sie durch, und das Spiel war gelaufen. Ike brauchte gar nicht mehr hinzusehen. Er hörte schon am Geräusch, was passiert war, und wußte, er hatte verloren. Keinen Blick warf er mehr auf die Anzeigetafel.

Harry kicherte schadenfroh und doch unschuldig. »Na, wieviel muß ich Ihnen jetzt zahlen, Mr. Levy?« fragte er.

»Halt dich da raus«, sagte Ike.

Dann wandte er sich an Miss Wheeler.

»Hauen Sie ab«, sagte er.

»Augenblick mal«, sagte Harry zu ihm. »Noch gehört der Laden nicht dir, und wenn du beim Flippern nicht wesentlich besser wirst, dann wird es auch noch ein oder zwei Jahre dauern, bis du der Eigentümer bist, wenn ich nicht irre.«

»Ich habe dir doch gesagt, du sollst dich da raushalten«, schrie Ike.

Auf der Theke stand eine Bierflasche. Ike packte die Flasche am Hals und hob seine Hand.

»Bist du verrückt?« fragte Harry. »Was ist denn los mit dir, Ike?«

»Hauen Sie ab«, sagte Ike zu Miss Wheeler. »Hauen Sie ab, bevor ich Sie umbringe.«

Miss Wheeler leerte ihr Glas, drehte sich um und ging hinaus. Sie bewegte sich langsam und schien sich über die Sonderbarkeit der Situation nicht im geringsten zu wundern.

Ike warf die Bierflasche neben der Tür an die Wand. Er ging zur Schwingtür, stieß die linke Hälfte auf und sah hinter Miss Wheeler her. Dann marschierte er zum Flipperkasten und schlug, ohne nach seinem Ergebnis zu sehen, mit der Faust die Glasplatte ein. Dann stieß er den Kasten um, brach ein Bein ab und zertrümmerte das ganze Gerät.

»Ike«, sagte Harry.

Ike setzte sich an einen der kleinen Tische, blickte starr geradeaus und begann zu weinen. Der Barkeeper wollte etwas tun für einen Burschen wie Ike, aber er wußte bloß nicht was. Die zerschlagene Bierflasche und der kaputte Flipperkasten waren ihm inzwischen egal. Gleich würde er die Scherben wegfegen, und den Leuten von der Automatengesellschaft würde er sagen, ein paar Freunde von ihm hätten das Ding geliefert, als sie einen zuviel gehoben hatten. Er würde für die Reparatur aufkommen. Sie würde vielleicht zehn Dollar ausmachen. Es war ihm egal, was es kosten würde. Er holte den Besen und fegte die Glassplitter zusammen. Dann hob er den zerbrochenen Flipperkasten auf und trug ihn ins Hinterzimmer. Zu Ike sagte er nichts. Ike weinte ohne Tränen und beinahe lautlos. Wenn jemand hereingekommen wäre, um etwas zu trinken, hätte er es vielleicht gar nicht bemerkt.

Nach einiger Zeit begann Ike laut zu reden, aber nicht mit Harry.

»Ike«, sagte Harry. »Geh nach Hause.«

»Geh zur Hölle«, sagte Ike. »Ich gehe nie wieder zu Juden. Ich höre auf mit den Juden. Ich bin fertig mit ihnen. Ich bin nie ein Jude gewesen. Ich habe die Juden nie geliebt. Geh zur Hölle.«

»Ike«, sagte Harry geduldig. »Geh nach Hause und schlaf dich aus.«

»Schlaf dich selber aus«, sagte Ike. »Seit zwei Jahren mustern sie mich und sagen alles mögliche, außer dem was sie meinen: ›Du bist ein Jude.‹ Das meinen sie. Und deshalb komme ich her und kämpfe mit einem Flipperkasten, der Fallschirmspringer aus einem Flugzeug stößt. Ich komme hierher, weil ich an einem dunklen Ort sein und nicht durch Herumlauferei hungrig werden will. Ich komme hierher und vergeude das Essensgeld, das mein Bruder mir jeden Tag gibt. Fünfundzwanzig Cents. Ich esse nichts. Ich will es auch gar nicht. Ich fühle mich schuldig, wenn ich das Geld für Essen ausgebe. Ich kann nicht mehr schlucken. Ich bin fertig mit den Juden. Ich bin fertig mit meinem Bruder. Und mit Ike Levy bin ich auch fertig. Zur Hölle mit Ike Levy. Er ist ein Jude. Ich bin kein Jude.«

»Ike«, sagte Harry. »Trink ein Bier.«

»Trink doch selbst ein Bier«, sagte Ike.

»Ich habe Vertrauen zu dir«, sagte Harry. »Du kannst bezahlen, wann du willst. Eines Tages erhältst du einen Job. Du kannst die Rechnung begleichen, wenn du wieder zu Geld kommst. Du kannst trinken, was du willst.«

»Nein«, sagte Ike. »Ich werde keinen Job kriegen. Ich werde es nie wieder zu eigenem Geld bringen. Ich bin ein Jude. Juden stehlen. Sie betrügen. Sie töten für Geld. Sie haben nie eigenes Geld. Du weißt nicht, was es heißt, Jude zu sein.«

Er stand vom Tisch auf und ging zur Tür.

»Geh nach Hause«, sagte Harry.

»Zur Hölle damit«, sagte Ike. »Ich habe kein Zuhause. Zur Hölle mit den Juden.«

Er verließ den Saloon. Der Barkeeper stand hinter der Theke und fragte sich, was wohl aus einem Juden wie Ike Levy werden sollte, zweiundzwanzig Jahre alt, arbeitslos, ohne Geld und ohne Zuhause. Er dachte lange über Ike nach. Dann zapfte er sich ein Bier und nahm einen tiefen Schluck. Was zum Teufel sollte er für Ike tun?

Ein Überlebender der Grippe-Epidemie von 1918

Jim ist Kellner, ein gutmütiger Grieche von vierundvierzig oder fünfundvierzig, der aber jünger wirkt. Er ist nicht ganz mittelgroß, aber auch nicht klein genug, um als kleiner Mann zu gelten. Er hat eine gut proportionierte Figur und bedient geschickt und mit Stil und versteht es, sich ohne Aufdringlichkeit nützlich zu machen. Sein Benehmen ist geprägt von natürlichem Anstand.

Wie alle Menschen, die für ihren Lebensunterhalt arbeiten müssen, ist er ein Spieler und hofft, eines Tages das große Los zu ziehen und genug Geld für den Rest seines Lebens zu haben. Er verfolgt die Pferderennen jeden Tag, setzt sich gelegentlich an den Pokertisch und kauft immer Scheine vom Irish Sweepstake, wenn es sie gibt. Bisher hat er noch nicht sehr viel Glück gehabt, aber alle paar Tage hat er doch einen bescheidenen Treffer gelandet und so den Glauben nicht verloren.

Wie alle Menschen, die immer schwer arbeiten mußten, weiß er auch viele Geschichten von sich zu erzählen.

Von den drei Geschichten, die er mir erzählt hat, mag ich am liebsten jene, die davon handelt, wie er 1918 in Chester, Pennsylvania, beinahe an Grippe gestorben wäre.

Ich war krank. Als ich am Morgen aufstand, fühlte ich mich ganz komisch, aber ich zog mich trotzdem an, um zur Arbeit zu gehen. Als ich in meine Hosen schlüpfte, kippte ich um, aber ich stand gleich wieder auf. Als ich zur Tür gehen wollte, fiel ich erneut hin. Ich wußte nicht, was mit mir los war. Ich konnte nicht wieder aufstehen. Wenn man für die Regierung arbeitete und nicht zum Dienst erschien, schickten sie in der Regel jemand vorbei, der feststellen mußte, was los war. Ich versuchte noch einmal auf die Füße zu kommen, aber es ging nicht, ich war einfach zu schwach. Nach einer Weile kroch ich zum Bett zurück und legte mich drauf. Am nächsten Tag kam die Krankenschwester und fragte: »Was ist los?«

»Ich weiß nicht«, sagte ich. »Morgen gehe ich bestimmt wieder zur Arbeit.« Sie untersuchte mich und meinte, ich müsse ins Krankenhaus. Ich stand vom Bett auf und sagte: »Nein, ich gehe jetzt gleich zur Arbeit.« Aber ich fiel wieder hin. Die Krankenschwester half mir auf und sagte: »Gut, bleiben Sie erstmal im Bett.«

Am Nachmittag kam die Vermieterin und fragte: »Wie geht es dir, mein Junge?«

Ich sagte: »Ich weiß es nicht, Mutter.«

In der Nähe gab es einen griechischen Arzt aus Smyrna, und ich sagte: »Bitte sag dem Arzt, daß er kommen und nach mir sehen soll, Mutter.«

Als der Doktor aus Smyrna eintraf, versuchten der Regierungsarzt und die Krankenschwester die Vermieterin bereits davon zu überzeugen, daß ich ins Krankenhaus müßte, aber ich sagte: »Ich möchte, daß mein Landsmann mich untersucht.«

Daraufhin untersuchte mich der griechische Arzt. Er sagte, ich solle ins Krankenhaus gehen. Nun ja. Wenn man krank ist, muß man ins Krankenhaus, aber ich sagte: »Nein. Ich will hierbleiben.«

Da gingen alle weg. Eine Stunde später fuhr ein Streifenwagen vor. Der Arzt und zwei Polizisten und die Krankenschwester kamen herein und sagten: »Stehen Sie auf!«

»Wieso?« fragte ich. »Ich arbeite für die Regierung.«

»Das wissen wir«, erklärten sie. »Wir haben Anweisung, Sie ins Krankenhaus zu bringen.«

»Nein«, sagte ich. »Ich will arbeiten gehen.«

Ich stand auf, aber ich konnte nicht laufen. Nun ja. Wenn man krank ist, muß man wohl ins Krankenhaus.

»Bringt mich mit der Fähre ins beste Krankenhaus in Philadelphia«, bat ich.

»Die Krankenhäuser in Philadelphia sind voll«, sagte der Arzt. »Wir werden uns schon um Sie kümmern.«

Dann brachten sie mich im Streifenwagen ins Krankenhaus. Aber was war das für ein Krankenhaus?

Eine Kaserne. Ein einziger großer Saal mit einem Gang in der Mitte und Betten auf beiden Seiten. Sie steckten mich in eins der Betten, und dann wartete ich. Drei Tage lang gaben sie mir nichts zu essen und zu trinken, nicht einmal Wasser. Bloß gemahlenes Eis. Man mußte es in den Mund nehmen und den ganzen Tag lutschen wie ein Idiot. Einen Abend sehe ich die Schwestern mit Essen herumlaufen, aber was bringen sie uns? Gebratene Fischschwänze. Die Schwester stellt den Teller ab, und ich starre die Fischschwänze an.

»Was ist denn das?« frage ich.

»Etwas zu essen für Sie«, sagt die Schwester.

»Essen?« sage ich. »Bitte nehmen Sie es wieder mit. Bringen Sie mir ein Glas Milch.«

Ich sah mich ein bißchen um und wurde sehr nachdenklich. »Wozu sind die Fischschwänze gut?« fragte ich.

Eine der Schwestern war schwarzhaarig und sah aus, als wäre sie eine Griechin. Die rief ich zu mir.

»Sind Sie Griechin?« fragte ich. Dabei sprach ich sehr leise. Ich wußte nicht, wo ich mich befand und hatte kein gutes Gefühl dabei.

»Ich bin Serbin«, sagte die Schwester.

»Mir gefällt das hier nicht«, sagte ich. »Wollen die uns umbringen?«

Sie sagte, die Leute seien hier, um zu sterben. Sie seien alle todkrank. Sämtliche Krankenhäuser seien überfüllt, und überall gebe es Tote. Aber diese Unterkunft sei die schlimmste von allen. Wenn ich schon sterben muß, sagte ich mir, will ich zu Hause sterben und nicht im Schlachthaus.

»Ich bin Grieche«, sagte ich zu der Schwester. »Ich möchte nach Hause. Heute nacht bringen Sie mir meine Sachen, ich ziehe mich an und gehe nach Hause.«

»Und wenn ich meinen Job dabei verliere«, sagte die Schwester, »ich mach's. Aber Sie sind sehr krank. Glauben Sie denn, Sie können überhaupt laufen?«

»Ich werde laufen«, sagte ich. »Bitte bringen Sie mir meine Sachen, damit ich nach Hause kann.«

Nun ja. In der Nacht brachte sie mir meine Sachen und half mir beim Anziehen, weil ich so schwach war. Als ich versuchte aufzustehen, taumelte ich, und sie mußte mich stützen. Alle ringsum waren krank, aber sie wußten genau, was ich vorhatte. »Jim«, sagten sie, »wo willst du hin?«

»Ich will nach Hause«, sagte ich. »Wenn ich schon sterben muß, will ich es zu Hause.«

Ich versuchte zu laufen, aber es ging nicht, und das Mädchen begann zu weinen.

»Bitte versuchen Sie es«, sagte sie. »Ich werde Sie stützen, bis Sie an der frischen Luft sind.«

Sie ging mit mir an die Tür. Draußen war alles voll Schnee und die Temperatur unter Null. Mir wurde schwarz vor Augen, aber die Schwester blieb bei mir, bis ich ein bißchen frische Luft geschöpft hatte. Dann konnte ich wieder etwas sehen, aber was?

Nichts als Schnee.

»Wie wollen Sie denn bloß heimkommen?« fragte das Mädchen.

»Ich komme schon nach Hause«, sagte ich.

Sie schloß die Tür und ging zurück in den Saal, aber ich konnte keinen Schritt laufen. Ich setzte mich auf die oberste Stufe der Treppe, und die Augen fielen mir zu. Ich träumte von jenen Tagen in Griechenland, da ich in den Bergen herumstreunte, Beeren aß und aus den Bächen trank. Dann legte mir jemand die Hand auf die Schulter. Es war ein Armeeoffizier.

»Was ist los mit Ihnen?« fragte er.

»Ich gehe nach Hause«, sagte ich.

»Gehören Sie hier ins Krankenhaus?« fragte er.

»Das ist kein Krankenhaus«, sagte ich. »Das ist ein Schlachthaus.«

»Kommen Sie mit in mein Büro«, sagte er.

In seinem Büro sagte er: »Setzen Sie sich!« Er telefonierte und ordnete an, daß mich der nächste Bus nach Chester mitnehmen solle. Als der Fahrer ins Büro kam, sagte der Offizier: »Bringen Sie diesen Mann nach Hause. Bis vor die Tür. Sorgen Sie dafür, daß man sich um ihn kümmert.«

Der Bus war voller verschiedener Leute, die heimfuhren. Ich wurde ohnmächtig und fiel einem Italiener auf den Schoß, der neben mir saß. Ich war bewußtlos, aber ich hörte noch, wie der Italiener sagte: »Ist schon gut, mein Freund.«

Als der Fahrer mich weckte, war der Bus leer. Er ging mit mir zur Tür. Der griechische Arzt aus Smyrna hatte den Griechen gesagt, daß ich sterben würde, und einer von ihnen hatte meiner Vermieterin gesagt, daß ich schon tot sei. Als sie die Tür aufmachte und mich da stehen sah, dachte sie, es wäre ein Geist. Ist Ihnen Lazarus ein Begriff? So ähnlich wie Lazarus muß ich ausgesehen haben. Mein Gesicht bestand nur aus Knochen und Bartstoppeln. Und dieser Grieche hatte ihr gesagt, ich sei tot. »Erinnern Sie sich an den kleinen Burschen?« hatte er gesagt. »Ich habe ihn gestern mit eigenen Händen begraben. Auf den brauchen Sie nicht mehr zu warten.« Meine Vermieterin hatte große Angst. Nun ja.

»Hab' keine Angst, Mutter«, sagte ich. »Ich bin es. Ich bin nicht tot.«

»Mein Junge«, sagte sie. »Wie geht es dir?«

»Ich bin krank, Mutter.«

Sie brachte mich in mein Zimmer und legte mich ins Bett. Meine Augen waren geschlossen, aber ich hörte alles. »Mein Junge«, sagte sie, »kann ich dir irgendwie helfen?«

»Mutter«, sagte ich, »bitte geh hinunter in die Küche und mach mir eine Hühnerbrühe.«

Sie ging also nach unten und machte mir eine Tasse Hühnerbrühe. Ich trank die Hühnerbrühe und schloß meine Augen. In der Nacht stieg etwas sehr Kaltes aus meinem Inneren auf.

Am Morgen konnte ich die Augen nicht aufmachen, dennoch hatte ich die ganze Nacht nicht geschlafen. Ich wollte nicht schlafen. Ich wollte die ganze Nacht hindurch wach bleiben. Die Vermieterin kam und fragte: »Mein Junge, sag mir, wie ich dir helfen kann.«

»Mutter«, sagte ich, »bitte geh in die Küche und mach mir eine Hühnerbrühe.«

Sie ging also und brachte mir Hühnerbrühe, und dann wartete ich. Nach einer Stunde kam sie noch einmal und sagte: »Mein Junge, kann ich dir irgendwie helfen? Wenn du irgend etwas brauchst, sag es mir ruhig.«

Sie weinte. Nun ja.

»Mutter«, sagte ich. »Weine doch nicht wegen mir. Wenn ich sterben muß, muß ich sterben. Wir sind auf die Welt gekommen, um unser Leben zu leben. Bitte mach mir noch eine Hühnerbrühe.«

Am Abend kamen der griechische Arzt und der Regierungsarzt, um mich noch einmal zu untersuchen. Meine Augen waren geschlossen, deshalb dachten sie, ich würde nicht mitbekommen, was sie sagten. »Morgen früh um neun ist er tot«, sagten sie. Gut, dachte ich, man kann ja nie wissen. Vielleicht wissen die Ärzte Bescheid. Ich tue es nicht. Als die Ärzte gegangen waren, kam die Vermieterin und fing an zu weinen.

»Mein Junge«, sagte sie.

»Mutter«, sagte ich. »Es ist schon recht. Weine nicht wegen mir.«

Sie ging aus dem Haus, und nach einer Stunde kam sie wieder zurück. Ich konnte sie herumgehen hören.

»Mein Junge«, sagte sie. »Kann ich dir irgendwie helfen?«

»Es ist schon gut«, sagte ich. »Geh nur ruhig schlafen, Mutter.«

Da ging sie schlafen. In meinem Inneren kroch die Kälte herauf. Ich hatte so etwas noch niemals erlebt. Ich wußte auch nicht, was es war. Dann begann meine Nase zu bluten. Erst habe ich es gar nicht bemerkt, aber als ich mit der Hand mein Gesicht berührte, wurde sie warm, und ich konnte das Blut riechen. Es rann sehr schnell. Ich beugte mich über den Bettrand und ließ lange das Blut in das Nachtgeschirr tropfen. Und während es das tat, fühlte ich mich von Minute zu Minute besser. Alles verging. Alles strömte mit meinem Blut aus der Nase. Das Zimmer war dunkel, aber ich wußte, ich konnte wieder sehen. Auch die Kälte war aus meinem Inneren verschwunden, und ich fing an zu lachen. Ich war sehr hungrig, aber es war ja Nacht, deshalb setzte ich mich aufrecht ins Bett und wartete auf den Morgen. Am Morgen hörte ich, wie die Vermieterin an meiner Tür vorbeiging. Sie ging immer wieder vorbei, und dann blieb sie stehen. Da rief ich: »Es ist alles in Ordnung, Mutter. Ich bin nicht tot. Du kannst ruhig hereinkommen.«

Sie kam herein, aber sie hatte mächtige Angst. Ich zeigte ihr das Blut. Es war mir sehr peinlich, deshalb sagte ich: »Bitte entschuldige, Mutter. Ich konnte nichts dagegen tun.«

»Wie geht es dir, mein Junge?« erkundigte sie sich. »Geht es dir besser?«

»Ich bin sehr hungrig, Mutter.«

Sie ging nach unten und brachte mir Hühnerbrühe. Den ganzen Vormittag ging sie die Treppe hinauf und hinunter, um mir Hühnerbrühe zu bringen. Als die Ärzte kamen, saß ich im Bett. Sie hatten erwartet, einen Leichnam vorzufinden.

»Was soll das heißen?« fragten sie.

Ich erzählte ihnen alles. Sie untersuchten mich wieder. Es war alles in Ordnung.

Ich mochte sie nicht, und sie mich auch nicht.

Der Regierungsarzt machte sich ein paar Notizen in seinem Buch und ging weg. Der Arzt aus Smyrna lief im Zimmer hin und her. Dann sagte er: »Ich will Sie etwas fragen. Bitte sagen Sie mir die Wahrheit.«

»Was möchten Sie wissen?«

»Wie alt sind Sie gewesen, als Sie die alte Heimat verließen?«

»Siebzehn«, sagte ich.

»Gut«, sagte er. »Und jetzt meine Frage: Wann haben Sie zum ersten Mal Schuhe getragen?«

»Mein Vater hat mir Schuhe gekauft, als ich drei Jahre alt war«, sagte ich. »Aber ich habe sie in den Schrank geworfen und bin barfuß in die Berge gelaufen.«

»Das ist also der Grund«, meinte der Arzt und ging dann.

»Verstehen Sie?« sagte der Kellner. »Die Kraft der alten

Heimat ist von der Erde in meine Füße gedrungen. Wenn ich in der alten Heimat Schuhe getragen hätte, wäre ich jetzt nicht mehr am Leben, sondern tot.«

Die Freunde der Affen

Der Ältere füttert die Affen mit Weintrauben. Er wirft sie den Tieren aus einer Tüte zu, spricht mit ihnen und freut sich, daß sie ihn erkennen und auf ihn hören, jedenfalls Henry, ein Pavian, der Purzelbäume für ihn schlägt. Den kleineren Affen, die ängstlicher sind, kann man offenbar keine Kunststücke beibringen, auch wenn man sie so liebt, wie dieser Mann es tut. Sie flitzen nur voller Freude zu ihm herüber, wenn sie ihn sehen, und warten darauf, daß er ihnen Trauben in den Käfig wirft.

Der andere ist jünger, größer und weit weniger eindrucksvoll, intelligent oder zartfühlend. Er füttert ein junges Gorillaweibchen namens Mary und zwei ältere Gorillas im Käfig nebenan. Er gibt ihnen flache Schokoladenstücke, die er von einer Tafel abbricht. Sein Liebling scheint Mary zu sein, aber er liebt es sehr, sie zu necken. Das macht er folgendermaßen: Erst zeigt er ihr die Schokolade, dann geht er wie ein Hund zum nächsten Käfig und reicht sie den beiden großen Gorillas. Jedesmal, wenn er das tut, schreit Mary, springt auf und ab und ist schrecklich unglücklich. Das Ganze ist eine Art Liebesdrama. Den Leuten im Zoo gefällt es, aber viele Kinder leiden darunter. Vielleicht liegt dies daran, daß es ihnen oft genauso geht und sie sich genauso benehmen würden, wenn sie Mary wären und in einem stinkenden Käfig leben müßten, der so trostlos aussieht.

Der Schokoladen-Fütterer arbeitet im Zoo, aber er ist bloß ein Angeber, ein Schauspieler in seinem kleinen, selbstgebastelten Drama, und wie allen Schauspielern schmeichelt ihm der Beifall der Leute. Bei ihm ist alles nur Schau. Der Bursche ist einsachtzig oder einsneunzig und sollte sich wirklich mehr für die edleren Tiere, die Tiger, Löwen oder Panther und nicht für die elenden, neurotischen Affen interessieren. Er sollte jemanden ärgern, der genauso groß ist wie er.

Der Mann mit den Weintrauben arbeitet im Rahmen des WFPA-Projekts auf der Baustelle für den neuen Zoo, ganz in der Nähe. Eigentlich ist es verboten, die Tiere zu füttern, aber er ist offenbar eine Ausnahme. Man hat es ihm wohl erlaubt, während der Mittagspause die Affen mit Trauben zu füttern. Die Pfleger, die für das Wohlergehen der Affen verantwortlich sind, waren ihm gegenüber offenbar großzügig und lassen es in Anbetracht seiner echten Zuneigung und seines Respekts für die Affen zu, daß er sie mit Trauben füttert. Vielleicht bilden die Weintrauben auch eine wichtige Ergänzung im sonstigen Nahrungsangebot für die Affen. Der Mann mit den Trauben ist ungefähr fünfundfünfzig, hat die meisten seiner Zähne verloren und bewegt sich etwas schleppend. Er ist kein Schauspieler und hat auch kein Interesse daran, die Leute zu unterhalten. Schüchterne Leute, die ihm schüchterne Fragen stellen über die Affen, ignoriert er vollkommen. Er ignoriert sämtliche Leute, die Schüchternen genauso wie die Aufdringlichen. Seine Freunde sind nicht die Menschen, sondern die Affen.

Schon wenn er den Weg herunterkommt, spricht er laut mit ihnen. »Henry«, ruft er. »Wie geht es meinem Henry?

Wie geht es dir, Henry? Komm, spring einen Salto. So ist es brav. Und jetzt gleich noch einmal, ja? Henry, hopp! So ist es fein.« Dann wirft er dem Pavian eine Handvoll Weintrauben hin und geht weiter zum nächsten Käfig, in dem ein halbes Dutzend kleinerer Affen untergebracht ist. »Wie geht's euch, ihr Gangster? Hier. Da habt ihr wieder etwas Süßes«, und er wirft den kleinen Affen drei Handvoll Weintrauben hin.

Daß man irgendwelche Leute als Freunde hat, dazu gehört nicht viel, das vermag ein jeder, scheint er zu denken, aber um Affen wie Henry, die kleinen Gangster und alle anderen als Freunde zu haben, muß man etwas Besonderes sein, so wie er es ist.

Hat das alles etwas zu bedeuten? Eigentlich nicht viel. Manche Leute bemühen sich eben um Freunde, die nicht eingesperrt, ängstlich und neurotisch wie Affen sind. Und dann gibt es halt wiederum andere, die spotten über solchen eigennützigen Ehrgeiz, gewinnen lieber mit Weintrauben Freunde und haben Einfluß auf Affen.

Alles ist Geschichte, alles ist Kunst – auf die eine oder andere Weise.

24. Oktober 1938

Notizen aus vergangenen Tagen

Die Augen und Ohren der Welt

An einem Novembertag des Jahres 1935 blieb der Himmel über San Francisco am Morgen schwarz, und es gab kein Licht in der Stadt. Die Straßenlaternen brannten nicht, und so war es am Morgen, als die ganze Stadt voller Menschen war, Nacht, aber ohne die Ruhe und Freiheit der Nacht. Es war eine Stunde der Stille, denn der Morgen und die Nacht waren eins, und doch strömten die Leute in die Stadt und gingen zur Arbeit wie an jedem anderen Tag.

23. November 1935

Nach dem letzten Krieg und vor dem nächsten

Die Leute, die sich für Lyrik und Prosa, Malerei, Bildhauerei, Musik und viele andere Dinge interessierten, schienen nach dem Krieg nur sehr wenig unternehmen zu wollen, um diese Dinge tatsächlich gestalterisch hervorzubringen. Ihre größte Freude schien vielmehr darin zu bestehen, über diese Dinge zu reden und das Reden über diese Dinge zur wichtigsten Sache in ihrem Leben zu machen.

Frieden ist wahrscheinlich unmöglich oder jedenfalls nicht wünschenswert, und so lehnten sie vielleicht nicht den Konflikt als solchen, sondern nur die Art des Konflikts ab. Sie mochten die Waffen nicht, die heutzutage viel zu ungeheuerlich, viel zu wirksam und zu genau sind und die viel zuviel sinnlosen Schmerz und unvorstellbare Zerstörungen anrichten, als daß ein Sieg noch eine ästhetische Möglichkeit wäre. Sie haßten den militärischen Krieg, und sie haßten auch den ökonomischen Krieg, aber sie brauchen und wollen durchaus einen Krieg. Deshalb wählten sie den anderen Krieg.

24. Mai 1936

Vielen Dank

Die Funktion der Literatur besteht darin, die Fähigkeit der Menschen zu steigern, den Aufenthalt auf der Erde zu ertragen und vielleicht zu genießen.

Zufällig ist das aber auch die Funktion aller sonstigen Dinge, die Menschen so tun. Und wenn es diese Dinge nicht gäbe, würden die Leute entweder Mörder und Diebe oder aber neurotische Langweiler. Die Funktion des Heldentums zum Beispiel besteht doch unzweifelhaft darin, die Fähigkeit der Menschen zu steigern, die Sterblichkeit zu ertragen, und das gleiche gilt für das Bankgewerbe oder eine Tätigkeit als Hausmeister. Es geht um den Dienst: Wir alle wollen zufriedene Kunden. Wenn es Ihnen bei uns gefallen hat, sagen Sie es weiter an andere, wenn nicht, dann sagen Sie es mir.

Vielen Dank.

24. August 1936

Ein Freund meines Vaters und seine Erinnerungen

»Als ich aus der alten Heimat nach New York kam«, sagte er, »erzählten mir Freunde, es gäbe viel *para** für ehrliche Männer, aber als ich von Alice Island herunter war und auf dem Broadway mich befand, hab ich kein *para* gesehen, bloß *galabalakh**.«

»Kein *para*, bloß *galabalakh*?« fragte ich.

»Kein Geld«, sagte er. »Bloß *galabalakh*. Weißt du. *Shamata**. *Du sprichst Haiyeren, cheh*?«

»Sicher«, sagte ich. »Ich bin Armenier. Warum sollte ich nicht Armenisch sprechen?«

Ein Leben

Der neue Hut, der einem jungen Mann vom Kopf geweht wurde und vier Blocks weit rollte, ehe der junge Mann ihn wieder einfangen konnte. Die Biographie des jungen Mannes, seine Philosophie und ein kurzer Kommentar über den Zustand der Welt.

13. Juni 1937

Moskau in Tränen

Als ich im Juli 1935, aus Sewastopol kommend, in Moskau eintraf, regnete es, und ich schrieb eine Kurzgeschichte mit

---

**para* = türk. Wort für Geld; *galabalakh* = Tumult; *shamata* = Lärm dem Titel *Moskau in Tränen*. Die Russen haben mir diese Geschichte gestohlen und bis heute nicht zurückgegeben.

Wenn ich sie nicht zurückerhalte, ist sie verloren, denn ich mache keine Durchschläge. Ich halte nichts davon. Ich traue den Leuten.

24. Juni 1937

Wien

Was ich in Erinnerung behalten habe von Wien, ist ein Krüppel auf einem Motorrad, ein Gepäckträger auf dem Bahnhof, der früher einmal in New York gelebt hatte, das typische Amerikanisch mit ausländischem Akzent sprach und Kommunist war, das Dachgartenrestaurant mit dem Blick auf die Stadt, das schöne junge Mädchen, das sich am Nebentisch mit seinem Liebhaber stritt, ihre Hände und die Art, wie sie Zigaretten rauchte, die Polizisten mit Gewehren und Bajonetten.

1. Juli 1937

Jeder einzelne von ihnen war ein Idiot:
Eine Kurzgeschichte

Natürlich verstößt alles, was irgendwas wert ist, gegen Sitte und Anstand, und natürlich kann niemand irgendwas tun, das nicht ziemlich unwichtig ist, wie zum Beispiel eine nette Geschichte über irgendwelche Leute schreiben und dabei alles weglassen, was sie wichtig macht oder wenigstens menschlich, wie zum Beispiel der Schmutz und die Sorgen, die sich mit Bösartigkeit und acht oder neun anderen Sachen vermischen, wie zum Beispiel dem Mitleid, all dem eigenartigen freundlichen Mitgefühl, von dem nie jemand spricht, und all den anderen Dingen, von denen nie jemand spricht.

11. Oktober 1937

Der junge Mann mit der starken Phantasie

Ein junger Mann mit starker Phantasie wollte vor zwei- oder dreihundert Jahren in der alten Heimat einen Baum pflanzen, als plötzlich seine Phantasie in großen Sprüngen davoneilte. »Dieser Baum«, sagte der junge Mann, »ist jetzt zwar noch klein, aber bestimmt wird er wachsen. Ich wiederum werde in ein, zwei Jahren bestimmt ein wunderhübsches Mädchen kennenlernen. Ich werde sie heiraten und bald darauf Vater eines prachtvollen Sohnes werden, der ohne Zweifel genauso lebhaft sein wird wie ich. Er wird unweigerlich auf den Baum klettern, und wenn ich mich nicht sehr irre, wird er herunterfallen und sich das Genick brechen.«

Der Gedanke an diese Tragödie bekümmerte den jungen Mann so, daß er den Baum lieber nicht pflanzte.

26. November 1937

Meine Großmutter Lucy erzählt eine Geschichte ohne Anfang, Mittelteil und Schluß

Heute, am sechsundzwanzigsten Dezember 1941, dem Tag nach Weihnachten, der immer ein plötzliches Stimmungstief bringt, hat mir meine Großmutter Lucy, die gerade zu Besuch in San Francisco ist, eine neue Geschichte erzählt, und ich werde sie aufschreiben, natürlich. Aber schon während ich schreibe, muß ich mich fragen, ob Lucys Gedächtnis nicht nachläßt. Andererseits weigere ich mich zu glauben, daß ihr Gedächtnis schwindet. Ist es nicht vielmehr so, daß sie, genauso wie ich, die Geduld mit der Handlung und ihren Formeln verliert und Geschichten nur noch deshalb erzählt, weil man dabei Schmerz oder Freude empfindet?

Wir saßen am Tisch und tranken den Nachmittagskaffee, lauschten der Radioübertragung einer Rede Churchills vor dem amerikanischen Senat und dem Repräsentantenhaus und erinnerten uns an frühere Gelegenheiten, bei denen wir Kaffee getrunken hatten, vor allem an jenen Morgen vor vielen Jahren, als ich einmal acht Tassen Kaffee hintereinander getrunken hatte, während mein Onkel Melik nur eine halbe Tasse abbekommen hatte und mit der Bemerkung vom Tisch aufstand: »Du bist jetzt neun Jahre alt – wenn du in zwanzig Jahren nicht berühmt bist, werde ich diesen Vorfall nicht mehr erwähnen. Wenn du aber berühmt bist, werde ich wissen, warum. Acht Tassen Kaffee. Willst du gleich Wasser lassen oder wartest du noch ein bißchen?«

Hier setzte nun Lucy mit ihrer Geschichte ein.

Ein Mann packte seine Sachen zusammen, um in andere Länder aufzubrechen. Vor seiner Abreise fragte man ihn, welche Stadt er denn anvisierte.

»Die Stadt ohne Sorgen«, gab er zur Antwort.

»Wenn du dorthin kommst«, sagte man ihm, »dann sieh doch zu, ob du etwas tun kannst, um die Sorgen zu verringern, die meine Frau und meine Kinder mir machen. Meine Frau verlangt von mir, daß ich Erfolg habe, und meine Kinder wollen nicht glauben, daß ich kein Geld habe – ständig verlangen sie Dinge von mir, die ich ihnen nicht geben kann.«

Auf dem Weg, erzählte meine Großmutter, bemerkte der Reisende einen Apfelbaum, unter dem ein alter Mann saß. Andere Reisende traten heran, pflückten Äpfel von den Zweigen des Baumes, nahmen einen Bissen und warfen die Äpfel dann weg. Der Reisende ging zu dem alten Mann hin und fragte: »Warum nehmen sie nur einen Bissen und werfen die Äpfel dann weg?«

»Unter diesem Baum«, erwiderte der alte Mann, »liegt Gold.«

Der Reisende begann unter dem Baum zu graben. Er entdeckte eine große Menge Gold.

Hier unterbrach sich meine Großmutter. Ich wartete geduldig eine ganze Minute lang, während Mr. Churchill verschiedene Punkte besonders betonte und dabei seine Stimme erhob. Schließlich beschloß ich, meine Großmutter zum Weitererzählen zu drängen.

»Ja?« sagte ich.

»Was *ja*?« fragte sie.

»Die Geschichte«, sagte ich. »Bitte erzähle sie doch zu Ende.«

»Das ist alles«, sagte meine Großmutter. Und dann fügte sie, als ob es ihr nachträglich eingefallen wäre, hinzu: »Die Pointe liegt darin, daß alte Männer oft weise sind.«

»Ist das die ganze Geschichte?« fragte ich.

»Ja«, sagte Lucy. »Warum fragst du?«

»Na ja«, sagte ich, »der Mann wollte doch in die Stadt ohne Sorgen. Was ist denn aus diesem Teil der Geschichte geworden?«

»Nichts«, sagte meine Großmutter. »Die Leute wollen immer mal auswandern, und wenn man sie fragt, wo sie hinwollen, sagen sie halt irgendwas. Dieser Mann hat eben gesagt, er wolle in die Stadt ohne Sorgen.«

»Ich dachte, er hätte die Stadt vielleicht erreicht«, sagte ich.

Die Erklärung meiner Großmutter erschien mir unbefriedigend und mysteriös. Deshalb erkundigte ich mich nach dem Mann, der den Auswanderer gefragt hatte, wo er denn hinwolle und darum gebeten hatte, der Auswanderer möge sich um die Sorgen kümmern, die der Mann mit seiner Frau und seinen Kindern hatte.

»Was war mit dem Mann, der Sorgen wegen seiner Frau und den Kindern hatte?« fragte ich.

»Das war entweder ein Idiot oder ein Witzbold«, sagte meine Großmutter. »Das spielt keine Rolle. Es gibt auf der ganzen Welt keinen Menschen, der nicht irgendwelche Sorgen mit sich herumschleppt. Die Sorgen dieses Mannes waren von der allergewöhnlichsten Art.«

»Dann hast du vielleicht bei der Stelle mit dem Gold etwas ausgelassen«, sagte ich. »Warum lag unter dem Apfelbaum Gold?«

Meine Großmutter schien diese Frage keiner Antwort würdigen zu wollen.

»Was sagt der Mann da?« fragte sie und meinte damit Mr. Churchill.

»Er redet über den Krieg«, sagte ich.

»Und was ist damit?« fragte sie.

»Er ist aus England gekommen«, sagte ich, »um mit der amerikanischen Regierung Gespräche zu führen. Das tut er jetzt gerade. Diese Rede da hat er heute morgen gehalten. Sie wird jetzt am Nachmittag noch einmal für diejenigen gesendet, die sie heute morgen verpaßt haben. Und für diejenigen, die jetzt die Sendung verpassen, wird die Rede wahrscheinlich heute abend noch ein paarmal wiederholt. Was war denn nun mit dem Gold unter dem Baum? Hast du nicht einen Teil der Geschichte vergessen?«

Meine Großmutter Lucy dachte einen Augenblick nach und sagte dann: »Das ist die ganze Geschichte, genau, wie ich sie immer erzählt habe.«

»Das hört sich an wie eine von *meinen* Geschichten«, sagte ich.

»Sie ist vollständig«, sagte meine Großmutter. »Heute ist der Tag nach Weihnachten. Die Geschichte ist gut genug.«

»Waren die Äpfel nicht vielleicht bitter«, schlug ich vor. »Sollte man darüber etwas sagen?«

»Nein«, sagte Lucy, »die Äpfel waren sehr süß. Groß, rot und süß.«

»Warum aber haben die Reisenden dann nur einen Bissen genommen und die Äpfel anschließend weggeworfen?« fragte ich.

»Sie mochten keine Äpfel«, sagte meine Großmutter.

Das erschien mir nicht überzeugend.

»Ich glaube, du hast die Geschichte vergessen«, sagte ich.

»Ich vergesse nichts«, erwiderte meine Großmutter. »Soll ich dir erzählen, wie dein Vater im Alter von drei Jahren war? Wie er aussah und wie er redete?«

»Ich bin sicher, daß du mir berichten kannst, wie mein

Vater als Kind war«, sagte ich, »aber trotzdem habe ich das Gefühl, daß diese Geschichte von dem Reisenden und dem Apfelbaum nicht ganz vollständig ist.«

»Vielleicht fehlt ein Vogelnest im Apfelbaum?« meinte meine Großmutter.

»Möglich«, sagte ich. »Aber das würde die Geschichte bloß länger und komplizierter machen. Was sollten die Vögel denn tun?«

»Gar nichts«, sagte meine Großmutter, »oder singen vielleicht?«

»Ich habe noch nie so eine Geschichte von dir gehört«, sagte ich. »Ich werde ziemliche Schwierigkeiten haben, sie aufzuschreiben, und wahrscheinlich muß ich einen Anfang, ein Mittelteil und einen Schluß erfinden.«

»Aber wozu denn, um alles in der Welt?« fragte meine Großmutter. »Wenn du Namen brauchst, kannst du ja den Reisenden Markos, den alten Mann unter dem Baum Harkos und einen der anderen Zarkos nennen.«

»Das werde ich tun«, sagte ich, »aber deswegen hat die Geschichte noch lange keine Pointe.«

An dieser Stelle spendeten die Mitglieder des Repräsentantenhauses und die Senatoren Mr. Churchill Beifall zum Schluß seiner Rede. Ein Sprecher blendete sich ein und gab seinen Kommentar zu dem Ereignis ab. Niemand möge sich einbilden, daß es zwischen der unvollständigen Geschichte meiner Großmutter und Mr. Churchills Rede am Tag nach Weihnachten irgendeinen Zusammenhang gibt: denn den gibt es absolut nicht. Ich habe diesen Hintergrund nur deshalb mit aufgezeichnet, weil es der Wahrheit entspricht – ich wollte Churchills Rede hören und Lucys Erzählung ebenfalls. Ich hörte beide gleichzeitig. Die Geschichte hat absolut keine politische oder kulturelle Bedeutung. Obwohl ich nicht gern daran denke, wird meine Großmutter in vielleicht zehn oder zwanzig Jahren unter der Erde liegen. Letztes Jahr verstarb meine andere Großmutter, die Mutter meines Vaters, und als sie uns verlassen hatte, waren wir einsamer als vorher. Wir sprechen oft von ihr, und jedesmal wenn ich nach Fresno komme, betrachte ich ihr wunderbares altes Haus, als ob es ebenfalls zugrunde gegangen und in das Reich der Fabeln eingekehrt wäre. Lucy wird eines Tages nicht mehr sein, und es wird keine Geschichten mehr von ihr geben, die man aufschreiben könnte. Möglicherweise ist dies hier eine der letzten. Es ist denkbar, daß ich selbst dann tot bin, obwohl ich eigentlich nicht daran glaube. Falls ich lebe, bin ich vielleicht auch auf Reisen. Ich kann natürlich immer Geschichten erfinden, die mir meine Großmutter erzählt haben könnte, aber ich bin sicher, daß sie nicht so ausfielen wie die, die sie selbst mir erzählt. Niemand sonst auf der Welt könnte eine Geschichte mit so einfachen Worten beginnen: »Ein Mann packte seine Sachen zusammen, um in andere Länder aufzubrechen.«

Schon jetzt fühle ich mich wegen Lucy schrecklich einsam, obwohl sie oben in der Küche ist und sich zweifellos fragt, was ich wohl mit den ganzen törichten Fragen gemeint haben könnte, die ich ihr gestellt habe, oder ob ihr Gedächtnis sie womöglich tatsächlich im Stich läßt. Sie erinnert sich daran, wie mein Vater mit drei Jahren gewesen ist, und er wurde 1874 geboren. Die Dinge auf der Welt ändern sich, daran gibt es gar keinen Zweifel.

Der Mann, der meinen Vater in Bitlis gekannt hat

Sarkis Janian wurde am letzten Tag des Jahres 1874 geboren, und weil 1874 das Jahr ist, in dem auch mein Vater geboren wurde, ist es eines der interessantesten Jahre für mich. Ich habe mich diesem Jahr immer nahe gefühlt, die vier Ziffern 1874 waren mir immer besonders vertraut, und jedesmal, wenn ich sie irgendwo gedruckt sah, habe ich zu mir gesagt: »Das ist das Jahr, in dem dein Vater geboren wurde.« Und vom Jahr 1911 habe ich immer gesagt: »Das ist das Jahr, in dem dein Vater gestorben ist, mit siebenunddreißig.«

Sarkis Janian kannte meinen Vater in Bitlis, dann hat er ihn in Paterson, New Jersey, wiedergetroffen. Und heute, nach all diesen Jahren, wohnt er in San Francisco, nicht weit entfernt von meiner Wohnung. Ab und zu kommen seine Frau und er uns besuchen. Jedesmal wenn er ins Haus tritt, wendet er sich mir plötzlich zu und sagt: »Ich habe deinen Vater gekannt.«

»Erzähl mir von ihm«, sage ich.

»Ja«, sagt er, »dein Vater und ich waren Freunde. Wir sind zusammen schwimmen gegangen.«

Sarkis Janian ist ein sehr bemerkenswerter Mann. Er ist aufgeschlossen, geradlinig, ernsthaft, voller Witz und äußerst lebendig. Er ist, was man einen belesenen Mann nennt, und seit kurzem hat er auch zu schreiben begonnen. Er hat ein Gedicht über mich geschrieben, dessen Zeilen mit den Buchstaben meines Namens anfangen: W-i-l-l-i-e S-a-r-o-y-a-n. In armenischer Sprache natürlich. Meine Mutter las das Gedicht mir vor, und es schien recht gut zu sein – ich war sehr erstaunt und kam zu dem Schluß, daß alle Armenier ihrem Wesen nach Schriftsteller oder Dichter oder zumindest ungewöhnlich ausdrucksstark sind.

»Wahrscheinlich gibt es keinen Armenier auf der Welt«, sagte ich meiner Mutter, »der nicht schreiben kann.«

Die Briefe meiner Mutter an ihre Schwestern halte ich für die schönste Prosa, die mir je unter die Augen gekommen ist.

»Meine geliebte Schwester«, so beginnen diese Briefe.

Ich glaube, keine andere Sprache kann so rein, persönlich und würdevoll sein wie unsere Sprache. Armenisch ist eine Sprache, die keine Unaufrichtigkeit zuläßt. Es ist eine Sprache, die geschaffen wurde, um das Volk als Familie zusammenzuhalten. Wenn es heute noch Heilige gäbe, schrieben sie ihre Briefe in Armenisch, und wenn die Welt eine neue Bibel verfassen wollte, befleißigte sie sich des Armenischen. Die anderen Sprachen sind geeignet, Wissenschaft und Kultur voranzutreiben, die armenische Sprache hingegen ist geschaffen für den Ausbau und die Verbesserung der zwischenmenschlichen Beziehungen und die Veredelung des menschlichen Geistes.

(Sarkis Janian hat mich gerade nach oben gerufen. »Ich habe noch etwas vergessen«, sagte er. »Erinnerst du dich an den Priester, der gestorben ist? Er hat mir diese Schnupftabakdose gegeben. Meine Großmutter hat immer gesagt, daß Schnupftabak gut für die Augen und die Ohren ist und gegen Kopfschmerzen hilft. Außerdem bringt er Glück.« Dabei nahm er zunächst eine Prise ins linke Nasenloch und dann eine ins rechte. »Das wollte ich dir noch sagen«, sagte er. »Diese Dose mit ihren Verzierungen stammt aus der alten Heimat.«)

Ich besah mir die Schnupftabakdose, die wirklich ausgemacht schön war.

Nun sitze ich an meinem Schreibtisch, um die kleine Geschichte niederzuschreiben.

Wie ich gerade ausgeführt habe, ehe ich nach oben gerufen wurde, um die Schnupftabakdose aus der alten Heimat zu bewundern, ist die armenische Sprache eine der ganz großen Sprachen, und Sarkis Janian schreibt Gedichte in ihr.

Eines Tages habe ich ihn gefragt, wie er dazu gekommen sei, Gedichte zu schreiben.

»Nun«, sagte er, »ich habe ein Gedicht in einer der Zeitungen in Fresno gelesen und stellte zu meiner Überraschung fest, daß mir der Verfasser bekannt war. Es war ein Mann aus Van, ein Vanetsi. Mal sehen, sagte ich mir, wenn der ein Gedicht schreiben kann, dann bringe ich das vielleicht auch fertig. Also dachte ich den ganzen Tag darüber nach, und am Abend schrieb ich ein Gedicht. Ich schickte es an die Zeitung, und sie hat es gedruckt. Jetzt schreibe ich laufend Gedichte. Ich nehme einen Namen und fange die Zeilen mit den Buchstaben an, aus denen der Name besteht – das ist gar nicht so einfach. Das kann nicht jeder«, sagte er. »Schreiben können die meisten, aber keine Gedichte, in denen Buchstaben eines Namens benutzt werden. Es ist dasselbe wie mit den Leuten, die Geschichten schreiben. Geschichten schreiben können sie alle, aber keine Geschichten wie du. Nicht mit demselben Geschmack und Gefühl.«

Sarkis Janian hat eine Art Schreinerwerkstatt in der Ninth Avenue. Er ist Möbeltischler, und im Winter strömt der Ofen in seiner Werkstatt eine Wärme aus, die mich jedesmal zu ihm hineinzieht, wenn ich in der Gegend vorbeikomme. In der Werkstatt herrscht eine angenehme Atmosphäre mit einem herzhaften Geruch nach Holz, Firnis,

Leim, Sägespänen und Hitze. Manchmal ist der Mann, der meinen Vater in Bitlis gekannt hat, bei der Arbeit. Er hantiert locker und überanstrengt sich nie, er tut nichts Verrücktes, sondern bleibt immer ganz gelassen und jungenhaft; er ist in seine Arbeit so vertieft wie ein Kind in seine stummen, einsamen Spiele. Wenn er nicht arbeitet, sitzt er im Schaukelstuhl am Ofen und blättert in einer armenischen Zeitung oder Zeitschrift oder liest ein armenisches Buch.

»Oh«, sagt er. »Ich freue mich, daß du gekommen bist. Ich habe gerade an die wunderbaren Wanderungen gedacht, die dein Vater und ich in der alten Heimat unternommen haben.«

»Wo seid ihr denn so gewandert?«

»Ach«, sagt er mit einem wunderbaren Seufzer und einem verzückten Lächeln auf seinem glücklichen, jugendlichen Gesicht, »überall – überall. Wir sind durch die Stadt Bitlis gewandert, aber auch aufs Land hinaus, manchmal bis nach Gultik. Wir sind in die Berge gegangen, um Gras für die Kühe herbeizuschaffen. Auch der Tasperrgore-Brunnen war eines unserer Ziele. Oh, ja, ich habe deinen Vater gekannt. Wir sind viele, viele Male zusammen unterwegs gewesen.«

Anschließend reden wir immer noch eine Weile. Ich stelle ein Dutzend törichte Fragen, dann sage ich auf Wiedersehen und gehe. Ich frage ihn zum Beispiel, was er gerade macht, und was für eine Stimme mein Vater gehabt hat. Ich erkundige mich, wie seine Geschäfte gehen, und möchte wissen, ob er meinen Vater je lachen gehört hat. Ich frage ihn, ob die Leute direkt zu ihm in den Laden kommen und seine Tische und Stühle kaufen, und dann bitte ich ihn, ein paar Worte und Sätze zu wiederholen, die mein Vater in der alten Heimat gesprochen hat.

»Was hat mein Vater so alles gesagt?« frage ich. »Woran vermagst du dich noch genau zu erinnern?«

»An vieles«, sagt der Tischler. »Oh, er hat über so viele Sachen gesprochen. Ich kann dir im einzelnen nicht wiederholen, was er gesagt hat, aber es war eine ganze Menge.«

In Wirklichkeit hat mein Vater wahrscheinlich sehr wenig geredet, und doch kam es seinem Freund so vor, als ob er zu sehr vielen Dingen sich geäußert habe, und auf gewisse Weise hat er das wohl auch, obwohl er vielleicht den Mund überhaupt nicht aufmachte.

Ich saß gerade nach dem Abendessen am Tisch in der Küche und las etwas über den Krieg, als Sarkis Janian zu uns ins Haus kam. Als ich seine Stimme hörte, ging ich auf den Flur hinaus, um ihn zu begrüßen. Er nahm meine Hand und ließ sie gar nicht mehr los. Ich wußte, was er vorhatte, deshalb gab ich vor, mich energisch zu wehren, um meine Mutter, meine Schwester, Sarkis Janian und seine Frau zum Lachen zu bringen. Die alten Männer küssen nämlich gern den jüngeren die Stirn. Das ist eine Sitte aus der alten Heimat, und ich tat so, als hielte ich sie für schrecklich altmodisch und unangebracht bei Leuten wie mir. Ich veranstaltete eine Art Tauziehen mit ihm, bis alle mit dem Lachen herausplatzten. Aber Sarkis Janian ließ nicht locker. »Nein«, sagte er ernsthaft. »Du mußt mir erlauben, dir die Stirn zu küssen. Ich habe deinen Vater gekannt.«

»Gut«, sagte ich, und er küßte mir die Stirn.

Nachdem wir uns gesetzt hatten, sagte er: »Leute, die meine Gedichte gelesen haben, kommen zu mir und sagen: ›Was ist los? Bist du ein Dichter?‹ Und ich sage lediglich: Ja. Ein Wort nur: Ja. Dichter? Ja. Heute kam ein Brief aus New York. Eigentlich war es gar kein richtiger Brief, sondern ein Fragebogen, der an alle bedeutenden Armenier verschickt wird. Ich habe ihn ausgefüllt und zurückgeschickt. Name, Adresse, Geburtsdatum, Geburtsort und so weiter und so weiter. Eine Frage lautete: ›Was für Universitäten haben Sie besucht?‹«

»Was hast du denn darauf geantwortet?« fragte ich.

»Keine«, sagte Sarkis Janian. »Ich habe keine Universität besucht. Auf alle Fragen nach Schulen, habe ich ›keine‹ geschrieben. Ich habe nämlich nie eine besucht. Dann hieß es: ›Haben Sie jemals gelehrt?‹ Sechs Monate, habe ich hingeschrieben – denn ich habe dies in Bitlis einmal sechs Monate lang getan, da war ich achtzehn. Dann wurde gefragt, ob ich Rechtsanwalt, Arzt oder Priester sei. Und dann, ganz am Schluß, tauchte die Frage auf, ob ich Dichter sei, und meine Antwort bestand nur aus dem einen Wort: ›Ja.‹«

Soweit der Jugendfreund meines Vaters, Sarkis Janian. Ich habe mich auf sein Porträt gestürzt, damit ich es nicht über anderer Arbeit zu schreiben vergesse. Dies hier ist beileibe nicht genug – reicht bei weitem nicht für das, was ich über den Freund meines Vaters sagen sollte, aber von Rechts wegen bin ich verpflichtet, etwas ganz anderes zu schreiben, und dabei habe ich schon für diese wenigen Notizen eine geschlagene Stunde gebraucht. Das Wichtigste am Freund meines Vaters ist die Tatsache, daß er ein echter Armenier ist, daß er so ernst und so ehrlich ist, und gleichzeitig so voller Witz und so stolz auf die richtigen Dinge. Außerdem ist Sarkis Janian wirklich ein Dichter. Er ist ein echter Dichter. Sein ganzes Leben ist Dichtung.

Heute abend habe ich ihm eröffnet, daß ich gern über ihn schreiben würde.

»Ja«, hat er gemeint, »bau mich irgendwo als einen der Helden ein. Es gibt genug Platz für alle, du wirst schon irgendwo eine geeignete Stelle für mich finden.«

»Das werde ich bestimmt«, sagte ich. Und jetzt habe ich es geschafft, und deshalb kann ich an meine reguläre, wenn auch weniger angenehme Arbeit zurückkehren.

Einmal Hallo und einmal Goodbye

Viele meiner Freunde sind, was ich Hallo- und Goodbye-Schriftsteller nenne. Die Leute, über die sie schreiben, sagen ständig Hallo und Goodbye.

Das ist auch gar keine schlechte Idee.

Vor zweieinhalb Jahren zum Beispiel kam mein Sohn aus der Katholischen Schule in Beverly Hills nach Hause und sagte: »Goodbye, Schwester Rita Bernadette.«

Ich will erklären, warum er das tat.

Einmal habe ich ihn zusammen mit seiner Schwester am Freitag im Auto nach San Francisco mitgenommen, und er versäumte daher natürlich an diesem Tag die Schule. Schwester Rita Bernadette erzählte daraufhin dem Direktor der Schule, der Junge werde jeden Freitag von seinem Vater aus der Schule geholt. Mein Junge erklärte ihr, daß sein Vater das nur ein einziges Mal getan hätte, aber Schwester Rita Bernadette sagte ihm, er solle den Mund halten, und dann behauptete sie gegenüber dem Direktor noch einmal, ich machte das immer.

Sie ist eine Lügnerin.

Ich habe dies wirklich nur ein einziges Mal getan.

Jedenfalls ist das der Grund, warum mein Junge aus der Schule kam und sagte: »Goodbye, Schwester Rita Bernadette.« Er wartete einen Augenblick, und dann fuhr er fort: »Ich bin nicht versetzt worden, Papa, sie hat mich durchfallen lassen.«

Und da stand er mit seinen acht Jahren und versuchte, sich nicht anmerken zu lassen, daß er sehr unglücklich war.

»Du brauchst da auch gar nicht versetzt zu werden«, sagte ich. »Und außerdem gehst du ab sofort nicht mehr in diese Schule. Sie liegt nur zufällig in der Nähe unserer Wohnung, und deshalb dachten deine Mutter und ich, wir schicken dich und deine Schwester da hin, aber das ist jetzt vorbei. Und wenn du in deine neue Schule gehst, kommst du genau in die Klasse, in die du gekommen wärst, wenn dich Schwester Rita Bernadette nicht hätte durchfallen lassen. Du wirst also nicht sitzenbleiben.«

Und so kam es auch. Schwester Rita Bernadette konnte meinen Sohn einfach nicht leiden, das war alles. Das Merkwürdige ist, daß er die dogmatischen Sachen gar nicht so ablehnte, obwohl ihm der Katechismus zu lang war. Ich brauchte ziemlich lange, um ihm das mit der Hölle und der ewigen Verdammnis zu erklären. Ich sagte ihm folgendes: »Als erstes mußt du wissen, daß diese Dinge mit dir oder anderen Leuten wie dir nichts zu tun haben. Sie haben mit niemandem etwas zu tun, weil sie ganz einfach nicht existieren, jedenfalls nicht so, wie man euch das erzählt hat. Die schönen Dinge sind alle sehr schön, und ich begrüße sie sehr, aber die sollen dir bloß nicht einreden, du wärst ein böser Mensch oder dergleichen, denn das bist du nicht, und damit basta. Wenn du ab und zu ein schönes Gebet oder ein paar Ave Marias aufsagen willst, dann ist das völlig in Ordnung, aber denke bloß nicht, du müßtest in der Hölle schmoren, wenn du es nicht tust. Du kommst nämlich nicht in die Hölle.«

Das war das Goodbye.

Und jetzt das Hallo.

Ich habe ständig mit dem Finanzamt zu tun, denn ich konnte jahrelang meine Steuerschulden nicht zahlen, und jetzt haben sie mein Leben verpfändet.

Dauernd versuche ich, den entscheidenden Finanzbeamten ans Telefon zu kriegen, aber jedesmal, wenn ich im Finanzamt anrufe, hat das Mädchen eine andere Ausrede parat. Ich habe dem Beamten auch schon geschrieben, aber nie eine Antwort erhalten. Dann rufe ich eines Tages wieder an. Das Mädchen fragt nach, und ich bin sicher, daß sie mir gleich erklären wird, der Mann, den ich sprechen will, sei bis nächsten Dienstag verreist. Doch statt dessen ist der Mann, mit dem ich schon seit fünf Monaten reden will, plötzlich am Apparat. Seine Stimme ist voller Wärme, freundlich und klingt fast ein bißchen aufgeregt. »Hallo, George!« sagt er voller Enthusiasmus und Freude.

Es ist halb eins, und ich nehme an, George und der Finanzbeamte sind alte Freunde und werden jeden Augenblick zum Mittagessen aufbrechen. Ich habe fast ein schlechtes Gewissen, weil ich nicht George bin, wer immer er sein mag, aber es bleibt mir nichts anderes übrig, als ihm zu gestehen, wer ich bin. Ich sage es dem Finanzbeamten so direkt, so schlicht und so ernsthaft, wie es geht.

Seine Stimme verändert sich, die Freude verschwindet. Sechs Briefe hat er insgesamt von mir erhalten, in denen ich alles erklärt habe, in denen ich um ein Gespräch mit ihm gebeten habe, bei dem er und ich und die Regierung der Vereinigten Staaten eine Vereinbarung treffen können, die es mir erlaubt, meinen Verpflichtungen nachzukommen, zu arbeiten und Geld zu verdienen, damit ich meine Steuerschuld abtragen kann. Aber der Mann hat keinen meiner Briefe beantwortet, und wenn ich ihn anrufen wollte, war er angeblich stets außer Haus. Seine Sekretärin hat jedesmal versichert, er würde mich dann und dann zurückrufen, doch das hat er niemals getan. Deshalb ist es nicht weiter erstaunlich, daß sich jetzt, da ich plötzlich am Telefon bin und nicht dieser George, dieser Mittagessensfreund, den der Teufel holen soll, die Stimme des Finanzbeamten verändert. Er hat sogar die vertrautesten kleinen Worte vergessen oder kann sie jedenfalls nicht mehr aussprechen, es gelingt ihm aber mit meiner Hilfe und der seiner Sekretärin und der Telefonistin, einen Termin mit mir zu vereinbaren. In einer Woche darf ich ihn in seinem Büro aufsuchen, das fünfunddreißig Meilen von meiner Wohnung entfernt liegt.

»Hallo, George!« hatte der Finanzbeamte gerufen, und ein paar Tage später machte ich ihn genau nach, als ich meinem Jungen die Geschichte erzählte. Danach versuchte es mein Sohn jedesmal, wenn ich ihn sah, dies genauso vorzubringen, wie es der Finanzbeamte getan hatte, und dann bat er jedesmal: »Sag du es auch noch mal, Papa. Das ist die lustigste Geschichte, die ich je gehört habe. ›Hallo, George!‹ Was hast du daraufhin zu ihm gesagt, Papa?«

»Ich sagte: ›Hier spricht William Saroyan.‹«

Mein Sohn sprang lachend auf. »›Hier spricht William Saroyan.‹ Also nicht George, dein alter Freund, sondern ein verrückter Bursche, der die Steuern für zehn oder zwanzig Jahre schuldig ist.«

»Drei«, korrigierte ich, und mein Junge schüttete sich erneut vor Lachen aus.

»Bloß drei«, sagte er, »mehr nicht? Bloß fünfzig- oder sechzigtausend Dollar, mehr nicht? Hallo, George! Wer ist dieser George? Vielleicht ist er ein Dieb.« Mein Junge sagte all die Dinge, die er von mir gehört hatte über die Geschichte, und lachte, bis er nicht mehr konnte.

Das waren einmal Hallo und einmal Goodbye.

Es gibt noch viel mehr davon, aber ein Hallo und ein Goodbye sind für diesmal genug, glaube ich.

Ein Augenblick der Freude und Freiheit

Ich hatte meinem Sohn und meiner Tochter einen Ausflug versprochen. Es war Sommer, es waren Ferien, und sie sollten selbst bestimmen, wo es hingehen würde.

Wir standen morgens um halb vier auf, denn Kinder, die einen Ausflug machen, brechen gern früh auf. Ganz zu schweigen von Schriftstellern. Wir fuhren in Malibu los, wo ich ein Haus am Strand habe. Es ist ein kleines Haus, und es steht auf Pfählen im Sand. Wenn Flut ist, reicht das Meer bis unter das Haus. Die Hälfte der Menschheit würde vermutlich gern nach Malibu kommen, um Ferien zu machen, aber wir schlugen die Haustür hinter uns zu, drehten dem Meer den Rücken zu und fuhren davon.

Wie nicht anders zu erwarten, kamen uns auf dem Highway eine Menge Autos aus der anderen Richtung entgegen, von denen viele ohne Zweifel auf dem Weg nach Malibu waren.

»Wir fahren nach San Francisco«, sagte mein Sohn. »Und wo wollen *die* wohl hin?«

»Nach Malibu«, sagte ich.

»Wo liegt Malibu?« fragte meine Tochter.

Sie waren beide aufgeregt und hellwach, doch gleichzeitig befanden sie sich noch im Halbschlaf.

»Tja«, sagte ich. »Malibu, das ist da, wo unser Haus steht, zum Beispiel.«

»Und wo noch?« fragte der Junge.

»Ungefähr fünfundzwanzig Meilen den Highway hinauf und hinunter.«

»Wo ist denn die *Stadt* Malibu?« fragte das Mädchen.

»Es gibt keine Stadt«, sagte ich. »Am Highway gibt es hier und da einen Laden oder eine ganze Gruppe von Läden, aber in Malibu kann man nirgendwo um den Block laufen.«

»Warum nicht?« fragte der Junge.

»Weil es keinen gibt, um den man herumgehen könnte.«

»In Beverly Hills«, sagte das Mädchen, »kann man um viele Blocks herumlaufen.«

»Beverly Hills liegt ja auch nicht am Highway. Vielleicht ist Malibu gar keine richtige Stadt.«

»Aber wenn es keine Stadt ist«, sagte der Junge, »was ist es dann?«

»Fünfundzwanzig Meilen Highway am Meer«, sagte ich. »Leute in Häusern, die auf Sand gebaut sind... Warum legt ihr euch nicht auf den Rücksitz, wenn ihr schlafen wollt?«

»Schlafen?« protestierten sie beide. »Wer will denn hier schlafen?«

Trotzdem schliefen sie innerhalb von fünf Minuten fest ein. Das Mädchen benutzte mein Bein als Kopfkissen, der Junge legte sich auf den Rücksitz.

Kurz vor Sonnenaufgang wachten sie wieder auf. Wir waren auf dem Highway 101 kurz vor Ventura.

»Wie lange haben wir geschlafen?« fragten sie.

»Ungefähr eine Stunde.«

»Haben wir etwas verpaßt?«

»Ein paar Kleinigkeiten, nehme ich an, aber ich habe auch etwas verpaßt.«

»Was denn?« fragte meine Tochter.

»Was ihr in euren Träumen gesehen habt.«

»Können zwei Menschen denselben Traum träumen?« wollte mein Sohn wissen.

»Alle Menschen träumen denselben Traum.«

»Welchen?«

»Sie träumen von Freiheit und Freude, und wir sitzen hier in der schönsten Freiheit und Freude in unserem eigenen Auto und brausen bei Sonnenaufgang den Highway hinunter und haben keinerlei Sorgen.«

Wir begannen zu singen. Nach einer halben Stunde bekamen wir Hunger und machten uns über die Sachen her, die ich als Frühstücks- oder Mittags- oder Sonst-irgendwann-Proviant eingepackt hatte: Milch, hartgekochte Eier, Käse, Brötchen, Äpfel, Bananen, Rosinen, Kekse, Lakritze und Kaugummi. Die beiden wußten nicht recht, womit sie anfangen sollten. Sie entschieden sich für Lakritzstangen, aber ich legte ein Veto zugunsten von Käsebrötchen und Milch ein.

»Aber du hast doch eben von Freude gesprochen«, sagte das Mädchen. »Und Lakritzstangen machen uns Freude.«

»Aber Brot und Käse doch auch.«

»Lakritzstangen aber noch mehr.«

»Eins nach dem anderen, erst die kleine, dann die große Freude. Für Lakritze ist immer noch Zeit.«

Der Wagen rollte rasch, mühelos und leise dahin, und so fuhren wir am 1. Juli flott über den Highway 101 in Richtung San Francisco.

Beim Autofahren hat man Gelegenheit zu ausgedehnten,

bücherfüllenden Gesprächen, und während unserer zehnstündigen Fahrt hatten wir gleich mehrere davon. Beim Reisen kommt man ins Reden. Das ist einer der Gründe, warum es so beliebt ist.

Der Junge sagte: »Du bist doch pleite, Papa. Woher hast du eigentlich diesen schönen neuen Ford?«

»Ich habe ein Geschäft gemacht mit den Leuten von Ford.«

»Was für ein Geschäft?«

»Ich habe ein paar Geschichten für diesen Wagen in Zahlung gegeben.«

»Junge, Junge!« meinte mein Sohn. »Ich werde auch mal Schriftsteller.«

»Bloß nicht«, sagte ich.

»Was hast du gesagt?« fragte er.

»Ich sagte, das ist der schönste Beruf auf der Welt.«

»Wo ist denn Malibu jetzt?« fragte das Mädchen.

»Wo es immer gewesen ist.«

»Was war Malibu früher?«

»Früher?«

»Bevor du da hingezogen bist«, sagte das Mädchen.

»Nein«, sagte der Junge, »nicht: bevor *du* da hingezogen bist, sondern bevor irgend jemand da hingezogen ist.«

»Damals war Malibu ein Geheimnis«, sagte ich.

»Was meinst du damit?« fragte der Junge.

»Kann ich jetzt eine Lakritzstange haben?« sagte das Mädchen.

Immer weiter rollte der Wagen, und auf dem Weg von Malibu nach San Francisco sahen wir viele Städte, Straßen und Menschen, und wir dachten viele Dinge und sagten viele Dinge und ließen noch mehr unausgesprochen, denn man kann einfach nicht alle wunderbaren Dinge aussprechen, die einem so einfallen. Man kann es einfach nicht. Man behält sie für sich. Man versteckt sie, zusammen mit all den anderen Geheimnissen. Wie dem Geheimnis von Malibu, ehe dort irgendwer lebte, oder dem Geheimnis der Freude, die darin besteht, sich ins Auto zu setzen und wegzufahren nach Monaten harter und qualvoller Arbeit.

Hayastan und Charentz

Zwei Dinge trieben mich im Frühjahr 1935, als ich sechsundzwanzig war, nach Armenien: die Rastlosigkeit des Schriftstellers und das Bedürfnis eines Sohnes, den Geburtsort des Vaters gesehen zu haben.

Der Grund, warum ich schließlich tatsächlich losfuhr, war freilich viel simpler: Ich konnte es mir leisten. Mit meinem Schreiben hatte ich im Schweiße meines Angesichts endlich Geld und zugleich das Recht erworben, soviel herumzureisen, wie es mir paßte.

Ich hatte immer schon zu viele Dinge auf der Welt schlecht, die menschliche Natur zu mangelhaft und das menschliche Leben zu langweilig gefunden, um nicht rastlos zu sein.

Niemand hatte mich jemals beeindruckt, auch wenn ich viele Leute amüsant oder nett fand. Die netten Leute waren im allgemeinen Schwächlinge, und die amüsanten Leute waren fast unweigerlich unehrlich oder schlau oder beides.

In gewisser Weise war es, glaube ich, ganz gut, daß mein Vater nicht mehr lebte, denn es ist ziemlich unwahrscheinlich, daß ich nicht auch an ihm erhebliche Mängel entdeckt hätte. Aber da er tot war, dachte ich oft an seine guten Eigenschaften und ignorierte seine schlechten vollkommen: seine Unfähigkeit, in der Welt vorwärtszukommen, auf einfache Menschen einzugehen, die Welt mit einem Körnchen Humor zu betrachten und über sie zu lachen.

In meiner Kindheit und Jugend war mein Vater einfach ein guter Mensch, der im Alter von siebenunddreißig Jahren gestorben war.

Niemand sagte je ein böses Wort über ihn, so daß ich schließlich selbst versuchte, mit Fragen nach seinem Leben und seiner Arbeit kritische Kommentare zu provozieren. Ich hatte damit wenig Erfolg. Das Schlimmste, was die Leute über meinen Vater sagen mochten, war, daß er zu gut für diese Welt gewesen sei. Ich akzeptierte diese Theorie mit Bewunderung und Unglauben, und nahm mir gleichzeitig vor, sobald wie möglich in das Land zu reisen, aus dem er stammte.

Nachdem mein erstes Buch erschienen war, hatte ich endlich Gelegenheit dazu.

Ich fuhr mit dem Zug von San Francisco nach New York und von dort aus mit dem Schiff nach Europa.

Ich wußte natürlich, daß die Sowjetrepublik Armenien nicht mehr das Armenien meines Vaters war, und daß ich in Bitlis nicht mehr in seine Stadt kommen würde. Es genügte mir damals schon, wenigstens in die Nähe seines Geburtsortes und in ein Gebiet namens Armenien zu kommen, das von Armeniern bewohnt wurde.

Als ich von Kiew über Charkow, Rostow, Ordschonikidse, Tiflis und Eriwan nach Süden fuhr, erfüllte eine große Erwartung mein Herz, und zugleich große Sorge, so, als ob ich auf dem Weg in jenes ehemalige Land sei, wo meine ganze Familie und vor allem mein Vater mit aller Kraft gekämpft hatten und schließlich gescheitert waren. Seine Niederlage hatte meinen Vater nach Amerika getrieben, wo er noch heimatloser wurde als vorher.

Je weiter der Zug nach Süden kam, desto mehr Armenier stiegen zu. Sie zu sehen und ihnen zuzuhören bereitete mir allein schon ein großes Vergnügen, aber die größte Freude bestand darin, mit einer ganzen Familie oder ein paar jungen Männern zusammenzusitzen, an ihren Gesprächen teilzunehmen und mit ihnen zu lachen.

Nur ein Armenier im gesamten Zug war ein politischer Mensch. Es handelte sich um einen sehr alten und berühmten Nationalökonomen, der Bücher geschrieben und an verschiedenen Universitäten gelehrt hatte. Aber selbst dieser stille, zurückhaltende Mann entwickelte hinsichtlich der politischen Theorien, mit denen er sich beschäftigt hatte, keinerlei fanatischen Eifer. Er war ein gebildeter, witziger Mann mit einer Weltläufigkeit, die darauf hinwies, daß er ökonomische Theorien zwar gern untersuchte, aber keineswegs den Eindruck vermitteln wollte, daß ihm die eine wichtiger sei als die andere. Er kritisierte oder lobte das politisch-ökonomische System der Sowjetunion genauso wie das der Amerikaner.

Um mir die schrecklichen Mängel der amerikanischen Wirtschafts- und Gesellschaftsordnung erklären zu lassen, war ich schließlich auf einen elfjährigen Knaben in der Halle des Hotels »Neues Eriwan« angewiesen, über den ich später noch sehr viel nachgedacht habe. Es ist nicht ausgeschlossen, daß er inzwischen einer der bedeutendsten Männer der Sowjetrepublik Armenien geworden ist, ja vielleicht sogar der Sowjetunion überhaupt. Ich fand ihn nicht einmal übermäßig abstoßend, obwohl ich allzu gescheite Knaben im allgemeinen nicht ausstehen kann. Ich fragte ihn zum Spaß, ob er Geige spielen könne, und freute mich herzlich, als er sagte, er habe keine Zeit für solche Nebensächlichkeiten. Mein Lachen entlockte ihm nicht mal ein Lächeln. Er stellte lediglich fest, die Amerikaner lachten nur deshalb ununterbrochen, weil ihre Wirtschafts- und Gesellschaftsordnung von Widersprüchen beherrscht wurde und sie nicht wußten, was sie dagegen tun sollen. Ich sagte ihm schließlich ganz energisch, er solle sich fortscheren.

Einige Stunden nach meiner Ankunft in Eriwan ließ ich mich in einem Mietwagen mit Chauffeur zum Kloster Etschmiadsin fahren, wo ich einen alten Mann traf, der eine schwere Muskete mit sich herumschleppte. Er sagte, er sei der Aufseher und müsse die Ruinen einer nahegelegenen Kirche bewachen, die, glaube ich, Zwartnotz Wank hieß. Wir gingen in den Ruinen umher, bis wir zu einem Aprikosenbaum kamen. Der alte Mann schüttelte ihn, und ein halbes Dutzend kleiner Aprikosen fiel ins Gras unter dem Baum. Wir hoben sie auf und aßen sie, und der alte Mann sagte, die Aprikosen seien klein dieses Jahr. »Letztes Jahr«, sagte er, »waren sie auch schon klein, aber nicht so klein wie dieses Jahr.« Als wir hinter den Ruinen das freie Gelände erreichten, fragte ich: »Wo liegt Bitlis?«

Der alte Mann sah mich an, und ich sah ein Lachen in seinen Augen aufsteigen.

»Deine Familie kommt aus Bitlis, nicht wahr?«

»Ja«, sagte ich.

Rechts lag der Berg Ararat. Der alte Mann wandte sich ein wenig nach links und blickte weit über die sanft gewellte Ebene und ihr goldenes Gras hin. Er machte seinen rechten Arm steif und hob ihn dann langsam, als ob er ein mechanischer Wegweiser sei, der speziell konstruiert worden war, um die Richtung nach Bitlis zu zeigen. Dann wurde sein Arm zum Gewehrlauf, über den hinaus er ein fernes Ziel anvisierte.

»Bitlis«, sagte er. »Immer geradeaus. Wenn du sechs Tage und sechs Nächte lang läufst, kommst du nach Bitlis. Marschiere nur los.«

Ich mußte laut lachen. Er hatte offenkundig diese Vorstellung sowohl zu seinem eigenen wie meinem Vergnügen gegeben und lachte jetzt selbst leise.

Man hört oft von Leuten, sie seien richtige Originale, wie sie im Buche stünden. Ich behaupte nichts dergleichen über den alten Mann. Er war ein Mann, wie ihn die armenische Erde und das armenische Leben hervorbringen, ein ungebildeter Bauer, der ein hartes Leben hinter sich hatte. Dennoch hatte er als erstes sein Aprikosenbäumchen geschüttelt, um mit mir, einem Fremden, das wenige zu teilen, was er besaß.

In Eriwan blieb ich sechs oder sieben Tage, dann mußte ich meine Reise fortsetzen: nach Tiflis, nach Batum und dann mit dem Schiff nach Sewastopol am Schwarzen Meer, von da mit dem Zug weiter nach Moskau.

Ein oder zwei Tage nach meiner Ankunft in Moskau brachte mich eine junge Frau vom Intourist-Büro zu Yeghishe Charentz, der im besten Hotel der Stadt eine Suite mit Balkons bewohnte. Das »Neue Moskau«, mein eigenes Hotel, lag etwas südlich vom Roten Platz, hinter der Basilius-Kathedrale auf dem anderen Ufer der Moskwa. Nördlich des Roten Platzes, im Herzen der Stadt, lag das Hotel, in dem Charentz damals wohnte. Die junge Frau fuhr mit dem Fahrstuhl mit mir in den dritten oder vierten Stock. Wir gingen zusammen den Korridor entlang und blieben vor einer offenen Tür stehen. Irgendwo aus dem Inneren tauchte Charentz auf. Er lächelte, und wir schüttelten uns die Hände und sprachen armenisch. Dann sagte er etwas auf russisch zu meiner Begleiterin, und sie sagte auf englisch, sie werde uns jetzt allein lassen und in ungefähr einer Stunde zurückkommen.

Das war an einem Juninachmittag im Jahre 1935, und seither ist Charentz mir nicht aus dem Kopf gegangen. Ich wollte gleich damals über ihn schreiben, aber ich habe aus mehrerlei Gründen darauf verzichtet. Mein Bericht hätte mißverstanden werden können, und das hätte ihn möglicherweise in Verlegenheit gebracht, hätte Angst, Schwierigkeiten und eventuell Unglück für ihn bedeutet. Dafür wollte ich nicht verantwortlich sein. Ich konnte nur von Jahr zu Jahr darum beten, daß sein Schicksal nicht stärker war als er selbst. Ich war sehr dankbar für die Möglichkeit, ihn überhaupt kennengelernt zu haben. Obwohl er mich nie darum bat, nicht über ihn und die Sowjetrepublik Armenien oder die Sowjetunion überhaupt zu schreiben, bin ich fest überzeugt, daß ihn nur sein Mut und sein Stolz davon abgehalten haben. Ich glaube zu wissen, daß er mir deshalb so offen, herzlich und tapfer begegnete, weil er auf meine Diskretion baute. Außerdem wollte ich schon deshalb nicht über ihn schreiben, weil er ein Dichter ist, dessen Werk ich nicht kenne, denn er hat armenisch geschrieben, und das kann ich nicht lesen. Und schließlich habe ich ihn auch nur drei- oder viermal gesehen.

Ein paar Dinge glaube ich aber dennoch über ihn sagen zu dürfen. Gleich eingangs möchte ich feststellen, daß es mir nicht gelang, darüber hinwegzusehen, daß Charentz von sehr kleiner Gestalt war und außerordentlich häßlich. Ich bin sicher, daß Charentz gemerkt hat, daß dem so war, aber er ließ mich nicht spüren, daß er sich meiner Gedanken bewußt war. In weniger als einer Minute war er auf einmal verwandelt und kein kleiner Mann mehr. Seine Körpergröße war vollkommen irrelevant. Und er sah nicht mehr häßlich aus, sondern schön. Seine Stimme besaß sehr viel Wärme, und seine Augen blickten offen, flink und intelligent. Charentz war nicht länger ein Männchen mit einem großen, grotesken Kopf und einer gewaltigen Hakennase, sondern eine lebendige Persönlichkeit, die zufällig in diesem Körper steckte. Ich war sehr stolz darauf, daß ich mich in seiner Gegenwart aufhalten durfte, und er wiederum ließ mich merken, daß er stolz darauf war, mich bei sich zu haben. Ich möchte damit freilich keineswegs den Eindruck erwecken, als ob unsere Unterhaltung etwas mit routinierter Herzlichkeit zu tun gehabt oder wir uns gegenseitig mit Komplimenten eingedeckt hätten. Ganz im Gegenteil. Wir hatten uns als Landsleute und Schriftstellerkollegen kennengelernt, aber die routinemäßige Höflichkeit blieb rasch beiseite und wir sprachen miteinander, als seien wir schon seit langem Freunde, die sich eben nur noch nicht begegnet waren.

Mit einem Wort, ich mochte Charentz auf Anhieb, und, was noch wichtiger war, ich spürte, daß er ein wirklich großer Mann war. Menschliche Größe läßt sich nicht leicht erklären, und oft genug irrt man sich in den Vorstellungen über jemanden, den man gerade kennengelernt hat. Charentz erschien mir groß, glaube ich, weil er aus einer Mischung von erstaunlichen Tugenden und amüsanten Mängeln bestand. Seine geistige Unabhängigkeit wurde durch eine heitere Weltläufigkeit ausgeglichen, seine scharfe Intelligenz durch eine starke Neugier, die ihn oft fast naiv erscheinen ließ, sein gütiges Wesen durch eine ironische Boshaftigkeit, die man irrtümlich für grob halten konnte. Aber er war niemals grob, er war witzig, und seine Ironie hatte vor allem die Aufgabe, ihn vor falschem Pathos und Schwulst zu bewahren. Er war rasch und genau, und man spürte die Leidenschaft und Gewalttätigkeit in seinem Wesen – die Gewalttätigkeit eines schöpferischen Menschen, dessen leidenschaftliche Wahrheitsliebe von unüberwindlichen Kräften genarrt und gequält worden ist. Diese Kräfte schienen einen klugen und doch sehr unbehaglichen Pragmatismus in moralischen Fragen erzwungen zu haben.

Ich muß vorausschicken, daß ich schon bei vielen prominenten Armeniern, denen ich in Armenien und in Rußland begegnet war, bei allen Gesprächen mit mir eine gewisse Vorsicht beobachtet hatte. Wenn ich zum Beispiel eine mir ganz unverdächtig erscheinende Frage nach den Lebensbedingungen der Armenier in dieser oder jener Stadt stellte, erhielt ich oft genug eine sehr vorsichtige, ausweichende, vielleicht sogar mißtrauische Antwort. Das war eine völlig neue Erfahrung für mich, aber bald begriff ich die Notwendigkeit solcher Vorsicht.

Charentz hingegen waren solche Vorsichtsmaßregeln gleichgültig. An jedem Punkt der Unterhaltung sagte er genau das, was ihm notwendig dünkte, und seine Ausführungen waren voll von solchen Widersprüchen, die das Kennzeichen eines freien Geistes sind, der seine Freiheit nicht vorzeitig aufgeben will. Gleichzeitig sagte er oft genug Dinge, die ganz unnatürlich und fremd klangen, doch mir fiel auf, daß er dabei stets leise in sich hineinlachte oder vor sich hin murmelte. Ich fand sein Armenisch nicht schwierig und konnte ihm folgen, obwohl er sehr schnell sprach, denn seine Worte waren von großer Schlichtheit. Mein eigenes Armenisch schien er auch nicht verwirrend zu finden. Keine einzige Bemerkung mußte ich wiederholen oder umformulieren.

»Sie schreiben englisch«, sagte Charentz, »aber Sie sind ein armenischer Schriftsteller.« Ich stimmte ihm zu und sagte, obwohl ich seine Werke nicht lesen könne, hätte ich den Eindruck, daß er zwar armenisch schreibe, sein Werk dennoch aber zur Weltliteratur zähle. Charentz sagte: »Vielleicht, wir wollen es hoffen, obwohl es mir völlig genügen würde, ein armenischer Schriftsteller zu sein.« Natürlich wird niemand erwarten, daß ich mich noch an die genauen Worte erinnere, die Charentz und ich damals vor zwanzig Jahren gewechselt haben; und ich weiß sie auch nicht mehr. Aber die Bedeutung dessen, was wir gesagt haben, ist mir zum größten Teil noch ganz gegenwärtig, und ich werde sie niemals vergessen, auch wenn die konkreten Worte längst nicht mehr im Zusammenhang stehen. Zum Beispiel erzählte mir Charentz, daß er seine ersten Arbeiten widerrufen habe, und ich sagte ihm, das sei ohne Bedeutung, denn seine Arbeiten führten längst ein Eigenleben, das er genausowenig beenden könne wie ich. Charentz sah mich an und lächelte flüchtig. »Ja«, sagte er, »das ist wahr.«

Als er sagte, er habe seine frühen Werke widerrufen, hatte ich den Eindruck, er erwarte von mir, daß ich ihm glaubte. Aber als ich ihm widersprach, hatte ich das Gefühl, daß er sehr froh darüber war, daß ich ihm nicht glaubte. Und so verliefen alle unsere Gespräche. Der größte Wert der Gespräche lag nicht in dem, was tatsächlich gesagt wurde, sondern in der eigentlichen Bedeutung, in dem, was im Hintergrund stand und was vielleicht durch eine Pause, einen Blick oder eine Betonung mitgeteilt wurde.

Charentz erschien mir voller Energie und Ideen, er strotzte vor Kraft und Gesundheit, aber schon im nächsten Augenblick merkte ich ohne jede Verwunderung, daß sein Geist voller Unruhe und sein Körper geschwächt war. So entschuldigte er sich plötzlich, weil er seine Medizin einnehmen müßte. Er sagte das ohne Verlegenheit und gab auch keine Erklärungen ab. Ich ging auf den Balkon hinaus und beobachtete einige Minuten lang die Menschen, die unten auf der Straße vorbeigingen. Dann kam er mir nach, und wir setzten unsere Unterhaltung fort, als habe es keine Unterbrechung gegeben. Aber hinterher mußte ich unweigerlich darüber nachdenken, was er eigentlich für ein Leben geführt hatte – wie er als Kind, als Knabe und junger Mann gelebt haben mochte –, und mir wurde bewußt, daß sein Leben von Anfang an mit Schmerzen, Sorgen, Enttäuschungen, Wut, Bitterkeit, Haß und all den anderen Dingen belastet gewesen sein mußte, die den einen umbringen und den anderen groß machen. Sein Lachen auf dem Balkon war so herzlich wie immer, aber jetzt hörte ich die große, fast unerträgliche Angst und Sorge darin mitschwingen.

In Eriwan hatte ich viele junge und alte Armenier kennengelernt, und ich hatte bei allen den Eindruck, daß sie zu meiner Familie gehörten, auch bei denen, die ich persönlich nicht mochte. Aber erst in Moskau stieß ich auf einen Armenier, der nicht nur als Person höchste Ansprüche stellte, sondern zugleich auch so zivilisiert, wertvoll, intelligent, unruhig und unglücklich war, daß er als Symbol für den unzerstörbaren Geist und das Leben der armenischen Kultur in aller Welt gelten konnte. Ich dachte, wie schön es wäre, wenn Charentz nach Amerika kommen könnte, zu einem Besuch, oder um da zu leben. Er lächelte über diese Vorstellung und schüttelte kaum merklich den Kopf. »Ich bin hier«, sagte er. »Sie sind da drüben. Wieder andere sind an anderen Orten. So soll es auch bleiben.«

Ich sah in Charentz meinen Bruder, und das ist bis heute so geblieben. Ich habe viele Schriftsteller in zahlreichen

Ländern kennengelernt, aber mir ist keiner begegnet, der mich mehr beeindruckt hätte als Charentz. Seine Werke kenne ich immer noch nicht, und über sein Leben weiß ich nur wenig. Dieser kleine Bericht über ihn ist ganz unpolitisch. Ich mochte ihn. Ich bewunderte ihn. Ich war stolz darauf, sein Landsmann und sein Kollege als Schriftsteller zu sein. Ich bin seinem Andenken treu.

Der Mantel

»Der Mantel gehört meinem Bruder«, sagte er. »Ich möchte ihn aber zurückkaufen, ehe Sie schließen. Wann schließen Sie heute abend?«

»Punkt sechs«, sagte der Mann. »Sie haben den Mantel nicht versetzt, sondern verkauft. Aber weil Sie es sind, können Sie ihn für fünf Dollar zurückhaben.«

»Okay.«

Er rannte von der Sechsten Straße zur Dritten ins »Kentucky« und setzte sich an den Vierteldollar-Tisch. In weniger als einer Stunde waren aus seinen drei Dollar für den Mantel vierfünfundachtzig geworden. Sobald er es auf sechs Dollar gebracht hatte, wollte er zur Sechsten Straße laufen, den Mantel abholen, zurückkehren, wieder einsteigen und aus dem übrigen einen Dollar zehn machen. Mit den zehn konnte er zu Turk gehen und dort spielen. Mit ein bißchen Glück würde er aus den zehn Dollar fünfzig machen und morgen den Zug nach Fresno besteigen. Wenn er dann noch auf die richtigen Pferde setzte, stand ihm die ganze Welt offen.

Er spielte bis zwei Uhr morgens und lief dann vier Meilen im strömenden Regen nach Hause.

Sein Bruder erwartete ihn schon auf der Treppe.

»Was hast du mit meinem Mantel gemacht?«

»Ich habe ihn verkauft«, sagte er. »Das Geld habe ich beim Spielen verloren. Drei Dollar.«

Sie prügelten sich in der Halle und auf der Treppe und krachten immer wieder schwer gegen die Wände. Sein Bruder erwischte ihn bös am Auge und dann noch an der Oberlippe.

Und dann warf er seinen Bruder kopfüber die Treppe hinunter.

Sein Bruder stand auf, warf ihm einen Blick zu und ging aus dem Haus.

»Ich habe mich nur mit ihm geprügelt, weil er mich dazu gezwungen hat«, sagte er. Dann ging er ebenfalls die Stufen hinunter. Als er zurückkam, lag sein Bruder schon im Bett, aber er wußte, daß er nicht schlief. Er legte sich ins Bett, und nach einer Stunde sagte er: »Ich mache es bestimmt wieder gut, irgendwann. Denkst du, ich hätte nicht gewußt, daß du im Recht warst? Aber was soll ich machen? Auch wenn ich schreibe, brauche ich genauso Geld wie jeder andere Mensch. Du weißt, ich wollte mich nicht mit dir prügeln, aber ich weiß, dir blieb nichts anderes übrig. Ich mache es bestimmt wieder gut, irgendwann.«

Am nächsten Tag stand er morgens um neun schon im Laden. »Heute ist Samstag«, sagte der Mann, »da ist immer viel los. Sie haben den Mantel verkauft. Wenn Sie ihn jetzt wiederhaben wollen, ist mir das recht. Aber ich kann ihn Ihnen nicht zurücklegen. Er steht zum Verkauf an.«

»Ich möchte ihn kaufen«, sagte er. »Was kostet er denn?«

»Sieben Dollar fünfzig will ich dafür haben«, erklärte der

Mann, »aber wenn Sie mir jetzt sechs Dollar geben, können Sie ihn von mir aus mitnehmen.«

»Im Moment geht das noch nicht«, sagte er. »Doch wenn ich bis sechs Uhr die sechs Dollar zusammenhabe, geben Sie mir dann den Mantel für sechs?«

»Wenn ich ihn bis dahin noch nicht verkauft habe«, sagte der Mann. »Samstags habe ich bis abends um neun offen.«

Er ging zum »Kentucky« und setzte sich ohne einen Cent in der Tasche an den Spieltisch. Wenn er verlor und nicht zahlen konnte, war er erledigt. Das erste Spiel lief, und er hätte um ein Haar verloren. Das zweite hätte er beinahe gewonnen, das dritte gewann er, und damit war die Gefahr fast vorüber – die schreckliche Gefahr der unausweichlichen Demütigung, wenn die anderen merkten, daß er sich ohne Geld an den Spieltisch gesetzt hatte. Ein paar Runden später gewann er noch einmal ein Spiel, und nach drei Stunden hatte er mehr als einen Dollar beisammen. Aber was nutzte ihm denn ein Dollar?

Er ging über die Straße zum Buchmacher und wettete einen halben Dollar auf Panther Rock. Das Pferd wurde jedoch bloß zweiter. Dann setzte er sein letztes Geld auf Earl of Warwick. Diesmal gewann er, aber die Quote betrug nur sechs für zwei. Er hatte jetzt also anderthalb Dollar, aber er hatte Angst. Er hatte Angst, weil er Glück hatte, aber nicht genug Glück. Er wußte, wie rasch es wieder vorbei sein konnte. Er wollte den Mantel seines Bruders zurückhaben. Er wollte mit niemandem darüber reden. Er wollte bloß, daß der Mantel wieder an Ort und Stelle hing, wenn sein Bruder das nächste Mal in den Schrank sah.

Sein Bruder hatte nur diesen einen Mantel.

Als es Viertel vor sechs war, besaß er etwas mehr als fünf Dollar. Als es Viertel vor neun war, hatte er sechs Dollar.

Kurz vor Mitternacht und um ein Uhr nachts waren es immer noch sechs Dollar. Er mußte es unbedingt auf sieben Dollar fünfzig bringen. Dann konnte er beruhigt nach Hause gehen und am Morgen den Mantel abholen – falls ihn der Mann bis dahin nicht schon für sieben Dollar fünfzig verkauft hatte.

Um fünf Uhr morgens kam er fast völlig blank nach Hause.

»Mach noch ein Fenster auf«, sagte sein Bruder. »Du stinkst nach Kneipe.«

»Ich mach es wieder gut«, sagte er. »Denk nur nicht, ich wüßte nicht, daß du recht hast.«

Als er am Morgen aufstand, wollte niemand mit ihm reden. Er ging zur Kirche und hörte sich den Gottesdienst an. Als der Kollektenteller vorbeikam, sah er, daß ungefähr sieben Dollar drauflagen, und gab ihn weiter. Das Geld in seiner Tasche, die fünfunddreißig Cent, benötigte er selbst. Er brauchte es jedenfalls dringender als die Presbyterianer. Er würde alles wiedergutmachen, auch bei den Presbyterianern.

Als er wieder nach Hause kam, war seine verheiratete Schwester zu Besuch da.

»Hör mal«, sagte sie, »was du getan hast, ist nicht recht. Um Himmels willen, werde doch endlich vernünftig. Hier ist ein Dollar.« Er nahm den Dollar und betrachtete ihn, gab ihn seiner Schwester wieder zurück.

»Ich habe Geld«, sagte er, »und du hast schließlich Familie. Ich kann kein Geld von dir annehmen.«

»Nimm es nur«, sagte sie. »Morgen kannst du dir einen Job suchen. Vergiß endlich diese blöde Schriftstellerei. Aus dir wird nie ein Schriftsteller. Such dir einen Job, nimm dir eine Freundin, heirate und werde glücklich. Was hat es denn für einen Sinn, so weiterzumachen wie bisher?«

Am nächsten Tag suchte er sich einen Job und arbeitete die

ganze Woche, aber die Mittagspause verbrachte er stets im »Kentucky«. Am Ende der Woche hatte er elf Dollar. Er ging zu dem Mann in der Sechsten Straße, aber der Mann hatte den Mantel verkauft. Genauer gesagt, er hatte den Mantel vergessen, aber nach einiger Zeit erinnerte er sich und sagte, er hätte ihn schon lange verkauft.

Am nächsten Montag ging er ins Emporium-Kaufhaus und fand auch einen Mantel, der so ähnlich wie der seines Bruders aussah, doch kostete er zwanzig Dollar.

Er ging ins »Kentucky« und spielte bis Mitternacht. Er verlor drei Dollar, den Whiskey nicht eingerechnet, den er trank und bezahlte.

Eines Tages kam sein Bruder mit einem neuen Mantel nach Hause.

»Ich mache es wieder gut«, sagte er, aber sein Bruder wollte darüber nicht reden. Er sprach über andere Dinge, nur darüber nicht.

Einmal fragte sein Bruder: »Was hast du heute geschrieben?«

»Nichts«, sagte er.

»Wenn du ein Schriftsteller werden willst«, sagte sein Bruder, »dann solltest du aber was schreiben.«

»Ich weiß«, sagte er, »und denk daran, eines Tages kriegst du dein Geld wieder.«

»Vergiß das mit dem Mantel«, sagte sein Bruder. »Setz dich bloß hin und schreibe. Wenn du ein Schriftsteller bist, mußt du schreiben.«

»Danke«, sagte er. »Das werde ich niemals vergessen.«

Notiz über zeitgenössische Dichtung

Mit diesem Telegramm möchte ich dir mitteilen:
Königin Liloukalini hat *Aloha oe* gesungen
(»Lebe wohl!«).

Ich singe für Königin Liloukalini
und nicht »Lebe wohl!«, weder dir
noch der Königin

Außerdem sollst du wissen,
König Kamehameha hat die Insel erobert.
(Mit der Ukulele, wie ich vermute.)

Ich werde weiterhin singen
Aloha oe, was bedeutet:
Auf Wiedersehen.

Was meinst du?

Der Theologiestudent

Ich begegnete dem Theologiestudenten vor rund einem Vierteljahrhundert in den Stücken gewisser russischer Autoren. Tolstoi, Dostojewski, Tschechow, Andrejev und Gorki schrieben selten ein Stück, in dem der Theologiestudent nicht aufgetreten wäre. Der Theologiestudent schien der Autor des Werks selbst zu sein, der mit einem amüsierten, aber bewundernden Blick auf seine Jugendzeit zurückschaute. Es war sicher angenehm, einen solchen Mann um sich zu wissen: jung, nervös, blaß, des öfteren pickelig, so gar nicht schön, lächerlich und kläglich, schlecht gekleidet, schlecht ernährt, gierend nach Tee, erfüllt von der Mär von Himmel, Hölle und Erde und bei alledem ein Mann, von dem man erwarten durfte, daß er Leben in die Dinge brachte, denn er war im Innersten ein Teufel.

Er rang gewiß ständig und verzweifelt mit der Sünde, die in der überwältigenden Sehnsucht zu bestehen schien, die Mädchen zu küssen, eine Sehnsucht, die ihn immer unfehlbar verstörte und die Mädchen immer unfehlbar verwirrte. Einige der Mädchen waren Frauen mit Kindern, älter als er selbst. Die mochten ihn sehr gerne, weil er ungeschickt war, unerfahren und untauglich und somit ein Spaß für sie. Mehr aus Fürsorglichkeit denn aus Leidenschaft gestatteten sie ihm, in ihren Armen schwer zu atmen, bloß um am späteren Nachmittag dahinterzukommen, daß er sich zu töten gedachte. Seine Eigenheit, ihnen nervös ins Gesicht zu husten, ließ sie aufschreien: »O Alexander Alexandrowitsch!« – was er für eine Liebeserklärung nahm. Er machte sich durch seine unpassenden Äußerungen und sein ungezügeltes Verlangen, nicht gut zu sein, in Gesellschaft unbeliebt.

Er erwies sich aber jedem Dramatiker als nützlich, insofern es ihm ganz natürlich erschien, zu erklären, warum die Menschheit litt.

In Tolstois Stücken schob der Theologiestudent die Schuld am Leid der Menschheit den Frauen zu, und dann und wann ging er so weit, bestimmte Teile ihrer Körper zu erwähnen, von denen die Männer so mächtig angezogen wurden, daß sie ihre ungeteilte Aufmerksamkeit weder

Gott noch ihrem Grund und Boden zu schenken vermochten; und dann, in einem anderen Stück, ließ Tolstoi den Theologiestudenten die Schuld etwas anderem zuschieben.

Einmal, glaube ich, war es die Eisenbahn, die die Menschen in Versuchung führte, auszureißen. (Selbstverständlich vor den Frauen, obwohl der Autor nur weinende Kinder und Mitglieder der örtlichen Behörden erwähnte, die unablässig und höchst unaufrichtig Leute begrüßten.)

Ein andermal schrie der Theologiestudent, dessen stärkste Anregung in einer Tasse Tee bestand, daß der Mensch um seines Magens willen ein Tier sei, und fuhr fort zu fragen, ob es kürzlich jemandem aufgefallen sei, wie häufig Menschen essen gingen, wieviel kostbare Zeit beim Essen oder bei dessen Vorbereitung draufgehe und welches Unbehagen einem mit Fleisch, Getreide, Grünzeug, Käse, Wein und Wasser im Magen drohe.

Dostojewskis Theologiestudent behauptete, daß der Mensch leide, weil schon seine Geburt eine nervöse Störung dargestellt habe.

Aber das Beste aus der Gruppe war der Theologiestudent von Gorki, denn er haßte einfach alles, was das Leben elend machte, und alles machte das Leben elend. Der Theologiestudent übte sehr logisch Kritik an Gott, worauf eine andere Seite Gorkis, die sich in einer anderen Figur des Stücks verkörperte – ein sechzigjähriger notorischer Verschwender, der kürzlich ein Buch von A bis Z gelesen hatte –, eine Attacke gegen die Regierung ritt und ihr die Schuld dafür zuschob, daß er so alt und krank war, indem er tiefsinnig bemerkte, daß er einmal dreißig gewesen sei – nein, sogar weniger als das – zwanzig! Aber was nun? Ein lächerliches Ding in einem lächerlichen schwarzen Mantel. Mit bedeutungsschwerem Blick durch den Raum auf Tatania Lvovna, achtzehn Jahre, und einen Hauch Bewunderung in ihr entdeckend.

Nachdem ich den Theologiestudenten kennengelernt und ihn als einen seltenen Vogel schätzen gelernt hatte – in keinem Punkte sehr verschieden von irgend jemand anderem, den ich aus Stücken russischer Autoren kannte –, begann ich mich zu fragen, was er angeblich studierte. Was immer es war, studierte er halb- oder ganztags? Studierte er zu Hause oder im Seminar? Oder nannte man ihn einen Theologiestudenten, nur weil er so jung war? Keiner von den Stückeschreibern brachte genügend Licht in alles das, außer, daß er darauf hinwies, der Theologiestudent strebe die Vervollkommnung an.

Letzten Endes zog ich für mich daraus den Schluß, daß er Theologiebücher studiere und beschloß, ihm nachzueifern.

Ein winziger Balkon im Zwischenstock mit einem dicken Glasboden war in der Stadtbibliothek von Fresno der Theologie gewidmet. Die enge Treppe zu dieser Abteilung zu erklimmen, war, wie auf ein kleines, schlingerndes Schiff hinaufklettern zu müssen. Kam man dort an, war das Gefühl, auf hoher See zu sein, sehr deutlich, und die anderen Gesichter schienen wie von einem leichten Fieber erhitzt, als ob sie alle etwas seekrank seien und ihr Möglichstes versuchten, um nicht zu speien. Sie waren sicher schwindlig von der Höhe, von der heißen Luft und von den engen Gängen zwischen den Bücherreihen. Ich schloß mich ihnen an, indem ich jedes Buch auf den Theologie-Regalen zu untersuchen anfing.

Ein jedes Buch schien mir entmutigend, aber ich scheute mich, auch nur eines von ihnen auf seinen Platz zurückzustellen, ehe die Vernunft mir sagte, daß es Unsinn war und nirgends etwas von dem versteckt, wonach ich suchte.

Wonach suchte ich? Es fiel mir nicht gleich ein – wem fällt schon sofort viel ein – seien wir ehrlich –, aber ob ich es mit noch so vielen Worten sagen konnte oder nicht, ich suchte sehr entschieden eine Theologie, die ich selbst geschrieben oder eines Tages hätte schreiben können. Will sagen, ich suchte nach der meines Erachtens einzig wahren Theologie. Robert Burns hatte es schon mit schottischem Sinn für Sparsamkeit zusammengefaßt, aber die Bemerkungen von Dichtern vergißt man allzugerne.

»Ein Mensch ist ein Mensch trotz allem«, war treffend genug, und die Bemerkung schloß die Möglichkeit, darüber zu lachen, mit ein, aber ich stellte mir vor, daß es einen eingehenderen Vortrag zu dem Thema gab.

Doch es gab ihn nicht.

Die Millionen Worte in den Hunderten von Büchern waren wenig mehr als glatter Unsinn. Dennoch nahm ich nach jedem Besuch drei bis vier Theologiebücher mit nach Hause, die sich meinem Gefühl nach als nicht völlig unsinnig entpuppen könnten, und ich schmökerte in ihnen, bis ich überzeugt davon war, daß der Autor nicht weniger lächerlich als irgendein Gotteswissenschaftler aus irgendeinem Stück eines russischen Autors war.

Es gibt keinen armseligeren Schriftsteller als jenen, dessen Leidenschaft es ist, die Dinge zu komplizieren, und die Theologie schien darin zu bestehen, die Dinge zu komplizieren. Wenn es auf den Glauben ankam, warum glaubte man nicht einfach und ließ es dabei bewenden? Swedenborg schuftete wie ein Pferd und schrieb einige Millionen Worte, die nur die Wirkung haben konnten, daß keiner seiner Leser je wieder ein Lächeln fertigbrachte, ein Lächeln, das auch eine Art Theologie war, wenn auch unkomplizierter, aber sicher nicht bedeutungsloser als Swedenborgs zwei Millionen Worte.

Was alles mich nun zu der Handlung dieser Kurzgeschichte führt.

Als ich eines Abends von der Öffentlichen Bücherei heimging, stieß im Frachtbahnhof von Santa Fé ein Mann auf mich, der zutiefst kompliziert und verzweifelt theologisch war.

»Wissen Sie«, rief er mir aus zwanzig Yard Entfernung zu, »daß heute nacht die Welt untergeht?«

»Um welche Zeit?« rief ich zurück.

»Die genaue Stunde weiß ich nicht«, sagte der Mann, »aber irgendwann in dieser Nacht.«

Von seinen Schultern wischte er sich Staub, der ihn bedeckt hatte, als er von einem Frachtzug abgesprungen und hingefallen war.

»Sind Sie gerade angekommen?« fragte ich.

»Ja, aber ich wurde vor siebenundzwanzig Jahren hier geboren«, sagte der Mann.

»Sind Sie für den Untergang der Welt bereit?« fuhr er fort, indem er dazu überging, den Staub von seinen Hosen abzuklopfen.

»So bereit wie ich für alles sonst bereit bin«, sagte ich. »Sind Sie bereit?«

»Das ist der Jammer«, sagte er. »Ich bin es nicht. Ich bin es ganz und gar nicht.«

Plötzlich fiel der Mann zu Boden.

»Wissen Sie, wo die Erste-Hilfe-Station ist?« fragte ich.

»Hinter der Polizeistation am Broadway, gegenüber der Öffentlichen Bücherei, aber wenn Sie dort nicht hin wollen, können Sie ins Bezirkskrankenhaus gehen. Es liegt auf der anderen Seite des Ventura Boulevard, auf dem Kirmes-Platz, aber ich nehme an, Sie wissen, wo das alles ist. Ich wohne auf dem Weg zum Bezirkskrankenhaus, und ich gehe bis zu meinem Haus mit Ihnen. Vielleicht nimmt Sie ein Autofahrer mit.«

Der Mann stützte sich auf mich, und wir stolperten schweigend an Inderrieden's Dried Fruit Packing House vorbei. Beim Überqueren des Ventura Boulevard stürzte er wieder, und ein Autofahrer hielt an. Der Fahrer stieg aus, kam auf den Mann zu und sagte: »Was ist los?«

»Er muß zu einem Arzt«, sagte ich. »Er ist verletzt.«

Der Fahrer half mir den Mann in den Wagen heben. Auf dem Weg zum Bezirkskrankenhaus griff der verletzte Mann nach einem der drei Bücher, die ich mir von der Stadtbibliothek geliehen hatte und schlug es auf.

»*Entweder-Oder*«, las er, »von Sören Kierkegaard. Wer ist das?«

»Ich weiß es nicht«, sagte ich.

»Man müßte diese Leute kennen«, sagte der Mann.

Er begann im Buch zu lesen. Als wir das Krankenhaus erreichten, hielt er das Buch so fest, daß ich mit Sicherheit annahm, er habe es beschädigt und das Mädchen in der Bücherei würde den Schaden betrachten, dann mich und sich fragen, was geschehen sei, aber kein Wort sagen.

Der Fahrer des Wagens – ein Mann, der auf dem Weg zum Krankenhaus zu verstehen gegeben hatte, daß sein Name August Bockbell laute, ein Name, den ich nie vergessen konnte, vielleicht weil der Fahrer in dem Gefühl, daß der andere starb, sein eigenes Leben zum besten gab, einschließlich des Beinahe-Mordes an seinem Bruder wegen eines Taschenmessers – half dem Verletzten in die Aufnahme und machte sich dann mit der Entschuldigung davon, daß er fortmüsse.

Ich schloß mich ihm nicht an, weil der Verletzte immer noch in dem Buch las, das ich in der städtischen Bücherei entliehen hatte, und ich fand, es wäre unter diesen Umständen roh gewesen, wenn ich es jetzt zurückverlangt hätte. Er las das Buch mit unglaublicher Schnelligkeit. Als der Verletzte der Krankenschwester und einem jungen Mann in einem weißen Mantel, der nicht gerade wie ein Doktor aussah, folgen mußte, ging ich ihnen einen Gang hinunter bis zu einer Schwingtüre nach, teils aus Sorge um den Mann, teils aus Sorge um das Bibliotheksbuch. An der Schwingtüre sagte mir die Krankenschwester, daß ich in die Aufnahme zurückgehen möge. Ich wollte sie darum bitten, daß sie mir zu meinem Buch verhelfe, aber ich sagte statt dessen: »Er wird durchkommen, nicht wahr?« Die Krankenschwester machte drohende Bewegungen, als wollte sie sagen: »Keine schwierigen Fragen zu diesem schwierigen Zeitpunkt, bitte.«

Ich ging in die Aufnahme zurück und setzte mich.

Als ich die zwei übrigen Bibliotheksbücher durchging, stellte ich fest, daß meine Bibliothekskarte mit meinem Namen und meiner Adresse in dem Buch von Kierkegaard lag, das der Verletzte mitgenommen hatte. Meine Bibliothekskarte war mir so wichtig wie einem Reisenden sein Paß. Ich hatte auf das Buch nur zehn oder fünfzehn Minuten warten wollen, aber als ich entdeckte, daß meine Bibliothekskarte drin steckte, entschloß ich mich, falls nötig, zwei Stunden zu warten.

Aber ich mußte noch länger warten, in welcher Zeit ich schrecklich hungrig – tatsächlich halb krank vor Hunger – und zudem sehr ärgerlich wurde. Erstens ärgerte ich mich über die Krankenschwester, die die Aufnahme alle zehn oder fünfzehn Minuten verwirrt und aufgeregt betrat und nicht hören wollte, was ich ihr zu sagen hatte, oder sich über den Zustand des verletzten Mannes ausschwieg. Nach einer Weile begann ich mich über den Verletzten selbst zu ärgern, ob er nun durchkam oder nicht – denn er war äußerst ungehörig mit einem Buch abgezogen, daß ich, auf meine Ehre, in dem gleichen Zustand, in dem ich es übernommen hatte, der städtischen Bücherei zurückzustellen verpflichtet war. Schließlich ärgerte ich mich über Kierkegaard, einen Mann, von dem ich überhaupt nichts wußte, außer daß er ein Buch mit dem seltsamen Titel *Entweder-Oder* geschrieben hatte.

Nachdem ich mehr als drei Stunden auf die Rückkehr meines Buches gewartet hatte, betrat die Krankenschwester die Aufnahme und kam in einer Weise auf mich zu, die unfehlbar offenbarte, daß sie mich anzusprechen beabsichtigte, und sie fing damit an, indem sie eine hoffnungslos entstellte Version meines Namens von sich gab.

»Ja?« sagte ich.

»Er ist tot«, fuhr sie fort. »Dr. Humpkit (das zumindest glaubte ich zu hören) tat sein Möglichstes, aber es war nichts mehr zu machen.«

»Das tut mir leid. Was ich Sie bitten wollte, war, mir mein Buch zurückzugeben.«

»Welches Buch?«

»Das Buch von Kierkegaard.«

»Er sagte, es gehöre ihm. Jedenfalls steckt seine Bibliothekskarte mit seinem Namen und seiner Adresse drin.«

»Die Karte in dem Buch ist meine Karte«, sagte ich. »Warum bringen Sie alles durcheinander? Ich war mit diesen drei Büchern auf dem Heimweg von der Stadtbibliothek, als ich im Frachtbahnhof von Santa Fé auf diesen

Mann traf. Er war gerade von einem Zug abgesprungen und hatte sich verletzt. Also half ich ihm bis zum Ventura Boulevard, wo er hinfiel, und ein Autofahrer hielt an und brachte uns hierher. Im Wagen griff er nach einem der drei Bücher, die ich in der Stadtbibliothek entliehen hatte und hielt es fest. Nun ist er tot, und nur weil zufällig meine Bibliothekskarte in dem Buch steckte, gaben Sie ihm meinen Namen. Na, es tut mir leid, daß er tot ist, wer immer er gewesen sein mag, aber ich hätte trotzdem gern mein Buch zurück.«

»Er selbst nannte uns seinen Namen«, sagte die Krankenschwester. »Ich trage ihn in die Krankengeschichte ein. Das Buch stellen wir für ihn der Stadtbibliothek zu.«

»Und Sie sind in die Schule gegangen!« sagte ich, weil ich so verärgert war und hungrig, verließ das Krankenhaus und wandte mich heimwärts.

Als ich vor unserem Hause ankam, sah ich in der Straße viele Wagen. Das Haus war voller Onkel, Tanten und Vettern aus allen Stadtteilen.

Mein Onkel Khosrove erblickte mich als erster, denn er saß allein auf den Stufen der hinteren Veranda und rauchte eine Zigarette.

Er sprang auf und brüllte, so laut er konnte, durch das Haus: »Ich sagte ja, daß es ein Irrtum sei. Da ist er ja, und ganz der Alte, nur sehr ausgehungert.«

Jedermann im Hause kam herbeigestürzt, und dann, sobald sie mich gesehen hatten, rannten sie alle zurück, um den Tisch zu decken.

Nachdem ich, was mein Magen fassen konnte, gegessen hatte, fragte meine Mutter sehr behutsam: »Warum kamen sie mit einem Rettungswagen vorbei und sagten, du seist gestorben?«

»Hätte ich gewußt, daß sie mit einem Rettungswagen kämen«, sagte ich, »wäre ich mitgefahren, anstatt um zehn Uhr nachts mit leerem Magen drei Meilen weit zu marschieren. Sie vergaßen, mir zu sagen, daß sie mit einem Rettungswagen kommen würden.«

»Wir waren in schrecklicher Sorge um dich«, sagte mein Onkel Zorab.

Das war zuviel für meinen Onkel Khosrove.

»Wir waren in schrecklicher Sorge um dich!« spottete er. »Als uns der Mann vom Krankenhaus mitteilte, du seist gestorben, fürchteten wir, daß du dich nicht wieder erholen könntest.«

Er wandte sich an meinen Onkel Zorab.

»Warum redest du solchen Unsinn?« sagte er. »Ist es möglich, sich um jemanden zu sorgen, der schon tot ist?«

Mein Onkel Zorab räusperte sich nervös, um dann zu sagen: »Nun, ich kann nur sagen, daß wir uns um ihn Sorgen machten, und nun ist er wieder da!«

»Mann«, brüllte mein Onkel Khosrove, »wirst du denn nie die einfachsten Sachen begreifen? Ein Irrtum ist passiert, wie ich sofort gesagt habe. Deine Sorge brachte keinen toten Mann wieder zum Leben. Der Junge war das Opfer einer dieser typischen Verwicklungen in unserem Lande. Bevor du das jetzt endlich einsiehst, ist gar nicht abzusehen, welche furchtbaren Verdrehungen sich in den nächsten Jahren in die Wiedergabe dieses familiären Zwischenfalls einschleichen werden. Nun, da der Junge sein Abendessen hatte, soll er uns alles der Reihe nach erzählen, und dann wollen wir einer nach dem anderen in unser eigenes Haus und unser eigenes Leben heimkehren. Wer immer der Verstorbene war, wir alle werden bald genug dort sein, wo er ist, und das ist recht so.«

Er wandte sich an mich. »Nun erzähl uns, wie es kam, daß uns die Leute vom Krankenhaus deinen Tod mit siebenundzwanzig Jahren verkündeten. Ich versuchte diesen Leuten zu erklären, daß es nicht du sein konntest, der gestorben war, denn du seist nicht siebenundzwanzig Jahre alt, aber sie erwiderten, daß du vielleicht in einem letzten Bemühen, Eindruck zu machen, siebenundzwanzig als dein Alter angegeben hättest. Wie alt bist du, und erzähl uns die Geschichte!«

»Ich bin vierzehn!« sagte ich.

Meine Tante Khatoon fing an, für den jungen Mann zu weinen, der gestorben war, indem sie darauf bestand, daß er gestorben sei, damit ich weiterleben könne, eine Theorie, die meine Mutter zornig machte. Aber mein Großvater zwirbelte seinen Schnurrbart und sagte: »Alles recht schön und gut, aber wer zum Teufel ist dieser Mann Kierkegaard, der eine so heillose Verwirrung anrichtet in diesem verlassenen und abseits gelegenen Dorf, das so gern für eine Stadt gehalten werden möchte?«

»Er ist der Mann, der eines der drei Bücher schrieb, die ich mir heute vormittag in der Öffentlichen Bücherei entlieh«, sagte ich, »aber das ist auch alles, was ich von ihm weiß.«

»Na schön«, sagte mein Großvater. »Nun, ihr alle, raus mit euch. Geht nach Hause, wo ihr hingehört. Falls ihr für ihn geweint habt, da sitzt er und bohrt zwischen seinen Zähnen, also geht nach Hause.«

Alles gab einander leichte Küsse, wie um mein Überleben festlich zu begehen; es gab freundliches Flüstern unter den Frauen; die kleinen Jungen begannen, sich im Wohnzimmer zu balgen; und dann waren endlich alle fort bis auf den alten Mann und meinen Onkel Khosrove. Diese beiden tauschten streitsüchtige Blicke, und dann sagte mein Onkel Khosrove: »Ich weiß, was du ihn fragen willst. Nun, ich werde dir die Antwort geben, damit er sich die Mühe spart. Du willst ihn fragen, was er sich dabei gedacht hat, jeden zweiten Freitag in alle möglichen Verwicklungen zu geraten, und ich will für ihn antworten, daß er sich überhaupt nichts dabei dachte. Gewisse Leute kommen schlafend auf die Welt und verlassen sie im Schlaf, und das ist sehr rücksichtsvoll von ihnen. Ein paar andere – wie beispielsweise ich und dieser Junge, mein Neffe Aram Garoghlanian – kommen im Schlaf zur Welt, und dann wachen sie eines schönen Freitags auf und sehen sich um und merken, was wir sind.«

»Was sind wir?« fragte der alte Mann höflich.

»Armenier«, sagte mein Onkel Khosrove rasch. »Könnte etwas lächerlicher sein? Der Engländer hat ein Weltreich, das er regieren muß. Der Franzose hat eine Kunst, die er ausführen oder beurteilen muß. Der Deutsche hat eine Armee, die er drillen und erproben muß. Der Russe beginnt eine Revolution, die Schweizer leiten Hotels, die Mexikaner spielen Mandoline, die Spanier kämpfen gegen Stiere, die Österreicher tanzen Walzer und so weiter und so fort. Aber was haben wir?«

»Laute Mäuler zu halten«, schlug der Alte vor.

»Und die Iren«, fuhr mein Onkel Khosrove fort, »die Iren haben eine ganze Insel, um darauf zu verhungern, die Araber Tausende von Stämmen, um sie in der Wüste zu versammeln; die Juden Wunderkinder, um sie auf Konzerttourneen zu schicken, die Zigeuner Planwagen und Karten, die die Zukunft weissagen, die Amerikaner eine chronische Nervosität, die sie Freiheit nennen. Aber was haben die Armenier?«

»Da du darauf bestehst, sag du es mir bitte«, sagte der alte Mann. »Was haben die Armenier?«

»Manieren«, sagte mein Onkel Khosrove.

»Bist du verrückt?« sagte der alte Mann. »Nichts ist unnatürlicher als ein manierlicher Armenier.«

»Ich sagte nicht gute Manieren«, sagte mein Onkel Khosrove. »Ich sagte Manieren. Das Gute oder Schlechte daran überlasse ich den anderen. Manieren ist, was wir haben, und sehr wenig von allem anderen. Du willst diesen Jungen fragen, was er sich dabei gedacht hat, jeden zweiten Freitag in alle möglichen Verwicklungen zu geraten. Dein Fragen ist Manier. Nun, frag ihn schon, ich gehe ins Arax ein paar Stunden Tavli spielen. Auch mein Gehen ist Manier.«

»Bevor du gehst«, sagte der alte Mann, »solltest du, glaube ich, wissen, daß ich den Jungen bitten wollte, daß er mir etwas von dem Buch von Kierkegaard erzählt, falls er es jemals liest. Und jetzt geh ich mit dir ins Kaffeehaus.«

Der alte Mann stand auf und gähnte wüst. Er gähnte in drei Sätzen, nach Art der Symphonien, wild, sehr langsam und schließlich abwechselnd langsam und wild.

Am nächsten Tag ging ich ins Bezirkskrankenhaus, wies mich mit großer Mühe aus, bekam das Buch zurück und nahm es nach Hause mit, um es zu lesen. Der verletzte Mann war bis Seite neunundneunzig gekommen, denn er hatte diese Seite eingeknickt, damit er die Stelle beim Weiterlesen leichter finden könne. Nach eindreiviertel Stunden Lektüre war auch ich auf Seite neunundneunzig und entschied, daß ich nicht weiterlesen wollte. Ich trug das Buch in die Stadtbibliothek zurück und wie erwartet, merkte das Mädchen am Pult den Schaden, prüfte ihn, dann mich, während ich leise pfiff, aber es sagte nichts. Ich erklomm die steile Treppe in den Halbstock und nahm meine Suche nach dem Theologiebuch, das ich zu finden hoffte, wieder auf.

An jenem Abend berichtete ich meinem Großvater, daß Kierkegaard ein Däne gewesen sein mußte, der 1813 geboren worden war und 1855 starb, nachdem er den größeren Teil seines Lebens damit zugebracht hatte, mit dem Teufel, der Kirche und den Verwicklungen der Theologie zu ringen.

»Starb mit zweiundvierzig«, sagte der alte Mann. »Mit dem Teufel zu ringen ist zerstörerisch, wie ich sehe, aber hätte er es nicht getan, wäre er vielleicht nur zweiundzwanzig Jahre alt geworden und hätte nicht einmal das Buch zurückgelassen, das er schrieb. Hast du das Buch gelesen?«

»Er schrieb mehr als ein Buch«, sagte ich. »Ich las von einem die ersten neunundneunzig Seiten, und dann hatte ich genug davon.«

»Was sagte er auf den ersten neunundneunzig Seiten?«

»Ich weiß es nicht genau, aber er scheint zu meinen, daß alles nicht genug ist.«

»So ist das mit diesen Burschen, die immer mit dem Teufel ringen müssen«, sagte der alte Mann. »Und der unselige Mann, den du gestern auf dem Santa Fé-Bahnhof trafst, was ist mit dem?«

»Er starb. Für ihn war tatsächlich gestern Weltuntergang, genau wie er voraussagte.«

»Und wie hieß er wirklich?«

»Nun«, sagte ich. »Ich habe mir hier einen Namen aus dem Eingangsbuch des Bezirkskrankenhauses herausgeschrieben, der angeblich sein Name ist, aber ich bin fast sicher, daß es sich dabei auch um einen Irrtum handelt. Nur, daß er gestorben ist, ist kein Irrtum. Ich glaube, daß er durchgekommen wäre, wenn er nicht in die Hände von

Leuten gefallen wäre, die ihrer selbst so sicher waren, und so behende als es darum ging, alles richtig durcheinanderzubringen. Ich glaube bestimmt, daß er nicht damit rechnete zu sterben, denn er knickte eine Seite in dem Buch ein, damit er weiterlesen könnte. Hier ist der Name, den ich aus dem Eingangsbuch des Krankenhauses abschrieb. Abo Mogabgab.«

»Wie kann das sein?« sagte der alte Mann. »Abo Mogabgab ist der Mann, bei dem ich meine Kleider kaufe, der Syrer mit dem Laden auf der Mariposa Street, ein Mann noch älter als ich. Hier, schau dir mal das Firmenzeichen am Saum meines Mantels an und lies mir vor, was dort geschrieben steht.«

Ich sah mir das Firmenzeichen in dem Mantel an und las laut vor: »Abo Mogabgab«.

»Ein hervorragendes Beispiel amerikanischer Tüchtigkeit und theologischer Genauigkeit«, sagte der alte Mann. »Ein Mann wurde getötet und ein Firmenzeichen beerdigt. Und dennoch, hier sind wir, alle, die wir noch am Leben sind, trotz der fürchterlichen Tüchtigkeit und der bestialischen Genauigkeit. Es war nett von dir, mir über das Kierkegaardsche Evangelium zu berichten. Ich lerne immer gern dazu, aber ich stelle fest, daß das Bauernevangelium immer noch das beste ist, was wir haben. Nun, der Wein wird so gepflanzt; so wird er gehegt und so schützt man ihn vor den Kaninchen; und so erntet man die Trauben; und so werden sie zu Wein gemacht; und so von der Sonne zu Rosinen getrocknet; und im Winter werden die Weinrankenäste so beschnitten; und im Frühjahr der Wein so gegossen. Welches andere Evangelium wäre auch nur halb so angenehm, da sich alles an der frischen Luft abspielt? Zum Teufel mit den engen Kammern, wo arme Männer sitzen und sich in

Verwirrung bringen. Wenn sie mit allem fertig sind, stehen sie dann nicht etwa auf, gehen nach Hause und essen eine Schüssel gedünsteter Rosinen mit einem Stück Schwarzbrot oder trinken ein Glas Wein zu einem Lammschlegel oder essen eine Traube mit Käse und Zwieback?«

»Ich denke ja«, sagte ich und ging heim.

Dort angekommen, arbeitete ich im Hof drei Stunden lang. Mein Onkel Khosrove saß auf den Stufen der hinteren Veranda und sah mir zu.

Zuletzt erhob er sich und sagte: »Bei Gott, was soll das nun? Warum quälst du diese alten Malaga-Reben zu Tode? Du hast sie geputzt und zugerichtet, bis sie wie der Geist eines verkommenen alten Mannes aussahen, und vor einem Augenblick noch glichen sie einem schönen, träumerischen Jüngling. Die Materie ist nur in ihren Unvollkommenheiten schön. Nur Querköpfe suchen Vollkommenheit, die der Tod ist. Laß die Vollkommenheit dich suchen. Du brauchst sie nicht zu suchen. Geh jetzt ins Haus und setz dich hin und iß eine halbe gefüllte Wassermelone. Du bist nicht vollkommen, der Wein ist nicht vollkommen, aber du kannst eine Wassermelone essen und Wasser lassen, also tu's.«

»Was für ein Unsinn«, dachte ich, aber als ich die Wassermelone aß, fragte ich mich, ob mein Onkel Khosrove nicht doch so ziemlich der beste Theologiestudent von allen war.

Der Ausländer

Hawk Harrap, dessen Vater von irgendwoher aus Kleinasien gekommen war und Gemüse und Obst von einem Pferdewagen zu verkaufen pflegte, war zu meiner Zeit in Fresno, also erinnere ich mich daran, wie er noch ein Kind in Overalls gewesen war, den *Evening Herald* austrug oder zu Boxkämpfen im Civic Auditorium schlich oder die Emerson-Schule schwänzte, um Soda-Pop auf der Country Fair zu verkaufen und einen Haufen Geld damit zu machen.

Sein Vater war Syrer, aber er bediente sich jener Sprache selten, da er eine Frau schottisch-irischer Herkunft geheiratet hatte. Harrap war sein Name in allen Schulregistern, obwohl der Name seines Vaters etwas war, das nur annähernd wie Harrap klang. Ich selbst gab ihm den Namen Hawk, weil er so schnell wie jener Vogel war, oder so schnell wie ich mir jenen Vogel vorstellte. Als wir dann zusammen auf die Longfellow Junior High School gingen, war auch der Spitzname schon in die Schulregister eingegangen. Eigentlich hatte ihn seine Mutter, nach einem verstorbenen Bruder, Hugh getauft.

An dem Tag, da ich Hawk zum erstenmal 1916 in der Emerson-Schule traf, ging er mit mir auf einen Jungen namens Roy Coulpa zu und beleidigte ihn, indem er zu ihm sagte: »Roy, du bist Italiener!« Es war nicht schlimm, daß Roy ein Italiener war. Aber Hawks Tonfall war beleidigend. Nachdem er diese peinliche und alberne Bemerkung hatte fallen lassen, stieß mich Hawk mit solcher Kraft gegen Roy, daß wir umfielen und zu ringen anfingen. Roy war überrascht und ärgerte sich, und er war so stark, daß ich mich anstrengen mußte. Der Schulhof war voller Fresno-Dreck, also wirbelten wir eine Menge Staub auf, solange jeder von uns beiden aus allen möglichen Griffen herauszukommen suchte. Der Kampf endete, als die Pausenglocke schrillte, Roy und ich erhoben uns und musterten einander. Wir sahen uns auch nach Hawk um. Wir durften uns nicht rühren, bis wir die zweite Glocke hörten, dann mußten wir uns am Schuleingang anstellen. Als eine dritte Glocke schrillte, marschierten wir in unsere Klassen. Hawk stand unter den zwei Dutzend Zuschauern. Als ich seinen Blick auffing, blinzelte er mir zu, und ich fragte mich, was zum Teufel er mir damit bedeuten wollte.

Nach der Schule gingen er und Roy und ich zum California Playground, und dort rangen wir drei zum Vergnügen miteinander.

Worauf es mir ankommt, ist, zu zeigen, daß man ihm nicht böse sein konnte.

Hawk wohnte in der O Street, also gingen er und ich zusammen heim, während Roy sich auf den Weg zu seinem Haus in der G Street jenseits des Schienenstrangs der Southern Pacific, hinter Rosenbergs Packerei, machte.

»Was bist du eigentlich?« sagte Hawk, als wir nach Hause gingen. »Nicht einmal die Lehrerin kann deinen Namen aussprechen.«

»Ich bin Amerikaner«, sagte ich.

»Zum Teufel bist du einer«, sagte Hawk. »Roy ist Italiener, ich bin Syrer, und ich glaube, du bist Armenier.«

»Sicher«, sagte ich. »Natürlich bin ich Armenier, aber ich bin auch Amerikaner. Ich spreche besser Englisch als Armenisch.«

»Ich kann überhaupt nicht Syrisch sprechen«, prahlte Hawk, »aber trotzdem bin ich ein Syrer. Falls dich irgend jemand fragen sollte, was du bist, sag ihm um Gottes willen nicht, daß du Amerikaner bist. Sag ihm, daß du Armenier bist.«

»Wo liegt da der Unterschied?«

»Was heißt, wo liegt da der Unterschied? Falls du Armenier bist und sagst, daß du Amerikaner bist, wird dich jeder auslachen. Die Lehrerin weiß, was du bist. Jeder weiß es.«

»Bist du denn kein Amerikaner?«

»Mach dich nicht lächerlich«, sagte Hawk. »Ich bin Ausländer. Mein Vater verkauft von einem Wagen herunter Gemüse.«

»Wurdest du nicht in Amerika geboren?«

»Ich wurde in Fresno geboren. Ich wurde in dem Haus auf der O Street geboren. Aber was hat das damit zu tun?«

»Nun, ich bin ein Amerikaner«, sagte ich. »Und du auch.«

»Du mußt verrückt sein«, sagte Hawk. »Aber mach dir nichts daraus, du kriegst früh genug heraus, was du im Grunde bist.«

Eines Tages nach dem Mittagessen, Monate später, hörte unsere Lehrerin, Miss Clapping, mit einemmal im Unterricht auf und sagte: »Ihr kleinen Armenier, die ihr zu Hause zu Mittag eßt, nehmt gefälligst nichts mit Knoblauch mehr. Der Gestank ist mehr als unerträglich, und ich finde mich nicht länger damit ab.«

Hawk wandte sich um, um zu sehen, wie ich die Kränkung ertrug. Tatsächlich hatte an jenem Tag mein Mittagessen aus getrockneten Auberginen, Okra und Stangenbohnen mit Lammschulter bestanden, wobei Knoblauch absolut unentbehrlich war.

Aber der Tag war nicht so kalt, daß man nicht die Fenster hätte öffnen oder die Heizung in der Klasse hätte abdrehen können. Die Klasse war stickig und überheizt.

»Machen Sie doch das Fenster auf«, sagte ich zu Miss Clapping.

Hawk gab ein Tuten des Erstaunens von sich und Miss Clapping sah mich an, als ob sie die Absicht hätte, mein Leben unverzüglich zu beenden. Der Rest der Klasse rutschte auf den Plätzen hin und her und wartete gespannt die weitere Entwicklung ab. Ich beschloß, Miss Clapping umzubringen und es damit aus dem Kopf zu haben, aber als ich überschlug, wie es zu erreichen wäre, erschien mir das Vorhaben unpraktisch. Miss Clapping trat an ihren Schreibtisch und zog das Klassenbuch zu Rate.

»Ja«, sagte sie zuletzt. »Hier ist dein Name. Ich bin sicher, daß du weißt, wie man ihn ausspricht. Gott weiß, daß ich es nicht weiß.«

Eine Kränkung mehr!

Sie klappte das Klassenbuch zu und sah mich wieder an.

»Nun«, sagte sie, »was sagtest du, als ich meinte, ihr kleinen Armenier solltet aufhören, Knoblauch zu essen?«

»Ich sagte, machen Sie das Fenster auf.«

»Vielleicht verstehe ich nicht recht«, sagte Miss Clapping, indem ihre Lippen etwas zittrig wurden.

Sie legte das Buch aus ihren Händen und nahm ein Zwölf-Zoll-Lineal zur Hand. Sie trat vom Schreibtisch weg und stand am Kopf der Reihe, in der meine Bank die letzte war.

»Nun sag einmal«, sagte sie, »was meinst du eigentlich?«

»Ich meine«, sagte ich, »daß es in der Klasse stickig ist, was immer auch irgendwer zu Mittag gegessen hat. Das Zimmer braucht frische Luft. Es ist einfacher, ein Fenster aufzumachen, als von den Leuten zu verlangen, daß sie ohne Knoblauch kochen.«

Hawk pfiff wieder, und Miss Clapping bewegte sich ohne weitere Verhandlungen die Reihe hinunter meiner Bank zu.

»Streck deine rechte Hand aus«, sagte sie.

»Wofür?«

»Für deine Unverschämtheit.«

Es traf sich gut, daß ich kürzlich die Bedeutung jenes Hauptwortes gelernt hatte.

»Ich bin nicht unverschämt gewesen«, sagte ich.

»Jetzt bist du unverschämt«, sagte die Lehrerin. »Streck deine rechte Hand aus oder ich schicke dich zum Direktor, der dir eine tüchtige Tracht Prügel verabreichen wird.«

»Das wird er nicht tun«, sagte ich.

»Er wird es nicht tun, meinst du?« sagte die Lehrerin. »Das werden wir noch sehen. Du wirst mich nicht vor dieser Klasse lächerlich machen. Streck deine rechte Hand aus.«

Miss Clapping wartete eine volle Minute darauf, daß ich meine rechte Hand ausstreckte. So viele Dinge widerfuhren ihrem Gesicht, ihren Augen, ihrem Mund, daß ich beinahe Mitleid mit ihr hatte. Ich verabscheute mich fraglos selbst, wenn ich auch wußte, daß sie sich selbst lächerlich machte.

Schließlich kehrte sie an ihren Tisch zurück und schrieb mit zittriger Hand eine Meldung, die sie zusammenfaltete und einem Mädchen mit Namen Elvira Koot zusteckte, die die Meldung entgegennahm und damit den Raum verließ. Die Klasse saß schweigend da, die Lehrerin versuchte sich damit abzulenken, daß sie in ihr Buch schaute, und ich wünschte, daß ich in einem zivilisierteren Landesteil zu Hause wäre. Schließlich kam das kleine Mädchen wieder und brachte Miss Clapping eine Botschaft, die sie las. Ich war sicher, daß der Direktor die Lage erwogen und sie aufgefordert hatte, das Fenster zu öffnen. Ich war bereit, mich dafür zu entschuldigen, daß ich ihr so zur Last gefallen war, aber als ich das bösartige Lächeln im Gesicht der Lehrerin sah, spann ich wieder an meinen Plänen, wie sie am besten umzubringen wäre, denn ich wußte, daß ich schweren Zeiten entgegenging.

»Melde dich augenblicklich beim Direktor«, sagte Miss Clapping.

Ich erhob mich und verließ die Klasse. Auf dem Gang beschloß ich, auch den Direktor umzubringen. Ich kannte ihn von weitem, einen großen Mann, wie er an Volksschulen üblich war; und ich hatte von ihm gehört, aber ich hatte nicht geglaubt, was ich von ihm gehört hatte. Es ging das Gerücht, daß er ein rechter Hahn unter den alten Hennen war, die an der Schule lehrten, und daß er gar nicht daran dachte, einem eine Chance einzuräumen, die eigene Version der Geschichte zu erzählen. Falls eine von den alten Hennen meinte, daß man Strafe verdiente, dann bestrafte einen der Hahn. Anstatt mich augenblicklich in seinem Büro zu melden, verließ ich das Schulhaus und ging heim.

Meine Mutter war in der Küche und zerschnitt ein halbes Dutzend Kohlköpfe für saure Kohlsuppe.

»Was tust du hier?« sagte sie.

»Ich will nicht mehr in diese Schule gehen«, sagte ich.

Ich bemühte mich, ihr so genau wie möglich zu erklären, was geschehen war. Meine Mutter hörte sich meine Version der Geschichte an, zerschnitt weiter die Kohlköpfe und tat sie in einen Fünf-Gallonen-Steinguttopf und streute Salz darüber und legte ein Stück Holz von einer Apfelkiste obenauf, und darüber legte sie Findlinge von Auberginengröße. Sie sagte nichts, bis ich zu Ende war, und dann sagte sie: »Geh in die Schule zurück und höre auf die Lehrerin. Sollte einmal Knoblauch in deinem Mittagessen sein, iß einen Sprossen Petersilie hinterher. Sei nicht so begierig darauf, die Ehre der armenischen Kochkunst zu verteidigen.«

Diese Haltung brachte mich in Wut.

Ich ging in mein Zimmer und kramte ein paar Dinge zusammen – ein Paar Socken, eine Schleuder, drei Kieselsteine, einen Schlüssel, den ich irgendwo gefunden hatte, ein Vergrößerungsglas und eine Ausgabe des *Neuen Testaments*, die ich in der Sonntagsschule gewonnen hatte – und schnürte sie zu einem Bündel, um davonzurennen. Ich ging zwei Häuserblocks weit, und dann kehrte ich zum Haus zurück, warf das Bündel auf die vordere Veranda, ging in die Schule und meldete mich beim Direktor.

Er verabreichte mir eine Tracht Prügel mit einem schweren Lederriemen. Nach dieser schlimmsten Kränkung, die es überhaupt gab, rieb ich mir die Augen und ging zurück in meine Klasse und saß in meiner Bank.

Nach der Schule sagte Hawk: »Verstehst du nun, wie ich das meine. Du bist ein Ausländer und vergiß das ja nicht. Ein kluger Ausländer behält, was er fühlt, für sich und tut sein Maul nicht auf. Lehrer ändern sich nicht, Direktoren ändern sich nicht, Leute ändern sich nicht. Du kannst über sie lachen, das ist alles. Die Amerikaner bringen mich zum Lachen. Ich würde nicht mit ihnen spielen, wenn ich an deiner Stelle wäre. Ich lache einfach über sie.«

Was geschieht mit einem Mann wie Hawk Harrap im Lauf der Jahre?

Nun, ich war seit einem Monat von der Armee zurückgekehrt, als ich beschloß, von San Francisco noch vor Herbst in meine Heimatstadt zu fahren und zu versuchen, das herauszufinden. Es war Mitte Oktober, und ich wollte sowieso ein paar Trauben, Feigen, Melonen, Granatäpfel und frische Rosinen essen.

Ich traf am Samstagabend in Fresno ein und rief Roy Coulpa und meinen Vetter zweiten Grades, Mug Muggerditchian, an, und lud sie zum Essen ins »El Rancho« auf dem Highway 99 gleich hinter dem Roeding Park ein.

Man schrieb 1945, und es tat gut, wieder die Luft des San Joaquin Valleys zu atmen und mit den Burschen zu reden, die ich ein Gutteil meines Lebens gekannt hatte und die ihrerseits auch gerade aus dem Krieg zurückgekommen waren.

Mug erwähnte zwei von seinen Vettern, die gefallen waren, und sprach davon, wie es deren Mütter und Väter getroffen habe; und Roy erwähnte ein paar Italiener, die ich vor langer Zeit gekannt hatte und die ebenfalls gefallen waren, und einen Jungen, der von Verletzungen an seinem Kopf und seiner Wirbelsäule so übel zugerichtet war, daß er wohl nie mehr aus den Hospitälern der Armee herauskommen würde.

Ein Ding ergab das andere, und dann erinnerte sich Roy Coulpa an Hawk Harrap.

»Hawk drückte sich vorm Einrücken«, sagte Roy, »und soweit es mich betrifft, bin ich froh, daß er es tat. Für einen Jungen wie Hawk wäre es blödsinnig gewesen, sich durch diesen Fleischwolf drehen oder sich durch eine Menge komplizierter Verletzungen verunstalten zu lassen. ›The Wink‹, eine kleine Bar auf dem Broadway, gehört ihm zur Hälfte, aber er ist nicht viel dort. Er fährt nach Hollywood oder Frisco oder Reno oder Las Vegas und hat seinen Spaß wie eh und je. Ich traf ihn in der Bar vor etwa einem Monat. Nun, ihr kennt Hawk. Er blinzelt und sorgt für sich. Er stand hinter der Bar, aber nicht im weißen Rock. Er kam heraus und setzte sich zu mir, und wir spannen ein paar Stunden lang das Garn. Als ich ihn fragte, wie es ihm gelungen sei, sich vor dem Einrücken zu drücken, er, ein Berufsringer seit drei Jahren, sechs Fuß groß, Gewicht zweihundert Pfund –

nun, ihr wißt vielleicht noch wie er immer war, auch wenn man ihn ganze zehn bis fünfzehn Jahre nicht gesehen hat. Flink und ernst, aber man weiß genau, daß er in seinem Inneren lacht.

›Roy‹, sagte Hawk, ›du weißt, die beste Zeit, um reich zu werden, ist der Krieg. Das ist keine Zeit, um ›Ja, Sir‹ oder ›Nein, Sir‹ zu sagen.‹«

»Nun, einige haben aus diesem Krieg einen Haufen Geld gemacht«, fuhr Roy fort. »Ich weiß, Hawk war es nicht allein, aber ich freue mich, daß er zumindest etwas davon abbekam.«

Roy Coulpa erzählte ein Halbdutzend Geschichten über Hawk Harrap, und dann erzählte er die folgende, die er von Hawk persönlich hatte.

Gleich nach dem Krieg begann Hawk Harrap, in seinem Knopfloch ein Verwundetenabzeichen und einen gutmütigen und dankbaren Blick in seinen Augen, an einem Stock in Hollywood herumzuwandern. Er humpelte in die besten Restaurants und erzählte schönen Mädchen widerstrebend von seinen Einsätzen auf den Salomon-Inseln, in Casablanca, bei Anzio, in der Normandie – bei der Infanterie, den Pionieren, der Marine.

Manchmal humpelte er auf dem rechten, manchmal wieder auf dem linken Bein. Manchmal zitterte er am ganzen Leib und entschuldigte sich dafür und bat jemanden um Atebrin und nahm statt dessen noch einen Scotch mit Eis an und beruhigte sich und bat wieder um Entschuldigung und meinte, daß er bald wieder ganz hergestellt sein werde – noch sechzig oder siebzig Anfälle und seine Malaria sei überstanden.

Manchmal zuckte sein Gesicht, und er bat ein schönes Mädchen, das gerade seinen Bruder Jim erwähnt hatte, diesen Namen bitte nie wieder vor ihm zu nennen, und wieder zuckte sein Gesicht, und er schüttelte den Kopf und klappte zu wie eine Muschel, bemüht um einen geheimnisvollen Ausdruck, und dann versuchte er sich soweit zu beherrschen, daß sie erriet, warum er diesen Namen nicht mehr hören konnte und was seinem besten Freund Jim Sooney beim Durchbruch bei Bastogne geschehen war.

Nun, Jim Sooney und Hawk waren alte Freunde aus der O Street. Jim war Assyrer, nicht Syrer, aber sie waren trotzdem gute Freunde.

Jim und Hawk kauften während des Krieges in Reedley hundert Morgen besten Landes und machten eine Menge Geld, indem sie Obst und Gemüse pflanzten und absetzten.

Auf ihrem Lande gab es auch ein sehr gut erhaltenes Farmhaus, in das Hawk mitunter Freunde zu einem Spielchen einlud, das dann die ganze Nacht dauerte, und eines Samstagabends nach dem Krieg war er bei Sonnenuntergang dort und wartete auf die Ankunft der Jungs. Auf dem ganzen Lande reiften die Wassermelonen, und er freute sich an ihrem Anblick. Schon bei Dunkelheit, um acht herum, saß Hawk in seinem Schaukelstuhl auf der vorderen Veranda des Farmhauses und atmete die gute Luft ein, als auf der Straße neben seinen Wassermelonenbeeten drei Wagen anhielten und aus den Wagen sich elf Jungen und Männer auf Hawks Wassermelonen stürzten. Hawk sah ihnen eine Weile zu, und dann ging er in den Schuppen und nahm das Gewehr vom Haken an der Wand. Er schlenderte über den Karrenweg seines Besitzes und ertappte alle auf frischer Tat.

Er sagte, daß er gerade erst aus Deutschland zurück sei, wo er die Achtung vor dem Menschen fast verloren hätte, und nun, da er wieder da sei und versuche, sich einen ehrlichen Dollar zu verdienen, fielen sie über ihn her, um sich für all die persönlichen Opfer erkenntlich zu erweisen, die er gebracht habe, damit der Krieg gewonnen und die Zivilisation gerettet würde. Hier wären sie nun und wollten ihm seine Melonen klauen, das Brot vom Munde seiner Kinder rauben. Er warnte jedermann davor, seinen Anordnungen nicht zu folgen oder zu versuchen, sich davonzumachen, denn er werde sonst gezielt schießen. Er habe in Deutschland eine Menge durchgemacht. Er habe zu töten gelernt, und es wäre ihm ein leichtes, jeden einzelnen von ihnen abzuknallen. Er zählte die Wassermelonendiebe immer wieder ab, indem er wie ein Irrer wiederholte: »Eins, zwei, drei, vier, fünf, sechs, sieben, acht, neun, zehn, elf, beinah ein Dutzend. Ich tötete einmal siebenundzwanzig Deutsche mit einem Maschinengewehr, und dabei hatten sie mir gar nichts getan. Nun legt euch mal hübsch der Größe nach auf die Straße.«

Einige von den Melonendieben waren vor kurzem erst aus der Armee entlassen worden und sagten es Hawk. Er riet ihnen, ihn nicht herauszufordern. Er habe noch nicht entschieden, was mit ihnen geschehen sollte, und er wolle sich zu keiner unfairen Entscheidung herausfordern lassen.

Jedermann streckte sich auf die Straße, und Hawk befahl ihnen, abzuzählen, was sie taten oder zu tun versuchten. Die kleineren Jungen von zwölf Jahren weinten nun.

Hawk sagte: »Ich wünschte, ich wüßte, was ich mit euch tun soll. Ich muß Gott um Rat anrufen. Ich möchte kein Blut an meinen Händen kleben haben, wenn es nicht Sein Wille ist.«

Jemand sagte: »Es ist nicht Sein Wille.«

»Das wissen wir noch nicht genau«, sagte Hawk, »wir sind nur arme, unwissende Menschen, die man irreführt. Gott brachte mich zurück aus Deutschland. Er wird mein Gebet erhören.«

Hawk betete also.

»O mein Gott«, sagte er, »diese Jungen, diese Männer kamen meine Wassermelonen stehlen, und ich ertappte sie auf frischer Tat. Wie du weißt, diente ich treu bei Anzio, in der Normandie und bei Bastogne, hatte fürchterliche Qualen auszustehen und wurde schlecht bezahlt. Nun, da ich endlich wieder bei meiner Frau und meinen fünf Kindern bin, kamen diese Männer, um ihnen das Brot vom Mund zu rauben. Ich erwischte sie und muß nun meine Pflicht tun. O Gott, bitte sag mir, was meine Pflicht ist. Amen.«

Nach einer Minute Schweigens sagte Hawk: »Ich danke dir, o Gott.«

Ein Mann, der im Dreck auf seinem Bauch lag, wandte seinen Kopf und sagte: »Was hat Gott gesagt?«

»Er sagte, es sei meine Pflicht, euch allesamt zu töten, und ich bedaure, daß ich meine Pflicht tun muß. Ich erwarte, daß ihr wie Männer und Jungen sterbt. Der erste Freiwillige soll strammstehen. Ich verspreche ihm einen schmerzlosen Tod.«

Niemand machte Anstalten, sich freiwillig zu melden, und die kleinen Jungen weinten bitterlicher denn zuvor und bettelten um Gnade. Schließlich erhob sich der mutigste Mann auf seine Knie, damit Hawk ihn nicht für einen Freiwilligen halte und sagte: »Um Himmels willen, Mann, ich war selbst in Bastogne. Wir bezahlen dir deine Melonen, aber tu nichts Verrücktes.«

»Fordern Sie mich nicht heraus«, sagte Hawk. »Oder ich erschieße Sie auf den Knien.«

Da kamen Jim Sooney und vier andere im Auto angefahren und stiegen aus, um sich zu überzeugen, welchen Wahnsinn Hawk diesmal im Sinne hatte.

Der Mann auf seinen Knien appellierte an Jim Sooney und die übrigen, aber Hawk befahl dem Mann, sich wieder auf den Bauch fallen zu lassen, was er auch tat.

Hawk schliff die Melonendiebe eine halbe Stunde lang, indem er einem jeden von ihnen befahl, seinen Namen, sein Alter, seine Adresse, seinen Geburtsort, seinen nächsten Anverwandten, seine Konfession, seine Blutgruppe, seine Rasse, die Höhe seiner Versicherung, seinen Lieblingskinostar, seine Kriegsauszeichnungen, seine geheimen Wünsche zu nennen und zu sagen, ob er beim Nachtisch Apfelkuchen einem Pudding vorzog.

Sagte ein Mann Apfelkuchen, sagte Hawk, der Mann tue ihm leid; sagte ein Mann Pudding, sagte Hawk, er fürchte, der Mann habe eine schlechte Wahl getroffen. Er befahl den Männern, ihre Konfession zu wechseln, und sie taten es mit Freuden.

Schließlich, weil er hineingehen und das Pokerspiel beginnen wollte, schloß Hawk mit den Melonendieben einen Handel ab. Er meinte, daß er ein paar schöne Choräle hören wollte. Sang die Gruppe gut genug, um Tränen in seine Augen zu treiben, wolle er sie ziehen lassen. Er befahl allen niederzuknien und zu singen, aber den Männern fiel nicht ein Choral ein. Zu guter Letzt begann einer von den kleinen Jungen *Näher, mein Gott zu Dir* zu singen, und die anderen versuchten, einzustimmen.

»Nicht, daß der Choral mein Herz nicht bräche«, sagte Hawk. »Aber euer lausiger Gesang. Versucht einen anderen.«

Der Junge, der anscheinend ein bis zwei Choräle kannte, begann *I love Life* zu singen, aber Hawk unterbrach ihn mit den Worten, das sei gar kein Choral, sondern eine schmutzige halbklassische Nummer. Der Junge überlegte einen Augenblick und versuchte es noch einmal. *When the Roll is Called up Yonder* sang er, und die anderen versuchten einzustimmen, aber als der Chorgesang in Stücke brach und der kleine Junge sie allesamt zu retten suchte, indem er den ganzen Choral hindurch allein weiterschluchzte und gespannt in Hawks Gesicht blickte, war Hawk noch immer ungerührt.

»Eine letzte Chance«, sagte Hawk, »ich kann euch nur mehr eine Chance geben. Ich werde einen Choral nennen, und ihr müßt ihn mit aller Kraft herausbrüllen. Hört ihr mich mit euch singen, dann wißt ihr, daß ich will, daß ihr alle weiterlebt; daß ich will, daß ihr alle heimkehrt und ein anständiges Leben im Herrn führt. Alle singen *Onward Christian Soldiers.*«

Die Melonendiebe fingen an zu singen, aber Hawk blieb drei Strophen lang stumm.

Endlich begann auch Hawk zu singen, und die Männer und Jungen sprangen auf und nahmen Reißaus, zu ihren Wagen stürzend, Türen schlagend und davonfahrend.

Dann gingen Hawk Harrap und Jim Sooney und deren Freunde in das Bauernhaus und die Pokerrunde begann.

Niemand lachte, als Roy Coulpa die Geschichte erzählte, und in seinen Augen standen Tränen, als er nicht mehr sprach.

»Was ist los?« fragte Mug Muggerditchian.

»Nichts«, sagte Roy. »Mir tun nur diese Jungen leid.«

»Hawk hatte bloß ein wenig Spaß«, sagte Mug.

»Ich meine nicht die Melonendiebe«, sagte Roy. »Ich meine die Jungen im Krieg.«

Der Anschlag

Der Anschlag war folgender:

Die L Street-Jungen hoben mitten in der Abkürzung durch Kazakians leeres Grundstück, das sich von der M Street bis zum Durchgang zwischen L und M Street erstreckte, eine drei Fuß tiefe, sechs Fuß lange, drei Fuß breite Grube aus. Sie gruben um Mitternacht, als ringsum alles schlief, damit Apkar Popcorn, wie er genannt wurde, der am Morgen diesen Pfad als erster einschlug, arglos wäre. Die Grube deckten sie mit Gipsleisten, Zeitungen und Unrat zu.

Um halb sechs Uhr morgens würden sie aus ihrem Versteck hinter Kazakians Haus Apkar Popcorn in die Grube fallen sehen.

Die L Street-Jungen, das waren die Shimshamian-Brüder, Husik und Jazyre, genannt Fussy und Jazz; die Melkonian-Brüder, Arsen und Ardash; der fette Kishmish; Shag Barekomian; Haig oder Ike Ardzrooni und Georg Vrej. Aber Fussy und Jazz Shimshamian hatten den Anschlag ausgeheckt. Der Hinterhof ihres Hauses auf der L Street lag dem Hinterhof von Apkar Popcorns Haus auf der M Street gegenüber. Zwei von ihren Hühnern waren über den Durchgang in Apkar Popcorns Garten abgewandert, und Apkar Popcorn hatte sie gefangen, aber er stritt es ab, und nun wollten dies die Jungen ihm heimzahlen.

Die übrigen L Street-Jungen wußten von den Hühnern nichts, es machte ihnen einfach Spaß, Apkar Popcorn eine Grube zu graben, also hoben sie das Loch aus und deckten es wie vorgesehen zu, und um halb sechs Uhr morgens drängten sie sich in ihrem Versteck hinter Kazakians Haus. Apkar Popcorn verließ sein Haus in der M Street jeden

Morgen pünktlich um dreiviertel sechs, und er benutzte immer Kazakians Abkürzung zur Stadt. Daher wußten die Jungen, daß sie in wenigen Minuten etwas Ungewöhnliches erleben würden.

Zwanzig vor sechs betrat eine winzig kleine Frau die Abkürzung und bewegte sich auf die verborgene Grube zu. Damit hatten die L Street-Jungen nicht gerechnet, aber das Frauchen war so plötzlich aufgetaucht und bewegte sich mit so großer Geschwindigkeit auf die Falle zu, daß es ihnen allen die Sprache raubte.

Zuletzt sagte der fette Kishmish zu Fussy Shimshamian: »Die sieht wie deine Mutter aus, Fussy.«

»Nein«, sagte Fussy, »meine Mutter ist zu Hause und bäckt Brot.«

»Ist das nicht doch deine Mutter, Jazz?« sagte der fette Kishmish zu Fussys Bruder.

»Ja, sie ist es«, sagte Jazz Shimshamian. »Was tut sie bloß auf der M Street?«

»Es ist Jazz' und Fussys Mutter«, sagten die L Street-Jungen zueinander.

»Nun, willst du sie denn nicht aufhalten?« sagte Ike Ardzrooni.

»Wie kann ich sie aufhalten?« sagte Fussy. »Sie brächte mich um.«

»Du mußt sie aufhalten«, sagte Georg Vrej. »Einer von euch muß sie aufhalten. Du kannst deine Mutter nicht einfach in eine Grube fallen lassen. Wir gruben die Grube für Apkar Popcorn und nicht für deine Mutter.«

»Jazz«, sagte Shag Barekomian, »du mußt deine Mutter davon abhalten, in diese Grube hineinzufallen.«

»Nun ist es zu spät«, sagte Fussy Shimshamian.

Die L Street-Jungen hörten auf zu atmen, um Mrs. Shokkey Shimshamian in die Grube, die sie Apkar Popcorn gegraben hatten, fallen zu sehen. Die Frau hatte nur mehr zwei bis drei Schritte zu gehen. Sie sahen ihren linken Fuß durch die trügerische Oberfläche sinken, dann plumpste jedes bißchen von ihr vorneweg auf diese Oberfläche und dann in die Grube. Sie hörten einen Schrei.

Die Falle war perfekt gestellt und abgedeckt worden, und sie hatte sich perfekt bewährt.

Sobald die Frau darin verschwunden war, machten die L Street-Jungen kehrt und rannten, was sie konnten. Sie rannten geradeaus die San Benito Avenue hinunter, über die Schienen der Southern Pacific bis zu den ersten Häusern von China Town und dort, vor Chong Jans Engroshaus, hielten sie, um über die Sache zu beraten.

Man einigte sich dahingehend, daß kein Angehöriger der Bande je bekennen sollte, das geringste über die Entstehung der Grube zu wissen, und damit hatte es sich.

Mrs. Shimshamian war nicht gerade schwer verletzt, aber sie mußte eine Woche lang das Bett hüten.

Die offene Grube blieb mehrere Jahre lang auf Kazakians Grundstück und wurde schließlich mit Abfall aus Mr. Kazakians Haus gefüllt.

Jeden Morgen um dreiviertel sechs warf Apkar Popcorn auf dem Weg zur Stadt einen Blick darauf. Es unterbrach sehr angenehm die Eintönigkeit seines Weges.

Eine Saroyan-Trilogie

Vorbemerkung

Im Jahre 1933 war überregional noch keine meiner Geschichten veröffentlicht worden, aber ich arbeitete ziemlich gut und gleichmäßig.

Ich schrieb viele Kurzgeschichten, die alle in dem Sinne experimentell waren, daß ich beim Schreiben der verschiedenartigsten Geschichten herausfinden wollte, welche Art mir am besten gelang – nur um schließlich feststellen zu müssen, daß ich mich auf keine bestimmte Form festlegen konnte.

Anfang des Jahres begann ich einen langen Roman zu schreiben, was ich aber bald aufgab, weil einerseits die armenische Tageszeitung *Hairenik* in Boston, die mich aufgefordert hatte, Geschichten zu schicken, einen Roman nicht in täglichen Fortsetzungen hätte abdrucken können, und weil mich andererseits, ganz ehrlich gesagt, das Konzept der Sache langweilte. Gegenstand des Romans sollten Leben und Schicksale dreier Armenier sein, die in drei verschiedenen Städten Amerikas endeten. Soweit ich mich erinnere, sollte Markar ein Bauer sein, der aus Moush nach Fresno verpflanzt wurde (oder sich selbst dorthin verpflanzte), ein Kaufmann aus Van wurde Kaufmann in New York, und ein Prediger/Dichter aus Bitlis (wahrscheinlich mein Vater) starb einen frühen Tod in San Francisco, wobei er nur Fehlschläge, Armut und Sorgen hinterließ.

Romane mit acht- oder neunhundert Seiten, in denen das eine oder andere Schicksal oder dergleichen verfolgt wird, sind ab und zu ganz angebracht, aber im Jahre 1933 hatte ich dazu keine Lust.

Im Oktober schrieb ich einen »Roman«, dem ich den hochfliegenden Titel *Trapeze Over the Universe* gab, und aus dem sich meine erste ganz erfolgreiche Kurzgeschichte entwickelte: *The Daring Young Man On the Flying Trapeze*. Ich schrieb sie ein paar Tage, nachdem ich den Roman abgeschlossen hatte.

Ich glaubte, ich hätte eine Chance von tausend zu eins und schickte die Geschichte an die Herausgeber der Zeitschrift *Story*, die gerade von Europa nach New York übersiedelt war. Mein Begleitbrief an die Redaktion war sehr aggressiv. Ich erklärte ihnen, sie sollten bloß nie wieder behaupten, daß sie an neuen Texten und jungen Schriftstellern interessiert seien, wenn sie meine Geschichte nicht nähmen. Ich hatte es satt, Ablehnungsbriefe und arrogante Ratschläge von unbekannten Redakteuren und unwichtigen Zeitschriften zu erhalten, in denen man mir erklären wollte, wie ich zu schreiben hätte. Ich hatte nämlich schon Ende 1932 beschlossen, niemandem mehr irgendwelche Geschichten zu schicken, sondern einfach weiterzuschreiben, bis ich dreißig war, und dann mein gesamtes Werk daraufhin zu prüfen, ob es sich lohnte, Berufsschriftsteller zu werden.

Der Grund, warum ich meinem Vorsatz untreu wurde, war einfach: Ich glaubte, daß meine Geschichte eine Chance hätte.

Auf Nachricht vom Verlag zu warten, wenn man glaubt, gewisse Hoffnungen haben zu dürfen, ist für einen noch unveröffentlichten Schriftsteller mit besonderen Freuden und Ängsten verbunden.

Andererseits ist der Beruf eines Schriftstellers – von einem noch unveröffentlichten zu schweigen – wohl immer ein bißchen verrückt, und das meine ich durchaus im klinischen Sinne.

Das fängt schon damit an, daß der Ehrgeiz zu schreiben von niemandem als ernsthafter Berufswunsch mit realen Aussichten angesehen wird. Man kann sich zum Beispiel entschließen, Arzt zu werden. Dann geht man zur Schule, studiert, macht alle Examen und wird allmählich ein Arzt. Eine organisierte Kritikerschaft, die über den Erfolg oder Mißerfolg seiner Tätigkeit öffentliche Berichte verfaßt, gibt es nicht. Jeder Arzt kann Fehler machen und trotzdem Arzt bleiben. Ja, er kann sich sogar meist auf den Schutz seiner Berufskollegen verlassen. Für den Beruf des Schriftstellers gibt es keinen formalen Ausbildungsgang. Man geht nicht zur Schule, braucht kein spezifisches Arbeitspensum zu absolvieren, um schließlich von einer Zeitschrift oder einem Buchverlag als Autor genommen zu werden, im Gegensatz zum Beispiel zu einem Arzt, der von einem Krankenhaus angestellt wird.

Die Ausgangslage für den künftigen Schriftsteller besteht also darin, zehn, fünfzehn oder gar zwanzig wichtige Jahre seines Lebens in eine mühselige Arbeit zu investieren, ohne jede Garantie dafür, daß sich diese Anstrengung nicht als völlig vergeblich erweist.

Mit einem Wort: Der künftige Schriftsteller ist kein Pragmatiker, sondern ein hemmungsloser Glücksspieler.

Das wiederum steigert seine Einsamkeit und verschärft seine Isolation, so daß er im günstigsten Falle ein harmloser Außenseiter oder ein trauriger Clown ist.

Wenn man das zwanzigste Lebensjahr hinter sich hat, erwartet die Gesellschaft in Gestalt der Familie und Freunde, daß man sich einordnet, daß man eine Stelle ausfüllt in einem akzeptablen System, daß man arbeitet, ein geregeltes

Leben führt und genügend verdient, um sich Anerkennung zu sichern, daß man seinen gesellschaftlichen Verpflichtungen nachkommt, daß man sich um eine Ehefrau, ein Eigenheim, Kinder, Karrierepläne und eine entsprechende Alterssicherung kümmert.

Niemand ist bereit, an das zu glauben, was der künftige Schriftsteller schreibt, schon gar nicht die Fachleute. (Schon der Begriff des »Ablehnungsbescheids« ist beleidigend, und sein Anblick ist für den künftigen Schriftsteller außerordentlich schmerzhaft. Ihn zu lesen ist vollkommen sinnlos; er ist ohne jede Bedeutung und soll auch gar keine haben.)

Vom künftigen Schriftsteller sagt niemand: »Er wird Schriftsteller.« Es wird einfach unterstellt, daß er es *nicht* ist, und diese Unterstellung ist außerordentlich wirksam. Der künftige Schriftsteller muß ziemlich verrückt sein, um ihr zu widersprechen und an der Theorie festzuhalten, daß er trotz der Aussichtslosigkeit seiner Bemühungen eines Tages ein Schriftsteller sein könnte – je eher, desto besser natürlich, lieber heute als morgen.

Während ich auf Antwort von den *Story*-Herausgebern wartete, bin ich jedenfalls sehr viel in San Francisco herumgewandert. Ich habe damals in der Carl Street gewohnt, neben der Polytechnic High School, ungefähr fünf Meilen vom Zentrum entfernt. Ich will mich nicht darüber auslassen, warum es für künftige Schriftsteller wichtig sein könnte, in ihrer Lehrzeit viel zu wandern, denn künftige Schriftsteller wissen sowieso nie so recht, wo sie stehen, und wenn sie viel herumwandern, dann liegt es wahrscheinlich nicht daran, daß sie es für unentbehrlich halten, sondern daran, daß sie kein Geld für die Straßenbahn haben.

Unentbehrlich waren mir jedenfalls meine Schuhe. Ich

brauchte sie mehr als alles andere, wenn man einen Platz zum Schlafen und etwas zu essen einmal ausnimmt.

Ich bin mir nicht ganz sicher, aber ich glaube, die bewußt sehr ironische Geschichte *Meine Schuhe*, in der ich mich über einen unveröffentlichten Schriftsteller lustig mache, habe ich damals geschrieben, als ich auf Antwort von den *Story*-Herausgebern wartete.

Es versteht sich von selbst, daß ich den Stoff auch zu einer ganz anderen Geschichte hätte verarbeiten können, aber das ist nun einmal die Geschichte, in der sich der Stoff gesammelt hat.

Ich will gar nicht so tun, als ob ich die Geschichte heute, zwanzig Jahre später, nicht erheblich gekürzt und den Rest überarbeitet hätte. Natürlich habe ich das auch getan. Und zwar im Interesse des Lesers, falls ich einen finden sollte. Mir selbst gegenüber habe ich als Schriftsteller keine Verpflichtung mehr, wenn der Stoff einmal auf diese oder jene Weise genutzt worden ist; verpflichtet bin ich aber dem Fremden, der sich, wie ich hoffe, eines Tages die Zeit nehmen wird, das zu lesen, was ich geschrieben habe.

Nun, im Jahre 1933 verspürte ich eine solche Verpflichtung gegenüber diesem Fremden noch nicht, und wenn ich heute recht habe, dann hatte ich damals vielleicht ebenso recht. Ich lehnte es damals strikt ab, meine Texte zu redigieren. Ich glaubte sogar, jegliche Überarbeitung sei eine Form des Betrugs, und hätte die Möglichkeit, daß alle Kunst eine Art vorsätzlichen Betrugs ist, weit von mir gewiesen. Es lohnt sich auch nicht, darüber zu streiten.

Schließlich, ein paar Tage vor Weihnachten, sah ich unseren Briefträger die Straße heraufkommen, vor meiner Haustür anhalten und etwas in den Briefkasten werfen. Die *Story*-Herausgeber hatten geschrieben. Ja, sie wollten meine Geschichte. Außerdem könnte ich demnächst einen Scheck über fünfzehn Dollar erwarten. Es wäre ziemlich schwierig, hier zu erklären, was mir das damals bedeutete. Auf jeden Fall würde es ziemlich lange dauern, deshalb will ich nur soviel sagen, daß ich, wenn ich vorher ein bißchen bescheuert war, nach der Ankunft des Briefes vollkommen durchdrehte. Allerdings hatte meine Verrücktheit jetzt eine andere Qualität, sie war gewissermaßen von höherer Ordnung.

Einerseits war ich völlig außer mir vor Verblüffung, andererseits blieb ich ganz sachlich und sah den Vorgang als eine Stufe in meiner Karriere als Schriftsteller und als Persönlichkeit, die nicht ein für allemal anonym und unbekannt bleiben wollte.

Ich begann Pläne für die unmittelbare Zukunft zu machen, insbesondere im Hinblick auf die praktische Verwendung der fünfzehn Dollar. Als ich das Geld schließlich hatte, gab ich elf Dollar für einen Mantel und den Rest für Schreibpapier, Umschläge, Heftklammern und Briefmarken aus.

Ich möchte nicht etwa den Eindruck erwecken, daß *Meine Schuhe* ein verschollenes und wiederentdecktes Meisterwerk eines seinerzeit noch unveröffentlichten Schriftstellers ist, der sich später, wie das Schicksal so spielt, als eins der ganz großen Talente erwies. Wahrscheinlich war ich als unveröffentlichter Schriftsteller schon so gut, wie ich je sein werde, obwohl ich zugeben muß, daß ich damals noch nicht so viel von der Kunst und dem Geschäft des Schreibens wußte, wie ich inzwischen gelernt habe.

Ich will auch keineswegs behaupten, daß ich nach zwanzig Jahren Schriftstellerei als Sachverständiger für diesen Beruf gelten könnte oder daß dies überhaupt ein Beruf ist, bei dem man voraussagen könnte, von welcher Qualität die Arbeit sein wird, die man in einem Jahr leistet, und wieviel man damit verdient.

Der Beruf ist bis zum heutigen Tage genauso unlenksam und unvorhersehbar geblieben wie ich selbst.

Schuhe sind auch heute noch sehr wichtig für mich, und obwohl ich inzwischen ein halbes Dutzend besitze, darunter ein brandneues Paar, das sich seit sechs Jahren in seiner Schachtel befindet, ziehe ich doch immer dieselben an, bis sie buchstäblich untragbar sind. Ich putze meine Schuhe auch selbst, nicht nur weil ich eine Menge Geld dabei spare und die Sache besser als jeder Schuhputzer mache, sondern auch, weil Schuheputzen meine Seele befriedigt.

Ich gehe zu Fuß, und immer wenn ich laufen will, stecke ich meine Füße in Schuhe. Das ist das ganze Geheimnis.

1.
Meine Schuhe

Einen Roman zu schreiben, während die Füße in ausgelatschten Schuhen stecken, ist eine schwierige Aufgabe, denn dergleichen Arbeitsbedingungen beeinträchtigen nicht nur den Kreislauf, sondern auch den Stil eines Schriftstellers. Ein gutes Paar Schuhe hingegen schafft einen höchst wünschenswerten Sicherheitsabstand zwischen der Welt und dem Schriftsteller.

Es ist daher sehr bedauerlich, daß sich mein einziges Paar Schuhe aufgrund ausgedehnten Herumlaufens einem Zustand nahezu völliger Auflösung nähert. Am Ballen ist die Sohle durch, so daß ich bei meinen Spaziergängen fast barfuß daherkomme. In der Innenstadt, wo die brennenden Zigarettenkippen am dichtesten herumliegen, kann man fast täglich beobachten, was für große Sprünge ich mache, und in der Kirche wage ich nicht mehr, die Beine übereinanderzuschlagen. Das ist der Preis, den ich (gerne) bezahle – für die Ehre, ein großer, wenn auch unbekannter Schriftsteller zu sein.

Mit dem Roman, den ich schreibe, geht es sehr langsam voran; ein Absatz pro Tag, manchmal nur ein einziger Satz, und gar nicht so selten nicht mehr als ein Wort. Gestern war dies das Wort *kalt*, und so war auch das Wetter. (Mit dem Rest dieses Absatzes möchte ich mich nun an diejenigen wenden, die lediglich lesen und die täglichen Qualen eines ehrlichen Schriftstellers nicht kennen und sich auch nicht vorzustellen vermögen. Ihnen, meine Damen, und Ihnen, meine Herren, und euch, meinen Vettern, mag meine Tagesproduktion ziemlich mager erscheinen, aber ich bin gern bereit, mich bei den Damen und Herren höflich zu entschuldigen und meinen Vettern zu schwören: Ich bin stolz auf die ungeheure Menge schlechter Texte, die ich *nicht* zu Papier gebracht habe. Meine Ehrlichkeit wird auch dadurch bestätigt, daß ich, obwohl ich jetzt schon seit zehn Jahren schreibe, noch für keinen einzigen schlechten Roman verantwortlich bin. Ich finde es außerordentlich bedauerlich, daß es noch keinen Preis für den Schriftsteller gibt, der am erfolgreichsten darauf verzichtet, die schlechten Bücher auf dieser Welt zu vermehren.)

Wie ist mir diese herrliche Leistung gelungen?

Nun, im Grunde ist es ganz einfach.

Solange ich mir nicht sicher bin, etwas Gutes schreiben zu können, schreibe ich gar nicht. Ich *laufe*.

Bei dieser Methode ist ein gutes Paar Schuhe wichtiger als eine Schreibmaschine, und zwei Paar Schuhe wären noch besser.

Laufen ist also in meinem Leben eine sehr wichtige Sache. Wenn ich so auf meinen zwei Beinen vor mich hin laufe, verlieren sich Ehrgeiz, Eitelkeit und ähnliche Albernheiten sehr rasch, und ich sehe die Welt mit dem ungetrübten Blick der Kunst, der Wahrheit, der Demut und des Verstandes.

Als ich heute morgen in die Stadt ging, hatte ich sehr genaue, angenehme Pläne: Ich wollte zu einem Schuhmacher gehen und meine Schuhe reparieren lassen.

Ich hatte mir anderthalb Dollar von meinem Schwager Joe leihen können, aber gleich im ersten Geschäft erfuhr ich zu meinem Erstaunen, daß die Reparatur einen Dollar siebzig und weitere zehn Cent fürs Nähen ausmachen würde.

»Ich komme heute abend wieder«, sagte ich. »Sonst komme ich noch zu spät zur Arbeit.«

Es zeigte sich, daß die Kostenvoranschläge der anderen Schuhmacher sich ganz in derselben Höhe bewegten, mal war es ein bißchen weniger, mal etwas mehr.

Außerdem hatte ich den ganzen Tag noch keine Zigarette gehabt und wollte dringend eine rauchen.

Schließlich fand ich einen Schuhmacher, dessen Preisliste meinen finanziellen Mitteln entsprach: fünfundsechzig Cent für die Sohlen, fünfunddreißig für die Absätze und, wie der Mann an der Kasse mir sagte, fünfundzwanzig Cent für das Nähen der fünf Risse im Leder. Das war eine Summe von eineinviertel Dollar, und es blieb mir noch genug übrig für ein Päckchen Zigaretten und siebzig Blatt Schreibpapier von Woolworth.

Ich war sehr dankbar und zog sofort meine Schuhe aus.

»Um diese Sonderpreise in Anspruch nehmen zu können«, sagte der Mann an der Kasse, »müssen Sie Ihre Schuhe mindestens vierundzwanzig Stunden lang hier lassen. Wenn Sie darauf warten wollen, müssen wir einen Zuschlag erheben.«

»Und was würde es kosten, wenn Sie es gleich machen?«

»Einen Dollar und sechzig Cent«, sagte der Mann.

Ich zog meine Schuhe wieder an und sagte, ich würde später zurückkommen. Ich ging wieder nach Hause, fünf Meilen, und probierte ein paar abgelegte Schuhe meines Schwagers Joe an. Sie waren völlig aus der Form und in schlimmerem Zustand als meine eigenen, aber obwohl sie mich drückten, war ich entschlossen, sie so lange anzubehalten, bis meine eigenen repariert waren.

Ich ging also wieder in das Schuhgeschäft, und der Mann an der Kasse sagte, meine Schuhe wären morgen um die gleiche Zeit fertig. Er gab mir einen Zettel, auf den er meinen Namen notiert hatte.

»Soll ich jetzt gleich oder erst morgen zahlen?« fragte ich.

»Morgen«, sagte der Mann.

Es war inzwischen zwei Uhr nachmittags geworden, und da ich immer noch keine Zigarette geraucht hatte, kaufte ich mir ein Päckchen und rauchte eine, und dann noch eine und noch eine, bis nach einer halben Stunde zwei Finger meiner rechten Hand gelb und mein Mundwinkel voller Blasen war.

Es war mühsam, in den Schuhen meines Schwagers zu laufen, deshalb ging ich in die Stadtbibliothek, wo ich mich hinsetzen konnte. Ich holte mir Tschechows Briefe und setzte mich in den Großen Lesesaal, aber dann setzte sich ein hübsches Mädchen an den Tisch gegenüber, und die Briefe flogen geradezu aus dem Fenster hinaus. Ich las vierzig Seiten im Verlauf einer Stunde, ohne auch nur ein Wort zu verstehen.

Als das Mädchen aufstand, um zu gehen, fiel mir ein, daß

ich ebenfalls frische Luft brauchte. In der Eingangshalle machte sie ihre Handtasche auf, und ein Zettel fiel auf den Boden. Rasch hob ich ihn auf und gab ihn zurück. Auf dem Zettel stand: »Zwei Büchsen Tomatenmark, zwei Stück Seife, eine Schachtel Streichhölzer.«

»Sind Sie fremd hier?« fragte ich.

»Nein«, sagte das Mädchen, »ich bin in San Francisco geboren.«

»Aber ich bin fremd hier«, erklärte ich.

»Ach, woher kommen Sie denn?« erkundigte sich das Mädchen.

»Aus Rußland«, sagte ich. »Ich bin erst seit vier Jahren hier. Ich habe bisher in New York gelebt.«

»Sie sprechen aber gut Englisch«, sagte das Mädchen.

»Mein Vater war Engländer«, sagte ich. »Er war Mechaniker in Moskau. Meine Mutter war Polin. Sind Sie Spanierin?«

»Nein«, sagte das Mädchen. »Wir kommen aus Rumänien.«

»Das ist ja praktisch dasselbe«, sagte ich.

Wir verließen das Gebäude und gingen über die Straße in den Civic Center Park. In der Nähe des Brunnens stand ein alter Mann und verfütterte trockenes Brot an die Tauben. Er warf den Vögeln die Brocken mit den Gesten eines Mannes hin, der Weizen aussät.

Wir setzten uns auf eine Bank und beobachteten den Mann. Ich begann hastig zu rauchen.

»Mein Name ist Charles Dilkins«, sagte ich. »Wie heißen Sie?«

»Esther Bercovitz«, sagte das Mädchen.

»Ja, das klingt bulgarisch«, sagte ich. »Sie sehen jedenfalls sehr wie eine Spanierin aus.«

»Wir kommen aus Rumänien«, sagte das Mädchen.

»Ist doch alles dasselbe«, sagte ich. »Was haben Sie gelesen in der Bibliothek? Ich bin nämlich Schriftsteller.«

»Ach, wirklich?« sagte das Mädchen.

»Ja«, sagte ich. »Ich benutze ein Pseudonym. Sie haben bestimmt schon ein paar von meinen Geschichten gelesen.«

»Sind Sie wirklich Schriftsteller?«

»Ja, natürlich«, sagte ich. »Ich arbeite gerade an einem Roman.«

»Unter was für einem Namen schreiben Sie denn?« fragte das Mädchen. »Vielleicht habe ich eins Ihrer Bücher gelesen. Ich lese sehr viel. Sie sehen aber gar nicht wie ein Schriftsteller aus.«

»Ich weiß«, sagte ich. »Ich sehe wohl mehr wie ein Leser aus, ja?«

»Was für ein Pseudonym benutzen Sie denn?«

»Sherwood Anderson.«

»Sind *Sie* Sherwood Anderson?«

»Das ist eins meiner Pseudonyme«, sagte ich. »Ich habe noch verschiedene andere. Haben Sie je von Theodore Dreiser gehört?«

»Den habe ich sogar schon einmal *gesehen*«, sagte das Mädchen. »Letztes Jahr. Er kam die Powell Street herunter, und meine Freundin sagte: ›Das ist Theodore Dreiser, der Schriftsteller. Er ist ein bißchen fett.‹«

»Ja«, sagte ich, »den Namen Theodore Dreiser benutze ich nie. Ich verwende andere Namen, vor allem Sherwood Anderson.«

»Ich habe natürlich von Ihnen gehört«, sagte das Mädchen. »Aber ich fürchte, ich habe noch nie ein Buch von Ihnen gelesen.«

»Das macht nichts«, sagte ich. »Ich werde Ihnen meinen nächsten Roman widmen.«

»Das ist sehr nett von Ihnen.«

»Aber ich bitte Sie. Ich habe gerade nach jemandem gesucht, dem ich meinen Roman widmen kann.«

»Aber Sie wissen doch gar nichts von mir«, sagte das Mädchen.

»Ich weiß schon genug von Ihnen«, sagte ich. »Als Schriftsteller weiß man mehr über die Leute, als sie selbst wissen. Mein Roman wird Ihnen gefallen.«

»Wie wird er denn heißen?«

»The Merry Money of Beggars.«

»Ach«, sagte das Mädchen, »Sie sind wirklich ein Schriftsteller!«

Ich zündete eilig eine neue Zigarette an.

»Der Roman«, sagte ich, »handelt von einem jungen Mann, der kein Geld hat.«

»Ich verstehe«, sagte das Mädchen.

»Natürlich muß ich, um die Figur dieses jungen Mannes richtig ausarbeiten zu können, in seine Rolle schlüpfen. Ich habe zwar mehr Geld als ich brauche, aber solange ich den Roman schreibe, muß ich so tun, als wäre ich arm.«

»Werden alle Bücher so geschrieben?«

»Ja.«

»Verdienen Sie viel Geld mit dem Schreiben?«

»Ja. Ich habe einen Cadillac.«

»Ich dachte, daß alle jungen Schriftsteller arm wären.«

»Das war früher so«, sagte ich. »Aber das hat sich geändert. Ein Freund von mir hat letztes Jahr einen Reingewinn von siebenundfünfzigtausend Dollar erzielt.«

»Da muß er aber eine Menge geschrieben haben«, sagte

das Mädchen. »Woher nehmen Sie als Schriftsteller nur so viel Zeit?«

»Ach«, sagte ich, »das ist einfach. Als Schriftsteller ist man eben ständig im Einsatz. Jede Stunde ist eine Arbeitsstunde.«

»Das wußte ich nicht«, sagte das Mädchen.

»Doch, doch, so ist das«, sagte ich. »Ein guter Schriftsteller ist immer auf der Suche nach Stoff. Letzte Weihnachten zum Beispiel, als der Rest der Welt feierte, habe ich in meinem Zimmer gesessen und über einer Geschichte mit dem Titel *Freude auf Erden* geschwitzt. Und was habe ich davon gehabt?«

»Was denn?«

»Die Grippe.«

»Hatten Sie Fieber?«

»Über vierzig Grad, ja, aber aus dem Fieber habe ich auch noch eine gute Geschichte gemacht. Wußten Sie, daß Voltaire in den zwei Wochen, in denen er Typhus hatte, eine Oper, sechs Essays gegen Katholizismus und vier gegen die französische Regierung, ein Stück mit sechs Akten und zweiundsiebzig Briefe schrieb?«

»Nein«, sagte das Mädchen. »Ich bin katholisch.«

»Das macht nichts«, sagte ich. »Übrigens, in diesem Roman, den ich schreibe, lernt der junge Mann, der kein Geld hat, in einer Kunstgalerie ein wunderschönes Mädchen kennen, und sie mögen sich auf Anhieb.«

»Ach, wirklich?«

»Ja. Hätten Sie Lust, ins Kino zu gehen?«

»Okay«, sagte das Mädchen. Wir standen auf und gingen zusammen zum »Golden Gate Theatre« in der Market Street.

Der Eintrittspreis für die Matinee-Vorstellung betrug

fünfunddreißig Cent. Das Problem meiner Schuhe verschob ich auf morgen.

Auf Zehenspitzen betraten wir die große Kathedrale der Dunkelheit und der Geheimnisse.

Dort, wo sie hingehören, sind Filme bestimmt ganz in Ordnung, aber was ich an den Kinopalästen am meisten liebe, ist der Luxus der Plüschsessel, und so ließ ich mich zufrieden neben meiner Begleiterin in die Polster sinken, ohne mir auch nur die mindesten Gedanken darüber zu machen, daß die Wiedererlangung meiner Schuhe zu einer äußerst unsicheren Sache der Zukunft geworden war. Wenn ich morgen in den Zoo gehen wollte, würde ich das in Joes Schuhen tun müssen, aber das war mir egal. Eins nach dem anderen, das ist eine vernünftige Politik.

»Jetzt sind sie verheiratet.« sagte plötzlich das Mädchen.

»Wer?«

»Martin und Helen Hayes.«

»Wer ist Martin?«

»Ronald Colman.«

»Was ist das für ein Film?«

»*Arrowsmith*«, sagte das Mädchen, »nach dem gleichnamigen Roman von Sinclair Lewis.«

Ich setzte mich gerade und paßte auf.

»Ein schöner Film«, flüsterte ich, als er vorbei war.

»Ja«, sagte das Mädchen. »Nun ist sie tot.«

»Helen Hayes?«

»Ja. Ich verstehe nicht, warum sie nicht weiterleben durfte.«

»Ja«, sagte ich. »Leben und leben lassen. Andererseits müssen Sie doch verstehen, daß Mr. Lewis uns klarmachen wollte, wie traurig das Leben ist.«

An dieser Stelle brachte uns glücklicherweise die Ouvertüre zur Varietévorstellung zum Schweigen. Es war ein Potpourri klassischer Melodien von Irving Berlin, Walter Donaldson, Lew Pollack und Franz Schubert. Dann teilte sich der eine Vorhang, ein weiterer hob sich, und der erste Akt begann.

Eine der Damen aus der Tanz- und Gesangsgruppe spielte eine Gangsterbraut. »Ich liebe ihn«, erklärte sie, fügte aber gleich hinzu: »Weil ich ihn hasse«, so daß meine Begleiterin fragte: »Wie meint sie das?«

»Sie weiß noch nicht genau, was sie will«, sagte ich und fügte im stillen hinzu: Du solltest einen Essay *Über den Einfluß von D. H. Lawrence auf die Tanz- und Gesangsgruppen des amerikanischen Varietés* schreiben und an *Harper's* Magazin schicken. Du fängst an mit der Behauptung, der Einfluß von D. H. Lawrence auf die Tanz- und Gesangsgruppen des amerikanischen Varietés sei schlechterdings nicht zu ermessen. Und dann fängst du an ihn auszuloten.

Nach der Vorstellung verließen wir das Kino angeregt und munter. Wir besuchten ein Restaurant, wo ich meine Freundin mit der Großzügigkeit von Schriftstellern beeindruckte.

»Essen Sie, was Sie mögen«, sagte ich.

»Ich freue mich, daß ich Ihnen bei Ihrem Roman helfen kann«, sagte das Mädchen.

»Es ist ein Vergnügen, sich von Ihnen helfen zu lassen«, sagte ich.

»Kinder habe ich gern«, sagte das Mädchen. »Sie auch?«

»Ja«, sagte ich.

Ich brachte das Mädchen nach Hause, und dann machte ich mich selbst auf den Heimweg. Zu Fuß, denn für die Straßenbahn hatte ich keinen Cent mehr. Als ich nach Hause kam, fand ich Joe in meinem Zimmer vor. Es war kurz nach acht, und er gab vor, Ouspenkys *Tertium Organum* zu lesen. Er war gerade am Einnicken, denn er war morgens um vier aufgestanden, um rechtzeitig zur Arbeit zu kommen. Er hatte einen Job bei Jack Isola auf dem Großmarkt.

Joe sagte: »Hier steht: ›Wenn es überhaupt Vernunft auf der Welt gibt, dann muß sie alles durchdringen, auch wenn sie sich verschieden manifestiert.‹ Was soll das bitte bedeuten?«

»Zur Hölle damit«, sagte ich. »Ich habe schon den ganzen Nachmittag geredet, ich habe jetzt Kopfweh. War was in der Post für mich?«

»Ja«, sagte Joe. »Diese Rechnung hier.«

Ich warf die Rechnung in den Papierkorb und streifte mir Joes Schuhe von den Füßen.

»Wo hast du die Dinger da her?« fragte Joe.

»Joe«, sagte ich, »meine Schuhe sind beim Schumacher, und die anderthalb Dollar, die ich mir heute morgen von dir geliehen habe, sind auch weg. Ich habe sie ausgegeben.«

»Wofür?«

»Ich habe ein hübsches Mädchen getroffen.«

»Der Millionär amüsiert sich, wie?«

»Ja«, sagte ich. »Ich habe ein bißchen gelogen und angegeben und konnte damit nicht mehr aufhören, bis das Geld weg war. Ich habe ihr gesagt, ich wäre Sherwood Anderson, ich habe sie ins Kino eingeladen und dann ins Restaurant. Jetzt bin ich pleite.«

»Wer ist Sherwood Anderson?«

»Auch ein Schriftsteller.«

»Ist es ein nettes Mädchen?«

»Ja, ein sehr nettes Mädchen.«

»Ich wünschte, du würdest einen Bestseller schreiben«,

sagte Joe, »damit du immer wie ein Millionär leben könntest.«

»Das wünsche ich mir auch.«

»Jedenfalls«, sagte Joe, »wenn ich nicht in der Lotterie gewinne oder so irgendwas, kann ich dir kein Geld mehr pumpen.«

»Ich hoffe, du gewinnst bald«, sagte ich.

Joe ging nach Hause, und ich setzte mich an meinen Roman.

Zwei Stunden lang arbeitete ich sehr konzentriert und schrieb zwei Sätze, von denen ich glaube, daß ich mich ihrer nie werde schämen müssen.

Dann machte ich die Fenster auf und betete.

»Vater unser«, sagte ich, »der Du bist im Himmel, geheiligt werde Dein Name. Wenn ich mich heute zum Narren gemacht habe, dann ist es zu Deiner Ehre gewesen. Wenn ich eine Lüge nach der anderen aufgetischt habe, dann ist das zu Deiner Erheiterung geschehen. Herr, es gibt gewiß genug Menschen, die klagen und jammern, was Dich bestimmt schrecklich langweilt; ich habe dazu kein Talent. Ich kann Dich nur anbeten aus freudigem Herzen. Ich bin zwar schlecht gekleidet, der Magen knurrt mir vor Hunger, und ich zittere vor Kälte, aber ich kann Dir immer nur danken. Dein Königreich komme: Es gibt keine bessere Schule für Schriftsteller. Amen.«

Die unendliche Weite des Himmels und die Endlosigkeit der Zeit ließen mich schweigen. Dankbar für den Ernst der Nacht und den Segen des Schlafes ging ich zu Bett; aber mitten in der Nacht fuhr ich hoch und notierte eine Idee: »Schreib eine Geschichte über deine Schuhe.«

2.
Der Feuerwehrmann und seine Schwester

Der Feuerwehrmann
zehn Jahre alt um zehn in der Nacht
die Stimme zu einem mächtigen
Falsetto-Bariton abgesenkt
macht sich wichtig im Haus
sucht nach Feuerfallen und Schwachstellen
von seiner bewundernden Schwester gefolgt
die im Gehen schon einschläft:

Hören Sie Mister
etwas mehr Ordnung müßte schon sein
diese Zeitungen da auf dem Boden
sollten Sie aus dem Haus schaffen so bald Sie nur können
sonst brennt Ihnen die Bude über dem Kopf ab
ehe Sie an die Tür kommen
und dieses Gerümpel da in der Ecke
das sage ich Ihnen gleich
das muß weg:

Das Gerümpel sind meine Manuskripte
es ist schon spät:

Es ist ungesetzlich:

Was?

Schreiben
Papier brennt wissen Sie:

Trotzdem
ins Bett:
Passen Sie auf mit der Zigarette da
Lassen Sie die bloß nicht liegen
damit die Bücher nicht Feuer fangen
Wer hat die Bücher geschrieben?

Ich
und ihr zwei solltet lieber ins Bett:

Es ist ungesetzlich
Schreiben Sie nicht mehr
Lassen Sie jemand anderen schreiben
und sich in Brand setzen:

Ins Bett habe ich gesagt:

Nichts da ins Bett
Ich muß das Feuer verhüten:

Dann verhüte es doch
und dann leg dich ins Bett:

Aber das dauert Mister
manchmal die ganze Nacht:

Aber nicht heute nacht:

Jetzt sehen Sie mal
hier in den Kühlschrank:

Wieso? Stimmt was nicht?

(Tiefes Nachdenken: Worin besteht hier die Schwachstelle?)
Da sind keine Vorräte drin:

Was hat das mit dem Feuer zu tun?

Das macht dich wütend:

Okay
ins Bett:

Das mächtige Falsetto endet
Jetzt stecken wir ihm das Haus an:

Ja, sagt die Schwester:
Und warum?

Feuer, schreien sie beide zusammen, Feuer:

Nichts da
Marsch ins Bett

Jetzt gehen sie endlich
und sehen sich an
denn sie sind wieder Kinder
und Bruder und Schwester

3.
Das gestohlene Geheimnis (Ein kurzes Stück)

Mann, Frau, Knabe, Mädchen, Tier.

MANN: Da wären wir also – angelangt im neuesten Augenblick der Zeit – der Zeit, die wir nicht verstehen. Was ist ein Jahrhundert? Hundert Jahre. Was ist eine Stunde? Sechzig Minuten. Was ist eine Stunde vor einem Jahrhundert? Das sind wir. Was ist eine Stunde in einem Jahrhundert? Ebenfalls wir. Wir sind die Zeit als solche, so wie wir sind.

FRAU: So ist es, aber wie wäre es mit Tee oder Kaffee?

MANN: Kaffee bitte, danke. Ich versuche, die Ordnung wiederherzustellen, und du verlangst von mir, daß ich mich zwischen Tee und Kaffee entscheide. Also gut, ich nehme Kaffee. Eigentlich kann ich beides nicht ausstehen.

FRAU: Das tut mir leid. Die meisten Leute mögen Kaffee oder Tee sehr. Willst du Zucker? Und Milch?

MANN: Zucker. Milch. Sonst noch was?

FRAU: Du wirst alt.

MANN: Ja, ich weiß. Meine Zeit geht zu Ende – also Kaffee, Zucker, Milch und so weiter. Ist das in Ordnung? Immer weiter essen? Immer fleißiger mit Tassen und Untertassen hantieren und so?

KNABE: Untertassen? Fliegende Untertassen? Vom Mars oder wo immer die angeblich herkommen? Gibt es nicht wenigstens ein Stück kalten Braten zum Kaffee?

MANN: Ja, hol dem jungen Mann ein Stück kalten Braten – Roastbeef oder Lamm oder Schwein. Was immer das für ein Geschöpf gewesen sein mag, das vor kurzem geschlachtet wurde, damit wir ein bißchen mehr fressen können. Ein bißchen mehr. *(zu dem Mann, der das Tier spielt)* Fisch? Oder Vogel? Lachs? Oder Storch?

TIER: Storch? Werden auch Störche gegessen?
MÄDCHEN: Wahrscheinlich nicht, aber das wäre eigentlich eine gute Idee. Zuviel ist schließlich mehr als genug. Erst liefert der Storch bei den Eltern das Kind ab, dann bleibt er zum Essen. Das heißt, er ist das Essen. Für das Kind. Jedem Kind seinen Storch. Das wäre genug.
TIER: Wie du meinst. Wir haben uns noch nie beklagt.
MÄDCHEN: Genau das ist euer Problem. Wir haben uns immer beklagt. Deshalb sind wir euch überlegen. Seht euch doch eure Kleider an, und dann vergleicht sie mit unseren.
MANN: Sieh dir mal die Sachen an, die Tiere nicht tun.
TIER: Ihr schämt euch der Dinge, die ihr tut, wir nicht. Ihr tut alles, was wir tun, und noch millionenfach mehr. Aber ihr verleugnet, was ihr getan habt, und wir wissen nicht, was wir tun.
KNABE: Was tut ihr nicht?
TIER: Kein Hund frißt einen anderen Hund. Ich meine, Hunde fressen keine Hunde. Tiere fressen durchaus andere Tiere, so ist das nun mal. Weder der Fressende noch der Gefressene haben deswegen Schuldgefühle. Roastbeef, Lamm- oder Schweinebraten, eine Kuh, ein Schaf oder Schwein. Warum solltet ihr euch schämen, wenn ihr sie freßt? Warum leugnet ihr, daß ihr auch Tiere seid?
FRAU: Tee oder Kaffee?
TIER: Weder noch. Vielen Dank.
FRAU: Ein Glas Wasser vielleicht?
TIER: Lieber einen Stein. Zum Anschauen, nicht zum Essen. Ich habe in letzter Zeit feststellen können, daß mein Hunger durch den Anblick eines Steins gestillt wird. Ich weiß auch nicht, warum. Aber bitte, fahren Sie fort. Diese Konferenz wurde ja nicht für mich einberufen.
MANN: Doch, doch. Sie findet genauso für dich wie für uns

statt. Du bist der Vertreter der Familie der Tiere. *(plötzlich)* Was denkt sich eigentlich die Katze? Kannst du mir das sagen?

TIER: Die Hauskatze?

MANN: Ja, genau. Die Katze, die mit den Menschen im Haus lebt. Was denkt sich zum Beispiel die Katze?

TIER: Nun, ich kann nicht behaupten, daß ich irgend etwas denke. Denn ich denke nichts und habe auch nie etwas gedacht. Ich sehe mich um.

MANN: Aber du hast doch Gefühle. Was fühlst du denn, wenn du im Haus auf Teppichen läufst? Wenn du dich weit unter den Zweibeinern der Menschenfamilie auf deinen vier weichen Pfoten bewegst? Was fühlst du da?

TIER: Nichts. Ich glaube, ich warte.

KNABE: Worauf?

TIER: Ich weiß nicht genau. Ich glaube, ich brauche es auch gar nicht zu wissen.

FRAU: Aber ein Hund, ein Hund denkt doch irgendwas.

TIER: Nein. Wirklich, ich denke wirklich gar nichts.

KNABE: Und was soll dann das ganze Gebell?

TIER: Wau, wau?

KNABE: Ja, wau, wau.

TIER: Wau, wau. Ja, was heißt wau, wau? Das bedeutet überhaupt nichts. Wau, wau heißt wau, wau. Was soll es denn sonst heißen? Hurra?

MÄDCHEN: Dann ein Pferd eben. Du willst doch nicht etwa behaupten, daß ein Pferd sich nichts denkt?

TIER: Ich sage dir, ich habe noch nie den kleinsten Gedanken in meinem Schädel und auch nicht in den Beinen gehabt. Ich habe keine. So einfach ist das. Was denkt denn ein Mann? Was denkt eine Frau? Was denkt ein junger Bursche? Was denkt ein Mädchen?

FRAU: Ich denke, wir sollten jetzt den Kaffee trinken. Es hat ja keinen Sinn, die Konferenz damit anzufangen, daß wir uns gegenseitig ärgern. Schließlich sitzen wir alle im selben Boot.
MÄDCHEN: Und das Boot wird bald sinken, nicht wahr?
KNABE: Oder es brennt. Wie heißt es doch: »Der Knabe stand auf dem brennenden Deck!« So war es doch, oder?
FRAU *(zu dem Tier)*: Möchtest du nicht doch einen Kaffee?
TIER *(Nimmt eine Tasse vom Tablett.)*: Danke. *(Nimmt einen Schluck.)*
FRAU: Das tut gut, nicht wahr?
TIER: Vielen Dank.
FRAU: So, und jetzt wollen wir alle zusammen unseren Kaffee trinken und um Himmels willen nicht so trübsinnig sein, bloß weil wir denken, es wäre das Ende der Welt!
KNABE: Mir ist es egal, ob es das Ende der Welt ist. Es war mir schon immer egal.
FRAU: Wir wollen aber nicht zynisch werden. Trinkt euren Kaffee und wartet einen Moment.
MÄDCHEN: Du weißt genau, daß ich gern heiraten möchte, aber es geschieht nichts dergleichen, das ist das Problem.
FRAU: Bitte im Augenblick nur den Kaffee!
MANN: Es ist ein sehr guter Kaffee.
FRAU: Sind wir wirklich am Ende?
KNABE: Du hast doch gerade gesagt, wir sollten jetzt unseren Kaffee trinken und sonst gar nichts.
FRAU: Naja, wir haben doch schon ein Schlückchen getrunken, und ich spreche ohne jede Aufregung über die Sache. Ich meine, wir sind überhaupt nicht am Ende. Meiner Meinung nach ist alles wie immer. Oder nicht?

MANN: Nein, nicht ganz.
FRAU: Was ist denn passiert? Was ist denn anders geworden?
MANN: Nun ja, du bist eine Frau. Und wenn ich das hinzufügen darf: Du bist eine schöne Frau und außerdem klug.
FRAU: Ich bin ja so froh, daß du wieder so mit mir sprichst.
MANN: Aber wie es scheint, kannst du nicht denken. Oder du glaubst, alles Denken sei sinnlos. Ich habe dir doch schon genau erklärt, was passiert ist. Ich habe dir doch erklärt, was sich geändert hat. Und das nicht nur einmal, sondern schon oft. Wahrscheinlich zu oft!
MÄDCHEN: Ach, dann kann es sicher nicht schaden, wenn du es noch einmal erklärst.
MANN: Also, wir hier sind die Menschenfamilie.
KNABE: Genau.
MANN: Wir sind zu Hause, in Sicherheit. Aber unser Zuhause ist nicht mehr sicher.
KNABE: Das wissen wir doch.
MANN: Wir sind zweitausend Millionen Männer und Frauen jeglichen Alters, wir sind zu Hause in allen Teilen der Erde. Und mit uns zusammen leben tausendmal so viele Tiere aller Arten in und auf der Erde, im Meer und am Himmel.
MÄDCHEN: Auch das ist bekannt.
MANN: Heute morgen ist die Sonne aufgegangen. Letzte Nacht ist der Mond aufgegangen, und der Himmel war voller Sterne. Sie waren weit weg und doch sehr nah, Millionen Kilometer oder Millionen Jahre entfernt, aber doch gegenwärtig – genauso wie wir.
TIER: Ich wünschte, ich hätte einen Stein, den ich ansehen kann. Einen kleinen Felsbrocken oder wenigstens einen Kiesel.
FRAU: Genügt auch der Diamant an diesem Ring hier?

TIER: Leider nicht. Ich kann den Diamanten nicht sehen.

FRAU: Ich habe aber nun mal keinen Kieselstein bei mir.

TIER: Das macht nichts.

KNABE: Kannst du dich nicht einfach an einen Felsen erinnern?

TIER: Ja, natürlich vermag ich das. Deshalb möchte ich ja einen anschauen. Was nützt es, sich an einen Stein zu erinnern? Ich möchte einen anschauen. *(Zu dem Mann)* Bitte, entschuldigen Sie.

MANN: Das macht doch nichts. Aber wenn ich dann fortfahren darf. Man hat mich gebeten, noch einmal festzuhalten, was passiert ist und was sich geändert hat. Nun, es geht um das hier. *(Er hält einen kleinen Gegenstand in der Hand.)*

FRAU: Was ist das?

MANN: Das habe ich euch schon tausendmal erklärt. Es ist ein Geheimnis. Das neunundneunzigste Geheimnis, das kleinste, erstaunlichste, wunderbarste, mächtigste und gefährlichste Geheimnis.

KNABE: Und warum geben wir die Geheimnisse nicht einfach den Indianern zurück?

MANN: Weil wir sie nicht von den Indianern erhalten haben, weil wir die Indianer sind und weil wir niemandem irgend etwas zurückgeben können.

FRAU: Alles gut und schön, das neunundneunzigste Geheimnis. Wir können es doch einfach beiseite legen und weitermachen wie bisher, oder nicht?

MANN: Nein, nicht direkt. Das achtundneunzigste Geheimnis, das nur eine Winzigkeit weniger stark als das neunundneunzigste ist, wurde von seinem angestammten Platz entfernt. Und zwar von einem von uns hier. Ehe es nicht wieder zurückgebracht worden ist, besteht für alles und jedermann höchste Gefahr. Wir sind alle vom Ende bedroht.

KNABE: Ist nicht sowieso jeder vom Ende bedroht?

MANN: Jedem ist ein gutes Ende versprochen, jeder hat einen Anspruch darauf. Worüber wir uns Sorgen machen müssen, ist die Tatsache, daß uns ein schlechtes Ende bevorsteht.

KNABE: Worin besteht denn der Unterschied? Ende ist Ende, oder nicht?

MANN: Ein gutes Ende ist zugleich auch ein Anfang. Aber ein schlechtes Ende ist nur ein Ende, und das ist eine böse Sache.

MÄDCHEN: Was kann uns das neunundneunzigste Geheimnis denn antun?

MANN: Es kann uns ein für allemal auslöschen.

FRAU: Also der, der das achtundneunzigste Geheimnis hat, muß es zurückgeben. Das ist doch die Lösung.

MANN: Nein, das genügt nicht. Auch das siebenundneunzigste und eine ganze Reihe anderer Geheimnisse sind schon mehrfach gestohlen und wieder zurückgebracht worden. Und das muß anders werden. Dieses ganze Hin und Her hat uns krank gemacht. Diesmal muß das Geheimnis wieder an Ort und Stelle gebracht werden und darf nie wieder angerührt werden. Sonst, fürchte ich, sind wir wirklich am Ende.

KNABE: Nie wieder? Das wäre doch eine Diktatur, oder? Als freie Menschen müssen wir doch das Recht haben, zu lügen oder zu stehlen oder zu morden, solange wir bereit sind, die Folgen zu tragen. Oder nicht?

MANN: Ich bin es leid, ich bin es wirklich sehr leid. Nicht einmal der eigenen Familie kann ich es begreiflich machen. Ich gebe es auf. Es ist einfach zuviel. Es ist mir egal.

FRAU: Das freut mich. Wirklich. Warum legst du dich nicht ein bißchen hin und schläfst?
MÄDCHEN: Ja, es ist doch so ein schöner Nachmittag zum Schlafen.
KNABE: Du solltest wirklich ein Nickerchen machen.
TIER: Das einzige, was einem Stein wirklich in etwa ähnlich sieht, ist der Kopf eines Mannes, der schläft.
FRAU: Leg dich hin und schlaf ein wenig. Wir sind auch alle ganz leise.
MANN: Habt ihr denn alle den Verstand verloren? Wie kommt ihr darauf, daß ich mich hinlegen soll? *(Wütend)* Ihr wißt genau, daß ich mich wirklich gern hinlegen würde. Aber ich werde es nicht tun. Und zwar um euretwillen! Jetzt hört mir mal genau zu! Es ist ganz einfach. Ich werde es euch noch einmal erklären, und derjenige, der das Geheimnis gestohlen hat, muß es sofort zurückgeben, und diesmal müssen wir es liegenlassen, bis wir eine vernünftige Verwendung dafür gefunden haben. Hört jetzt bitte ganz genau zu!

Der Begleithund

Seine Mutter hatte jeden, der ihm Gesellschaft leistete, einen »Begleithund« genannt, auf armenisch.

»Warum hast du einen Menschen als Hund?« fragte sie. »Warum brauchst du immer einen Hund, der hinter dir hertrottet? Du gehst zu schnell, und du redest zu schnell, warum läßt du sie nicht endlich in Ruhe?«

Und jetzt, im Jahre 1950, saß dieser »Begleithund« am

Steuer der '39er Oldsmobile-Limousine, die er für bare 500 Dollar gekauft hatte, und er dachte daran, was seine Mutter über den Mann gesagt hatte: »Meine Schwester ist stolz auf ihn; er ist auch ihr Sohn. Ich glaube, Mütter müssen so sein. Ab und zu stelle ich fest, daß ich dich auch fast für so großartig halte, wie du dich selbst findest und immer gefunden hast. Aber meine Schwester und ich müssen der Wahrheit wohl ins Gesicht sehen: Er ist ein Narr, und du bist verrückt. Ich werde dir die Wahrheit über dich sagen. Von Müttern wird zwar erwartet, daß sie in diesen Dingen bestimmten Idealen entsprechen, aber lassen wir diesen Unsinn einmal beiseite. Warum machst du dir solche Mühe, um Geld zu verdienen? Warum begibst du dich in Einzelhaft und sitzt wochenlang am Schreibtisch und schreibst deine Geschichten? Nur um dann hinterher, wenn du das Geld und deine Freiheit verdient hast und du Gelegenheit hättest, ein bißchen in der Welt, anstatt in dem einsamen Loch, in dem du haust, zu leben, einen deiner Begleithunde anzurufen und Nacht für Nacht durch die Kneipen zu ziehen, zu spielen, mit dem Flugzeug durch die Gegend zu fliegen, mit dem Auto herumzufahren, zu saufen, herumzugrölen und zu lachen? Warum drehst du jedesmal durch, wenn du so hart gearbeitet hast, warum läßt du deinen Begleithund hinter dir hertrotten? Ich bekomme Briefe von wildfremden Menschen, die mir mitteilen, wie stolz ich sein müßte, deine Mutter zu sein! Die Leute haben ja überhaupt keine Ahnung!«

Der Wagen bog um die Ecke, und sie fuhren den Hügel hinauf. Der Fahrer legte den ersten Gang ein, um die Steigung besser hoch zu kommen. Der Motor geriet ins Stottern, hustete und begann lebhaft zu würgen, doch der Fahrer tat so, als wäre mit der Maschine alles in Ordnung, denn der andere hatte ihn wegen des Kaufs schon genug verspottet.

»Ein guter Wagen, nicht wahr?«

»Ich glaube, der Mechaniker hat den Vergaser falsch eingestellt.«

»Aber er fährt doch.«

Der Wagen blieb stehen, als sie knapp die Hälfte der Steigung geschafft hatten. Sie saßen tief in die Polster gedrückt, denn der Hügel war steil. Der Besitzer des Wagens betätigte den Anlasser, in der Hoffnung, der Motor würde noch einmal anspringen. Er versuchte zu verbergen, wie wütend er über dieses erneute Mißgeschick in seinem Leben war. Selbst bei einer Kleinigkeit wie der Anschaffung eines Gebrauchtwagens mußte er derjenige sein, der das schlechteste Auto der Welt erwischte. Wer hätte schon jemals gehört, daß jemand ein '39er Oldsmobile kaufte?

»Das war das Jahr, in dem ich zum zweiten Mal nach Europa ging.«

»Was?«

»Neunzehnhundertneununddreißig.«

»Er springt bestimmt gleich wieder an. Er hat doch bloß siebenundneunzigtausend Meilen drauf.«

Der Wagen begann rückwärts zu rollen. Die Fußbremse reichte nicht aus, weshalb der Fahrer die Handbremse so weit anzog, wie es nur ging. Der Wagen begann laut zu ächzen.

»Komm, wir rauchen eine Zigarette und reden über Poesie«, schlug der andere vor. »Danach springt er bestimmt wieder an, das weiß ich genau.«

»Du wirst zu spät kommen«, sagte der Fahrer. »Und ich habe darauf bestanden, dich hinzubringen. Ich wollte es unbedingt, ich mußte ja angeben. Ich wußte, du nimmst lieber ein Taxi zum Bahnhof, wenn du eine Reise antrittst, aber irgendwie dachte ich, es wäre ganz lustig, den Weg über die Brücke nach Oakland zusammen zurückzulegen. Und jetzt kommt dieses Auto nicht mal den Berg zu deinem Haus hoch.«

»Ich bin noch nie in meinem Leben zu spät gekommen«, sagte der andere. »Da komme ich diesmal auch nicht zu spät.«

Der Fahrer betätigte den Anlasser, erst einmal, dann noch einmal, dann zum dritten Mal und dann so oft, daß man es nicht mehr zählen konnte.

»Siehst du?« sagte er mit schmerzlicher Stimme. »Ich habe immer Pech. Ich kann nicht einmal ein Auto kaufen, das sich wie ein Auto benimmt. Ich wollte angeben. Ein Mann ohne Geld, der angeben wollte. Es sah so schön aus. Letzte Nacht habe ich geträumt, es wäre ein richtig günstiger Kauf – und jetzt siehst du ja, was ich mir eingehandelt habe.«

»Es sind nur sechs Blocks. Ich steige hier aus und laufe das restliche Stück des Weges. Meine Koffer sind bereits gepackt. Ich rufe ein Taxi, wenn ich zu Hause bin, und hol dich hier ab. Dann fahren wir doch noch zusammen.« Sein Vetter stieg aus. »Laß den Wagen den Berg runterrollen und verschnaufen.«

»Ich glaube, jetzt springt er doch an«, sagte der Fahrer, aber der andere war schon oben auf dem Hügel und bog um die Ecke.

Der Fahrer ließ den Wagen den Hügel hinunterrollen, stieg aus und stellte sich neben den Wagen. Er wartete bereits jetzt auf das Taxi, obwohl der andere höchstens einen Block weit gekommen sein konnte. Warum wartete er? War das, um Himmels willen, wieder einmal sein

Stumpfsinn? Er konnte doch rasch hinter seinem Vetter herflitzen und ihn einholen, nachdem er ihm schon diesen Unsinn eingebrockt und darauf bestanden hatte, ihn zum Bahnhof zu fahren, anstatt ihn einfach das tun zu lassen, was er selbst wollte. Er rannte los, aber als er oben auf dem Hügel ankam, konnte er niemanden entdecken, der die drei Blocks entlanglief, die zur Straße seines Vetters hinaufführten.

Er drehte wieder um, lief bergab zu seinem Wagen zurück und sagte: »Ich muß ihn hinfahren, genau wie ich es angekündigt habe, das ist alles. Wenigstens manchmal muß in meinem Leben etwas so ablaufen, wie ich es geplant habe.« Er setzte sich in den Wagen, betätigte den Anlasser, und der Motor sprang auch prompt an. Er stieß zurück, wendete, ließ den Motor aufheulen, um ihn für die Steigung auf Touren zu bringen, und brauste los. Diesmal schaffte er den Berg, doch als er oben war und am ersten der drei Blocks entlangfuhr, die ihn zu der Straße gebracht hätten, wo er hinwollte, fing der Motor erneut an auszusetzen. Vollgasgebend kämpfte er mit ihm, stieß bittere Flüche aus und hörte schließlich, wie Metall auf dem Asphalt aufschlug. Der Wagen blieb stehen. Er ließ ihn an den Straßenrand rollen, parkenderweise, damit er nicht im Weg stand. Dabei sah er die Metallteile liegen. Er konnte sie nicht identifizieren, aber sie gehörten tatsächlich zum Motor. Er stieg aus, hob das Zeug auf und warf es hastig unter den Wagen, denn die Teile waren höllisch heiß. Dann zog er eine der Zigarren heraus, die immer sein bester Trost waren, zündete sie an und begann erneut auf das Taxi zu warten.

Das Taxi kam, und eine Tür ging auf.

»Wie hast du ihn denn hier hinaufgekriegt?«

»Ich bin gefahren. Schaffst du den Zug denn noch?«

»Leicht.«

Das Taxi rollte rasch und leise dahin.

»Der Motor ist auseinandergefallen«, sagte der Oldsmobile-Besitzer, »sonst hätte ich dich, wie geplant, nach Oakland rübergebracht.« Er begann hysterisch über sein Unglück zu lachen.

»Kurz bevor der Motor kaputtging«, sagte er, »mußte ich daran denken, wie deine Mutter mich immer genannt hat, und ich habe mich so geschämt, weil ich mir unbedingt beweisen wollte, daß ich dich einholen und bei dir vorfahren könnte, ehe du ein Taxi geholt hättest. Ich war ganz sicher, ich würde es schaffen, dich doch noch nach Oakland zu fahren, und fühlte mich prima. Ich dachte mir, du hättest irgendwie den Motor nervös gemacht und deshalb hätte ich den Berg nicht geschafft.« Er lachte leise und versuchte gleichzeitig zu reden und seine Zigarre zu rauchen. »Dann hat sich der Wagen deshalb geschämt, dachte ich, und er fuhr ja dann auch noch mal prächtig, na ja, ein bißchen hat er gehustet, aber ich war sicher, die ganze Sache würde gut enden.« Jetzt konnte er nicht mehr weiter und vermochte kaum noch zu atmen. Sein Gesicht war rot, und er versuchte sich zusammenzureißen.

»Okay. Erzähl weiter.«

»Dann fiel der Motor raus«, sagte er. »Deine Mutter hatte recht. Der Begleithund. Das ist der richtige Name für mich.«

»So hat sie alle Leute bezeichnet.«

»Der Unterschied ist nur, daß der Name zu mir wirklich paßt.«

»Es ist doch alles in Ordnung«, sagte der andere. »Eine gemütliche Fahrt zum Ferry Building. Wenn du mit auf die Fähre nach Oakland willst, gut. Sonst fährst du eben zu deinem Auto zurück und stellst fest, was damit los ist.«

»Ich fahre mit nach Oakland hinüber«, sagte sein Vetter. »Das habe ich schon seit Jahren nicht mehr getan. Wie lange wirst du denn weg sein?«

»Tja«, sagte er, »wenn mir die Universität nicht gefällt, bleibe ich bloß einen Tag oder zwei. Wenn es mir dort gefällt, bleibe ich drei Wochen und fahre dann über Montreal für ein paar Tage nach New York. Ich möchte dort bloß ein bißchen in den Straßen herumlaufen. Ich bin noch nie dort gewesen. Dann komme ich über New Orleans wieder zurück. Wir sehen uns dann Ende Juli.«

»Hältst du Vorlesungen an der Universität?«

Das Taxi brauste die steilen Kurven von Sutro Forest hinauf.

»In Sutro Forest werden bald lauter kleine, neue Häuser stehen«, sagte er. »Und in jedem Haus eine kleine, neue Familie. Ich möchte herausfinden, ob ich es an der Universität überhaupt aushalte.«

»Vielleicht triffst du da ein nettes Mädchen.«

»Das wäre ein Gedanke.«

»Saubere Mädchen aus den Bergen.«

»Die stinken«, sagte er. »Ich habe das Angebot von der Universität nicht deshalb halb-angenommen, weil ich irgendwem beibringen möchte, wie man Theaterstücke schreibt. Ich habe halb-angenommen, weil ich mich umsehen will. Schreib ein Stück, wenn du kannst. Die *Cocktail Party* ist ein Riesenerfolg in New York. Es handelt von Leuten, die Cocktails trinken. Schreib ein Stück über Leute, die Wasser trinken. Aber paß auf, daß die Arbeit nicht so wichtig wird, daß du vergißt, wie gut es dir geht. Mach deiner Frau das Leben nicht schwer. Sie ist schwanger und muß ohne eine Hilfe zwei Kinder versorgen, also gib ihr eine Chance. Bleib ruhig, und wenn es mit dem Schreiben des

Stücks nicht gut läuft, dann denk daran, daß es nicht wichtig ist, ob es mit dem Stückeschreiben glattgeht. Wichtig ist, daß die Schwangerschaft glattgeht.«

»Besuch sie doch in New York«, sagte sein Vetter. »Geh und besuch deine Kinder.«

»Nein, das werde ich nicht tun«, sagte er. »Warum soll ich ihnen das Leben schwermachen? Ich werde mich um ein paar Kleinigkeiten kümmern und dann sofort an die Arbeit zurückkehren.«

»Du schreibst doch ohnehin dauernd.«

»Die Frage ist, ob man es freiwillig tut. Ich muß einfach schreiben und habe es immer müssen, weil ich das Geld brauchte.«

»Das Geld hätte ich auch nötig«, sagte der andere. »Aber ich habe es niemals gekriegt. Ich habe einfach kein Glück.«

»Du hast genug Glück. Wenn du nach Hause kommst, ist Maud da, das Essen steht da, deine beiden Jungen sind da. Was willst du denn mehr?«

»Ich möchte berühmt sein«, sagte der andere und kicherte vorgetäuscht schamhaft hinter vorgehaltener Hand. »Ich bin kahlköpfig, und dir fällt nie das Haar aus. Dir fällt das Schreiben so leicht. Du bekommst immer Geld für das, was du schreibst. Einen Haufen Geld. Du kannst aufstehen und müßig herumstreunen. Dir ist alles egal. Mir nicht. Ich brauche es so dringend, daß ich es nie kriegen werde, wahrscheinlich.«

»Du hast es schon«, sagte er. »Wenn du nach Hause kommst, wirst du sehen, daß du es hast. Zwei Jungens, und das Mädchen ist unterwegs, das Essen steht auf dem Tisch – was gibt es denn heute?«

»Freitags«, sagte der andere, »bitte ich sie immer um irgendwelchen Fisch. Sie kann alles kochen. Wahrscheinlich gibt es einen kleinen gebratenen Lachs mit gekochten Kartoffeln, Apfelkuchen und Kaffee. Sie macht jeden Abend einen Nachtisch. Deshalb werde ich auch so ein Dickwanst.« Er begann wieder leise zu lachen.

»Warum lachst du?«

»Von wegen ich *werde* ein Dickwanst«, sagte er. »Ich bin immer einer gewesen. Du solltest auf deine Gesundheit achten. Du arbeitest zu viel und bist schon ganz mager.«

»Das kommt nicht von der Arbeit.«

»Mach dir keine Sorgen wegen der Kinder. Denen geht es bestimmt gut.«

»Sicher. Was machst du morgen?«

»Am Samstag arbeite ich nie. Ich werde mit den Jungs in den Park fahren.« Wieder lachte der andere leise und sagte dann: »Mit meinem Auto, von dem Teile des Motors auf der Straße herumliegen.«

»Du hast ein gutes Sicherheitsventil«, sagte er. »Dieses Lachen. Wenn du nichts mehr zu arbeiten hast, versuch doch mal ein Theaterstück zu schreiben, aber sieh zu, daß es dich nicht gleich umwirft. Freu dich über Maud und den gebratenen Lachs.«

»Sie fragt mich jeden Morgen, was ich zum Abendessen will. So auch heute morgen, und weil mir nichts anderes einfiel, habe ich gesagt: Gebratenen Lachs. Wir essen nämlich so gern. Du solltest auch mehr essen.«

»Das ist ein Ausweg, der mir nicht mehr gefällt«, sagte er. »Früher dachte ich, er gefiele mir, aber das stimmt nicht. Whiskey gefällt mir, aber sehr viel Auftrieb gibt er mir auch nicht. Mein richtiger Ausweg ist die Familie.«

»Ich hoffe, du lernst jemand wirklich Nettes an der Universität kennen.«

»Sicher nicht. Aber ich werde trotzdem hingehen.«

»Du wirst bestimmt jemand kennenlernen«, sagte der andere. »Du hast die Hälfte des Jahres noch vor dir, und du wirst sehen, noch ehe das Jahr vorbei ist, kommt alles wieder in Ordnung. Ich habe dir schon im November gesagt, das wird ein großartiges Jahr für dich werden.«

»Habe ich nicht gesagt, daß es auch für dich ein großartiges Jahr werden wird?«

Der andere lachte wieder, innerlich bewegt von seinem Geheimnis.

»Alle meine Jahre sind gleich«, sagte er. »Immer nur Mißerfolge. Ich kann nicht einmal einen Gebrauchtwagen kaufen, ohne dabei auf einen Schwindel hereinzufallen. Ich muß schuften wie ein Hund, um es auf sechzig oder siebzig Dollar die Woche zu bringen. Und alles, was ich schreibe, ist läppisch. Ich renne dem Ruhm hinterher und falle dauernd nur auf die Schnauze.« Erneut lachte er leise auf.

»Du hast Maud und die Kinder.«

»Ja, die habe ich. Aber du solltest wirklich deine Kinder besuchen, wenn du in New York bist. Geh irgendwohin und verbringe ein paar nette Stunden mit ihnen. Nimm sie in den Arm, laß sie deinen Geruch spüren. Es ist nicht gut, wenn deine eigenen Kinder deinen Geruch nicht mehr kennen.«

»Ich weiß«, sagte er, »und es ist auch nicht gut, wenn ich vergesse, wie sie riechen, wie sie laufen und wie sie aus ihrem Gesicht sehen.«

Als sie zum Ferry Building kamen, nahm sein Vetter, der »Begleithund«, wie ihn seine Mutter immer genannt hatte, beide Koffer, während er das Taxi bezahlte, aber als er das erledigt hatte, griff er sich den schwersten selbst, um ihn zu tragen.

»Wir müssen uns beeilen«, sagte sein Vetter. »Sie machen gerade das Tor zu.«

»Nein«, sagte er. »Laß sie nur machen.« Sie gingen gemächlich, und direkt hinter ihnen schob der Mann das Tor zu.

Als sie auf der Fähre waren, sagte sein Vetter: »Was hättest du denn gemacht, wenn sie uns das Tor vor der Nase zugemacht hätten?«

»Ich hätte ein Taxi bestellt zum Flughafen«, sagte er, »und eine Maschine nach New York bestiegen. Von dort wäre ich weitergeflogen, und zwar nach Paris. Ich hätte ein Taxi genommen, das mich nach Enghien bringt. Da hätte ich mich an den Tisch gesetzt und Baccarat gespielt.«

»Im Ernst?«

»Genau das hatte ich vor.«

»Und die Universität?«

»Was soll damit sein?«

»Und das Mädchen, das du da kennenlernst?«

»Im Casino in Enghien hätte ich auch eins kennengelernt.«

Sie erreichten das Oberdeck der Fähre, als sich das Schiff von der Pier löste.

»Du kannst jedenfalls nicht sagen, daß es kein gutes Jahr gewesen wäre, bisher«, sagte der »Begleithund«.

»Nein«, sagte er. »Das kann ich nicht sagen. Es hätte viel schlimmer sein können, wenn ich mir auch nicht vorstellen kann, wie.«

Sie sahen zu, wie San Francisco erst in voller Größe vor ihnen aufragte, dann kleiner wurde und schließlich im Sonnenuntergang verschwand. Zum richtigen Zeitpunkt gingen sie ans andere Ende des Schiffes, um auszusteigen. Der Zug wartete schon, und der Schaffner brachte ihn zu seinem Abteil.

»Ich hoffe bloß, die Fähre sinkt nicht, wenn ich zurückfahre«, sagte sein Vetter.

»Laß sie alle Wasser trinken.«

»Wen?«

»Die Leute in deinem Stück. Vielen Dank, daß du mitgekommen bist. Paß auf Maud und die Jungs auf.«

Bis zur Abfahrt standen sie noch auf dem Bahnsteig. Als sich der Zug in Bewegung setzte, sprang er auf und sah seinen Vetter zurückbleiben. Er lachte leise, war vor lauter Mißerfolgen und Frustration fast nicht in der Lage, den Arm zum Winken zu heben, und war in Wirklichkeit doch der erfolgreichste Mensch, den er kannte.

Anmerkungen

Die vorliegenden siebenundfünfzig Kurzgeschichten, Fabeln, Theaterstücke und Essays stammen aus den Archiven der Hairenik Association in Boston (212 Stuart Street) und wurden in den Jahren 1939 bis 1954 im *Hairenik Weekly* und in der *Armenian Review* veröffentlicht. Saroyan hat den Haireniks seine Arbeiten stets kostenlos zur Verfügung gestellt und dieser vaterländischen armenischen Vereinigung auch das Copyright daran geschenkt. Dadurch ist, unbeschadet aller späterer Ausgaben und Anthologien, deren Zusammenstellung Saroyan sich vorbehalten hatte, im Archiv der Haireniks eine einmalige Sammlung von Saroyan-Texten entstanden, deren zweiter Teil hier vorgelegt wird (vgl. W. S.: *Der erste Sommertag*, Zürich 1984).

Aufschlüsse über Saroyans Beziehungen zu den Haireniks und sein Verhältnis zu seiner armenischen Herkunft geben neben dem ersten Band dieser Sammlung (s. o.) vor allem das Gespräch mit James H. Tashjian vom 29. Juni 1975 in Boston und ein Sonderheft der *Armenian Review* aus dem Jahre 1981, das anläßlich des Todes von William Saroyan veröffentlicht wurde. In dieser *Saroyan Memorial Issue* (im folgenden: SMI) sind über hundert bis dahin unveröffentlichte Briefe Saroyans abgedruckt.

Ein Augenblick der Prosa in Kansas

Erstveröffentlichung in: *Hairenik Weekly*, 6. Januar 1939. Nicht wieder veröffentlicht, aber von Edward J. O'Brien in seinen *Best short stories of 1940* mit zwei Sternen ausgezeichnet. Gehört zu den zwölf Geschichten, die Saroyan am 16. Mai 1938 an die Redaktion des *Hairenik Weekly* geschickt hatte. (Vgl. *Saroyan Memorial Issue* (SMI) der *Armenian Review*, Bd. XXXIV, September 1981, Brief 12, S. 259f.) Die Geschichte beruht zumindest teilweise auf einer wahren Begebenheit. In *There comes/there goes you know who* (1961), S. 21, schreibt Saroyan: »Im Jahre 1928 mußte ich von San Fransisco nach New York reisen ... Wenn ich sage, ich ›mußte‹ nach New York, könnte man denken, ich wäre in irgendeiner wichtigen Sache von irgend jemand geschickt worden. Aber nichts dergleichen war der Fall. Ich hatte noch nicht mal das Fahrgeld, das sich damals auf achtunddreißig Dollar belief, aber der jüngere Bruder meines Vaters, Mihran, lieh mir das Geld. Eigentlich hat er mir sogar zweihundert Dollar geliehen ... In Kansas fiel der Bus in den Graben und legte sich auf die Seite ...« Der Zwischenfall ereignete sich, wie gesagt, im August 1928, als Saroyan nach New York fuhr, um »irgend jemanden für meine Arbeit zu interessieren« und eine Stellung zu finden, die es ihm ermöglichte, weiter zu schreiben. Ob es das »Mädchen« aus der Geschichte tatsächlich gegeben hat, wird man wohl nie erfahren. Wenn ja, dann hat Saroyan sein Versprechen, eine Geschichte über den Unfall zu schreiben, zehn Jahre nach dem Ereignis ziemlich verspätet erfüllt. Vgl. auch *Eine heilige Stille*, wo von einem Mädchen namens Maud die Rede ist, das »als Kind in Kansas im Weizen« gestanden habe, und die ebenfalls auf das Jahr 1928 zurückgehende Geschichte *Two days wasted in Kansas City*, die in *Inhale and exhale* (1936) veröffentlicht wurde und sich mit einem Straßenmädchen beschäftigt, das Saroyan beim Würfeln beobachtet hatte. Werkverzeichnis (von James H. Tashjian) Nr. 49.

Eine heilige Stille

In: *Hairenik Weekly*, 13. Januar 1939. Nicht wieder veröffentlicht, aber von O'Brien in den *Best short stories of 1940* mit drei Sternen ausgezeichnet. Werkverzeichnis Nr. 50.

Der »Europa Club«

In: *Hairenik Weekly*, 20. Januar 1939. Nachgedruckt in *Peace, it's wonderful* (1939). Von O'Brien 1940 mit einem Stern ausgezeichnet. Werkverzeichnis Nr. 51.

Der unveröffentlichte Schriftsteller, der Regen, die Tochter

In: *Hairenik Weekly*, 27. Januar 1939. Nicht wieder veröffentlicht. Werkverzeichnis Nr. 52.

Das Wort

In: *Hairenik Weekly*, 3. Februar 1939. Saroyan drückt hier seinen Hang aus, den Wildfang und Freidenker zu spielen, eine Neigung, die ihn wider Willen dazu verführt, die konservativen Züge in seinem Inneren zu unterdrücken, die ihm durchaus bekannt sind. Im Gespräch mit Tashjian am 29. Juni 1975 in Boston hat Saroyan erklärt: »Nun, ich bin eben anders, und das muß auch so sein. Jeder muß anders als alle andere sein. Was wäre das für eine schreckliche graue Welt, wenn wir alle gleich dächten – eine Welt von homogenisierten Milquetoasts! Warum sehen wir, wenn man schon verlangt, daß wir gleich denken, nicht auch gleich aus? Aber mein Anderssein ist nie verstanden worden, und ich bin nicht sicher, ob ich es selbst verstehe. Ich habe viele verrückte Dinge in meinem Leben getan, es gibt etwas in mir, was mich dazu treibt, solche Dinge zu tun. Ich bedaure, daß ich solche Dinge tun *muß*. Es ist nicht leicht für mich, ich zu sein. Ich habe mich stets im Aufruhr gegen die Welt und mich selbst befunden. Aber – und das ist entscheidend an mir – tief in meinem Inneren gibt es Überzeugungen und Wertvorstellungen, die mich eher als einen konservativen, religiösen Menschen kennzeichnen würden, wenn ich mir erlaubte, sie zu äußern. Ob das daran liegt, daß ich Armenier bin? Die Armenier sind schließlich immer sehr gläubig gewesen. Sagen Sie, wissen Sie etwas über Atavismus? Sagen Sie mir, was Sie wissen!« Saroyan spielte für gewöhnlich den typischen intellektuellen Liberalen. Er war ein leidenschaftlicher Gegner des Krieges und jeglicher Gewalt, aber wenn ihm selbst jemand auf die Zehen trat, ließ er Ghandis »passiven Widerstand«, den er sehr bewunderte, rasch fallen und wurde mörderisch wütend, was bei vielen Menschen der Fall ist, die dem Grundsatz der Friedfertigkeit anhängen. Er beklagte Not und Armut, die er ja selbst erlebt hatte, und spottete über die Reichen; gleichzeitig verlangte und akzeptierte er gewaltige Honorare für seine Arbeiten, sparte sehr wenig und gab enorme Summen für die Vergnügen der Wohlhabenden aus. Er spottete über die sogenannten »Berühmtheiten« und war skeptisch im Hinblick auf die Gesellschaft im allgemeinen, während er fest überzeugt war, daß der einzelne Mensch dem Wesen nach gut sei. Ärgerlich wurde er allerdings, wenn man ihn als »Humanisten« bezeichnete. Im Gespräch mit Tashjian sagte er: »Vor allem weiß ich nicht recht, was dieses Wort eigentlich heißt. Wissen Sie es? Ich habe mal im *Collegiate (Dictionary)* nachgesehen und fand das Wort absurd. Sicher, ich habe mit Menschen zu tun, aber dasselbe galt auch für Stalin, Hitler, Mussolini, Tamerlan und Cromwell. Waren sie vielleicht ›Humanisten‹, weil sie behaupteten, ihre Verbrechen geschähen zum Besten der Menschheit? Hat nicht auch Talaat behauptet, es geschähe im Interesse nicht nur der Türken, sondern auch der übrigen Menschheit, wenn er die Armenier ausrotte? Wenn so ein Mann von sich sagt, er sei ›Humanist‹, möchte ich nicht in dieser Gesellschaft genannt werden. Ich habe niemanden darum gebeten, mich irgendwo einzuordnen. Ich bin einfach William Saroyan, ich stehe nur für das, was *ich* bin, wahrscheinlich gibt es gar keinen anderen wie mich, und wenn ich ein ›Humanist‹ bin, dann nur in dem Sinne, wie ich mich verstehe – und den Begriff. Derlei Einordnungen sind im allgemeinen sowieso vollkommen sinnlos, niemand ist Fachmann für jemanden anderes, ja, nicht einmal für sich selbst ist man Fachmann. Ich habe mich selbst nie verstanden, wie sollte mich da jemand anderes verstehen? Wenn ich eine Philosophie habe, dann muß man sie in meinen Werken suchen; aber eine solche Suche wird den Suchenden wahrscheinlich nirgendwo hinführen. Aber das schadet ja nichts; sollen mich die Leute nur einordnen, wenn sie gern wollen. Sollen sie ihren Spaß dabei haben. Das einzige, was ich nicht leiden kann, ist, wenn sie vergessen, daß Bill Saroyan Armenier ist. Ich glaube, von meiner Lebensweise her bin ich kein typischer Armenier, aber Sie müssen doch zugeben, daß ich mich am Schluß immer als Armenier erweise.« Dieser nicht wieder veröffentlichte Text sollte nicht mit dem VII. Kapitel von *Here comes/there goes you know who* verwechselt werden, das ebenfalls den Titel *The word* trägt. Werkverzeichnis Nr. 53.

1933

In: *Hairenik Weekly*, 24. Februar 1939. Diese Notizen erinnern an Saroyans mühselige Zeit vor dem Mai 1933, als zum ersten Mal eine Arbeit von ihm im *Hairenik Daily* erschien, und vor seiner Entdeckung durch Foley und Burnett, die ihn berühmt machte. Der Schauplatz ist Fresno im April 1933. Nicht wieder veröffentlicht. Werkverzeichnis Nr. 54.

Die Neuankömmlinge

In: *Hairenik Weekly*, 3. März 1939. Dies ist der zweite dramatische Versuch Saroyans, der überhaupt veröffentlicht wurde. Der erste war: *Unsere Zeit: Eine Revue der heutigen Zeit* (vgl. *Der erste Sommertag*, Zürich 1984), veröffentlicht am 3. Juni 1938 im *Hairenik Weekly*. Das erste auf dem Theater aufgeführte Stück Saroyans war *My heart's in the highlands*, das im April 1939 Premiere hatte. Im Gespräch mit Tashjian sagte Saroyan: »Im *Hairenik Weekly* wurde das Stück ganz einfach als Kurzgeschichte gedruckt, aber das war mein Fehler, ich hatte auf dem Manuskript nicht angegeben, daß es ein Stück ist, nun ja.« Die Melikians aus Fresno waren mit Saroyan verwandt, und John Melikian, ein Vetter Saroyans, schrieb eine Anzahl von Kurzgeschichten für *Hairenik Weekly*. Nicht wieder veröffentlicht. Werkverzeichnis Nr. 55.

Das Lied

In: *Hairenik Weekly*, 10. März 1939. Offensichtlich eine »Aram«-Geschichte. Schauplatz ist die »Armenian Town« in Fresno. Nicht wieder veröffentlicht, aber von O'Brian 1940 mit einem Stern ausgezeichnet. Werkverzeichnis Nr. 56.

Die Illustrierte *Life* und Harry, der Polospieler, der es nie in die Mannschaft geschafft hat

In: *Hairenik Weekly*, 17. März 1939. Nicht wieder veröffentlicht. Werkverzeichnis Nr. 57.

Das Märchen vom Krieg zwischen dem alten Komplex und der neuen Kultur

In: *Hairenik Weekly*, 24. März 1939. Saroyan selbst war natürlich Autodidakt. Den Höhepunkt seiner formalen Ausbildung hatte er mit zwei Jahren High School erreicht. Im Gespräch mit Tashjian sagte Saroyan: »Zwei Dinge lernte ich damals: Schreibmaschine schreiben und die Kunst, mich zu langweilen. Mein Zustand besserte sich erst, als ich einfach die Schule verließ. Ich hatte die öffentliche Bibliothek in Fresno entdeckt, und dort schien es mir viel interessantere Dinge zu geben als in der McLane High School. Ich entdeckte die Harvard Classics, und wenn ich am Sonntag in der Zeitung las, daß Harvards Football-Mannschaft wieder einmal verloren hatte, dachte ich mir: Immerhin haben sie dafür die Classics.« Saroyans Credo im Schlußsatz, »daß es keinen Sinn mehr hat, sich weiter selbst zu belügen: Kultur und Armut und Jahre der demokratischen Sklaverei passen einfach nicht zusammen«, wird in vielen seiner Werke wiederholt. Nicht wieder veröffentlicht. Werkverzeichnis Nr. 58.

Der lange Weg nach Tipperary

In: *Hairenik Weekly*, 7. April 1939. Der Ursprung dieser Geschichte liegt offensichtlich im Jahre 1919 (»vor mindestens zwanzig Jahren«), als Saroyan elf Jahre alt war und in Fresno lebte. Im Gespräch mit Tashjian sagte Saroyan: »Mit den Iren habe ich immer Glück gehabt, und *The long way to Tipperary* ist eins der Lieder, die ich gern vor mich hinpfeife.

Es erinnert mich an die Kriegsjahre in Fresno – was weit genug weg von der Front lag, um die Leute zum Pfeifen zu bringen. Irland habe ich immer bewundert, schon deshalb, weil es ähnlich wie Armenien und die Armenier trotz jahrelanger Unterdrückung eine farbige, zum Teil sogar fröhliche Kultur hervorgebracht hat. Grün habe ich jedenfalls immer gemocht, und irgendwo habe ich einmal gehört, daß Grün früher einmal die Farbe der armenischen Kultur war, was meine Vorliebe für die Iren sicher erklärt. Vor einigen Jahren habe ich, glaube ich, auch im *Hairenik Weekly* einen Aufsatz über die rassische und kulturelle Verwandtschaft zwischen Iren und Armeniern gelesen. So ist es, habe ich damals gesagt, deshalb sind wir uns also ähnlich. Das ist gut für beide.« Saroyans Wunsch, Irland zu besuchen, hat sich noch im Lauf des Jahres 1939 erfüllt. Leider ist nicht bekannt, ob sein Eindruck positiv oder negativ war. Nicht wieder veröffentlicht. Werkverzeichnis Nr. 59.

Das Leben

In: *Hairenik Weekly*, 14. April 1939. Auf Saroyans Wunsch wurde dieser kurze Text im Jahre 1963 in der *Armenian Review* nachgedruckt und wurde auf diese Weise zu seinem letzten Beitrag in den *Haireniks*. Ansonsten nicht wieder veröffentlicht. Werkverzeichnis Nr. 60 und Nr. 119.

Cuba libre

In: *Hairenik Weekly*, 18. August 1939. In einem Brief vom 8. August 1939 (SMI, Brief 40, S. 289) mit neuer Adresse (1821 Fifteenth Avenue, San Francisco) erwähnt Saroyan diese Geschichte als Beischluß. Wie es scheint, wurde der Text in San Francisco geschrieben, und zwar vor Saroyans Europareise nach London, Dublin und Paris im Sommer 1939. In Saroyans Brief heißt es: »Ich wohne jetzt in einem neuen Haus, das ich für meine Mutter, meine Schwester Zabel und mich gekauft habe. F.H.A. Ich bin noch nicht wieder richtig zur Ruhe gekommen, aber die Einrichtung vervollständigt sich jeden Tag. Beim Ordnen meiner Manuskripte bin ich auf einige ziemlich neue und ein paar alte, aber gute Geschichten gestoßen, die Sie vielleicht in den *Haireniks* abdrucken könnten.« Es folgt eine Aufzählung, zu der auch die beiden folgenden Texte gehören. *Cuba libre* wurde nicht wieder veröffentlicht. Werkverzeichnis Nr. 61.

Das Abendmahl

In: *Hairenik Weekly*, 25. August 1939. Dies ist die zweite Geschichte, die am 8. August 1939 im Brief 40 an die Redaktion geschickt wurde. Der allegorische Text wurde wahrscheinlich Ende der zwanziger Jahre geschrieben, als sich Saroyan in San Francisco mühselig durchschlug. Nicht wieder veröffentlicht, aber von O'Brien 1940 mit drei Sternen ausgezeichnet. Werkverzeichnis Nr. 62.

Die drei Lehren, die böse Stiefmutter und die schöne Stieftochter

In: *Hairenik Weekly*, 8. September 1939. Siehe SMI, Brief 40, wie oben. Saroyans zahlreiche »Fabeln« wurden zunächst im *Hairenik Weekly* veröffentlicht und später mit einigen anderen Texten in *Saroyan's fables* (1941) gesammelt veröffentlicht. Der bei Harcourt, Brace and Company erschienene, 90 Seiten starke Band wurde von Warren Chappell illustriert und ist »Meinem Onkel Aram Saroyan« gewidmet, mit dem sich Saroyan damals offenbar gut verstand. *Saroyan's fables* enthält siebenundzwanzig Fabeln. In der Tradition von Aesop, Chaucer und Boccaccio ließ Saroyan auf das Vorsatzblatt drucken: »Eine Handvoll alte armenische Geschichten, von Verwandten aus der alten Heimat erzählt und in einfachem Englisch niedergeschrieben, nebst einigen Geschichten über alte und junge Armenier aus seiner (Saroyans) Heimatstadt Fresno in Kalifornien, die hiermit zum ersten Mal in irgendeiner Sprache veröffentlicht werden.« Diese erste Auflage (es gab keine weiteren) von Saroyans Fabeln, verziert mit schönen Holzschnitten von Warren Chappell, wurde gesetzt in der 18 Punkt Caslon Old Face. Im Huxley House, New York City, wurden im Jahre 1941 eintausend Exemplare gedruckt und vom Autor signiert. Von den 27 Texten dieser heute sehr gesuchten Ausgabe wurden 19 zuerst in sieben Ausgaben des *Hairenik Weekly* gedruckt. (Nur zwei Fabeln aus dem *Hairenik Weekly* wurden nicht aufgenommen.) *Die drei Lehren...* erschienen in *Saroyan's fables* (S. 81 ff.) als Nr. XXVI unter dem Titel: *My grandmother Lucy's magnificient parable of the three instructions, and how they brought the half-wit husband home to his utterly unattractive wife after eighteen long years and how I think he could have used a fourth instruction.* Es ist eine der drei »Lucy«-Geschichten des Bandes. Außer diesen wird nur noch die Fabel Nr. II einer persönlichen Quelle (Saroyans Onkel Aram) zugeschrieben. Saroyan ließ unerwähnt, daß er sich von der Redaktion des *Hairenik Weekly* bei der Zusammenstellung der Fabeln Hilfestellung geben ließ. Dies belegt aber schon der erste Brief, der sich mit dem Projekt beschäftigt (SMI, Brief 22, 8. September 1938, Carl Street).

Dort heißt es: »Ich möchte Sie um einen Gefallen bitten: Könnten Sie mir alle armenischen oder kurdischen Sprichwörter schicken, die Ihnen bekannt sind? Bitte übersetzen Sie den Text ganz wörtlich, und fragen Sie auch alte Leute, die Sie kennen, auch außerhalb der *Haireniks*. Ich möchte so viele von diesen Sprichwörtern sammeln wie möglich, in lebendiges Englisch (Amerikanisch) übertragen und zu einem kleinen Buch zusammenstellen, einem ganz besonderen Buch.« Die Redaktion kam diesem Wunsch wohl auch nach, denn im Brief 27, vom 12. Oktober 1938 aus der Carl Street, schreibt Saroyan: »Vielen Dank für das kleine Buch. Ich glaube, im Lauf der Zeit sollte eine Sammlung mit allen schriftlich oder mündlich überlieferten Sprichwörtern in englischer Sprache veröffentlicht werden. (Denken Sie für später daran!) Auch das deutsche Buch mit den kurdischen Sprichwörtern sollten wir nicht aus den Augen verlieren.« Saroyan bezieht sich mit dieser letzten Bemerkung offenbar auf die von Professor Mannog Abeghian (Universität Leipzig) herausgegebene Sammlung armenischer und kurdischer Fabeln in deutscher Sprache, die Saroyan ebenfalls von der Redaktion des *Hairenik Weekly* erhalten hatte. – Der letzte Teil der Fabel, der von der bösen Stiefmutter handelt, wurde in den *Fables* als Nr. XVII unter dem Titel erzählt: *The lovely thing that happened to the beautiful step-daughter who was cemented into the tower by the bad step-mother.* – Bei dieser Gelegenheit sollte man vielleicht Saroyans Beziehungen zu seinem Onkel Aram etwas näher beleuchten, die äußerst zweischneidig waren und über die seinerzeit in armenischen Kreisen viel diskutiert worden ist. In *Here comes/there goes you know who* (S. 51) heißt es: »Der jüngere Bruder meiner Mutter, Aram, der Erfolgreiche, der Strafverteidiger, der Rosinenhändler, der Weinbergsbesitzer, der Redner, der Patriot, war, was den äußeren Ruhm in der Welt betrifft, bei weitem der bedeutendste Mann in meiner Familie, andererseits aber auch der arroganteste, ungeduldigste, jähzornigste, unvernünftigste, unberechenbarste und ganz allgemein hirnverbrannteste Mann, den ich jemals kennengelernt hatte. Dennoch mochte ich ihn und lachte mich (wie wir zu sagen pflegten) beinahe tot über die Geschichten, die er erzählte ... Es war wohl unvermeidlich, daß Aram und ich eine Menge Spaß miteinander hatten, und so kam es dann auch ... Wir haben uns gelegentlich auch überworfen, und unsere Auseinandersetzungen waren oft laut und unabsichtlich komisch.« *Ebenda* (S. 56, S. 62ff.) erzählt Saroyan, daß er 1923, mit fünfzehn, in einem von Arams Weinbergen und 1926, mit achtzehn, in Arams Kanzlei gearbeitet habe, bis ihn dieser mit den Worten hinauswarf: »Du bist eine Schande für unsere Familie, für meine Schwester, für alle Saroyans. Verschwinde ...« Saroyan ging nach Los Angeles, wo er drei Tage lang im Kaufhaus Bullock's arbeitete, um dann nach San Francisco zu flüchten, wo er beim Telegrafenbüro eine Anstellung fand und Fresno gelegentliche Besuche abstatten konnte. Die ganze Zeit gingen die Auseinandersetzungen mit seinem Onkel Aram weiter, der Saroyan erst akzeptierte, als er ein erfolgreicher Schriftsteller geworden war. Werkverzeichnis Nr. 63.

Der Kriegsschauplatz

In: *Hairenik Weekly*, 15. September 1939. In einem Brief vom 8. September 1939 (SMI, Brief 42, S. 286) bittet Saroyan dringend darum, daß »diese Geschichte so schnell wie möglich gedruckt« werden solle. Ungefähr um die gleiche Zeit schrieb Saroyan innerhalb von sechs Tagen im »Great Northern Hotel« in New York sein Stück *The time of your life*. Im Gespräch mit Tashjian war sich Saroyan nicht sicher, welches der beiden Werke dem anderen vorausging: »In jenen Tagen ging es eben peng-peng, und ich kann mich nicht an die Reihenfolge erinnern.« Nachgedruckt in *The time of your life and miscellaneous essays* (27. November 1939). Der Text beginnt mit dem Hinweis, daß es sich um ein »Theaterstück« handle, aber er ist nicht wie ein Drama geschrieben. Werkverzeichnis Nr. 64.

Geschichten aus der alten Heimat. Teil Eins

In: *Hairenik Weekly*, 22. September 1939. Von diesen drei Fabeln wurden zwei in *Saroyan's fables* (1941) nachgedruckt. Die erste, *Der arme Mann* als Nr. XX (S. 63) unter dem Titel: *The severe but instructive words that were said to the poor man who was under the impression that being poor entitled him also to be slovenly, which even a couple of centuries ago was regarded as nonsense* und die dritte, *Die gesellschaftlich ehrgeizige Frau und der einfache Flickschuster* als Nr. XXII (S. 67) unter dem Titel: *How difficult it is for a man to enjoy living if his wife is socially ambitious and goes around telling fantastic lies about his clairvoyant powers, and how one poor cobbler got out of the awful mess*. Die zweite Geschichte, *Der Wassermelonen-Esser*, ist eine der beiden Fabeln aus den *Haireniks*, die keine Aufnahme in *Saroyan's fables* gefunden hat. Werkverzeichnis Nr. 65.

Zwei alte armenische Geschichten und eine neue

In: *Hairenik Weekly*, 29. September 1939. (Vgl. SMI, Brief 44, vom 18. September 1939, Fifteenth Avenue: S. 288.) Die erste Geschichte, *Der Handel der beiden Betrüger*, wurde in *Saroyan's fables* (1941) nachgedruckt als Nr. XVII (S. 51) unter dem Titel: *How the dishonest traders outwitted each other but died in the end nevertheless and unwittingly caused little children to thank God for flowers*, die zweite, *Der Mann, der stets Lobe die Weisheit des Herrn sagte*, als Nr. XVIII (S. 55) unter dem Titel: *What happened to the wise guy who scoffed at the family man whose faith was so great that even in tragedy he said, Praise God, He knows what He is doing*; die dritte, *Der Mann, der vertraulich zu beten verstand*, als Nr. XIX (S. 58) unter dem Titel: *One of the long and confidential prayers the religious old Armenian of Fresno used to make every Wednesday night at the First Presbyterian Church about twenty years ago, and how empty the world is without him*. Werkverzeichnis Nr. 66.

Die Achse

In: *Hairenik Weekly*, 6. Oktober 1939. Nicht wieder veröffentlicht, aber von O'Brien 1940 mit einem Stern ausgezeichnet. Werkverzeichnis Nr. 67.

Vier kleine armenische Geschichten

In: *Hairenik Weekly*, 13. Oktober 1939. Die erste wurde in *Saroyan's fables* (1941) nachgedruckt als Nr. XXIII (S. 75) unter dem Titel: *What the priest said to the assassin who had broken the standard rules for inhuman behaviour*; die zweite als Nr. XXIV (S. 76) unter dem Titel: *How the hair of women is long, the understanding short, and what a ghastly lack of appreciation there is in them for genius*; und die vierte als Nr. XXV (S. 77) unter dem Titel: *The problem of the unhappy little boy whose father regarded him as a child, instead of a personality, little suspecting that anyone capable of knowing sorrow is ageless and will therefore refuse to have a wounded heart healed by a Kewpie doll*. Die dritte Geschichte *Als die Kuh*... wurde nicht wieder veröffentlicht. Werkverzeichnis Nr. 68.

Der Jüngste Tag kommt

In: *Hairenik Weekly*, 20. Oktober 1939. Trägt den Untertitel *A fragment of a play*. Dieses frühe Stück Saroyans stammt aus seiner Zeit in San Francisco und wurde beim

Umzug in die Fifteenth Avenue wiederentdeckt. Etwa zur gleichen Zeit, als dieser Text im *Hairenik Weekly* veröffentlicht wurde, erlebte das Stück *The time of your life*, dessen »Generalprobe« in Boston stattgefunden hatte, seine Broadway-Premiere. (Vgl. SMI, Brief 47, vom 2. Oktober 1939, Fifteenth Avenue, S. 280.) Nicht wieder veröffentlicht und, soweit bekannt, nie aufgeführt. Werkverzeichnis Nr. 69.

Zusammenfassung zweier Romane

In: *Hairenik Weekly*, 27. Oktober 1939. Wurde wahrscheinlich zusammen mit »Lauri« am 2. Oktober 1939 (SMI, Brief 47, S. 289) an die Redaktion geschickt. Werkverzeichnis Nr. 70.

Lauri

In: *Hairenik Weekly*, 3. November 1939. Dies ist eine Art »Aram«-Geschichte. Soviel uns bekannt ist, hat Saroyan sein Versprechen, noch mehr über seinen »Vetter Lauri« zu erzählen, nicht eingelöst. »Lori« ist der Name einer berühmten Landschaft in Armenien. Nicht wieder veröffentlicht, aber von O'Brien 1940 mit zwei Sternen ausgezeichnet. Werkverzeichnis Nr. 71

Der Junge aus Kingsburg

In: *Hairenik Weekly*, 24. November 1939. Wurde am 14. Juni 1939 (SMI, Brief 41, S. 286) aus dem »Great Northern Hotel« in New York an die Redaktion geschickt. Diese Geschichte muß während der sechs Tage geschrieben worden sein, in denen Saroyan auch *The time of your life* verfaßt hat. Im Begleitbrief heißt es: »Ich schicke Ihnen beiliegend eine weitere Geschichte, die nach dem Material gedruckt werden soll, das Ihnen schon vorliegt...« Wie es scheint, hat Saroyan den autobiographischen Inhalt dieser Geschichte von Fresno nach Kingsburg verlegt, einer kalifornischen Kleinstadt, die ebenfalls eine größere armenische Bevölkerungsgruppe beherbergt. Im Gespräch mit Tashjian sagte Saroyan: »Ich habe diese Geschichte immer gemocht. Der größte Teil ist wirklich passiert. Ich erinnere mich nicht an den Namen des Mädchens, aber das macht nichts, es hat sie gegeben – und ich hoffe, es gibt sie immer noch, mit einem Dutzend Kindern und einem halben Dutzend Enkelkindern dazu. Die hat sie verdient. In San Francisco habe ich damals Bücher verkauft, in einem Geschäft irgendwo in der Nähe der Powell Street, ehe ich (1927) zum Telegrafenamt kam. Aber ich fand, daß es absurd sei, die Bücher von anderen zu verkaufen, statt meine eigenen, deshalb kündigte ich. Dann hatte ich das Glück, keinen Job bei der Zeitung zu kriegen, obwohl ich mir ausgemalt hatte, ein zweiter Richard Harding Davis zu werden. Für die Zeitung zu schreiben, hätte mich ruiniert; ich hätte mich an den Zeitungsjargon anpassen müssen – ›Wie aus gutunterrichteter Quelle verlautet, erreichten die Feuerwehren den Brandherd zu spät. Zwölf Personen verbrannten, weil die Feuerwehrleute auf der Brandwache Craps spielten‹ – und dergleichen unsterbliche

Werke.« Nicht wieder veröffentlicht, aber von O'Brien 1940 mit zwei Sternen ausgezeichnet. Werkverzeichnis Nr. 72.

Geschichten aus der alten Heimat. Teil Zwei

In: *Hairenik Weekly*, 1. Dezember 1939. Die erste dieser Fabeln wurde wiedergedruckt in *Saroyan's fables* (1941) als Nr. XIII (S. 38) unter dem Titel: *The lies the bald-headed man and the man with the running nose told the man with the crooked leg, in a small contest, and what he said in reply*; die zweite als Nr. XIV (S. 41) unter dem Titel: *How the king who wanted to believe the blind of his realm were nice people got back his gold coin from the blind thief who looked like a saint but acted human just the same*; die dritte als Nr. XV und die vierte als Nr. XVI (S. 44) unter dem Titel: *How the Mohammedan period of fasting was brought to an official end because now and then even a handful of deaf people are thrown together by humanity for the purpose of sending a little laughter down the ages*. Werkverzeichnis Nr. 73.

Mein Zeuge bezeugt

In: *Hairenik Weekly*, 29. Dezember 1939. Saroyan verteidigt hier leidenschaftlich seine »Erlebnis«-Texte gegen die weitverbreitete damalige Kritik. Nachgedruckt in *Dear baby* (1944) und *The Saroyan special* (1948). Werkverzeichnis Nr. 74.

Geschichten aus der alten Heimat. Teil Drei

In: *Hairenik Weekly*, 5. Januar 1940. Die erste dieser Fabeln wurde wiedergedruckt in *Saroyan's fables* (1941) als Nr. X (S. 25) unter dem Titel: *How the city slicker made a monkey out of the king who thought he was too smart to be fooled by anybody, let alone a common old-time pitchman*; die zweite als Nr. XI (S. 28) unter dem Titel: *What the Armenian butcher said to the Armenian barber without speaking, in the presence of the astounded king and the astounded king's unastounded but very suspicious spy*; die dritte als Nr. XII (S. 31) unter dem Titel: *How the devil was humiliated three times by the young native of Bitlis who never so much as went to school*. Werkverzeichnis Nr. 75.

Ein Wort an die Spötter

In: *Hairenik Weekly*, 16. Februar 1940. Nachgedruckt in *My name is Aram* (1940) und deshalb auch eine »Aram«-Geschichte. »Aram« (Saroyan) ist allerdings in dieser Geschichte schon zwanzig Jahre alt, so alt wie Saroyan, als er 1928 nach New York ging. »Gyko« ist ein Kosename für »Krikor«, was wiederum »Gregor« bedeutet; die 200 Dollar hatte Saroyan allerdings sein Onkel Mihran geliehen. Werkverzeichnis Nr. 76.

Der Abdruck der Übersetzung von Hans Zbinden erfolgt mit freundlicher Genehmigung der Artemis Verlags-AG, Zürich.

Der kleine Streit zu Hause

In: *Hairenik Weekly*, 8. März 1940. Eine von Saroyans »Sam der Barkeeper«-Geschichten, der Schauplatz ist vielleicht San Francisco. Nicht wieder veröffentlicht. Werkverzeichnis Nr. 77.

Der Mann, der im Zeichen des Skorpions geboren ist

In: *Hairenik Weekly*, 22. März 1940. Ebenfalls eine »Sam der Barkeeper«-Geschichte. Saroyan selbst wurde am 31. August 1908 im Zeichen der Jungfrau (23. August–22. September) geboren. Nicht wieder veröffentlicht. Werkverzeichnis Nr. 78.

Geschichten aus der alten Heimat. Teil Vier

In: *Hairenik Weekly*, 10. Mai 1940. *Der Lump aus Odessa...* wurde nachgedruckt in *Saroyan's fables* als Nr. VIII (S. 15) unter dem Titel: *The embarassment that came to the crook from Odessa who tried to swindle the bright boy of Bitlis; Der einfältige Mann...* als Nr. IX (S. 17) unter dem Titel: *The tribulations of the simple husband who wanted nothing more than to eat goose but was denied this delight by his unfaithful wife and her arrogant but probably handsome lover*. Im *Saroyan special* (1948) und im *William Saroyan Reader* (1958) wurde die »Gänse«-Geschichte dann einfach als »Fabel IX« aus *Saroyan's fables* nachgedruckt. Werkverzeichnis Nr. 79.

Wie es sein wird

In: *Hairenik Weekly*, 21. Juni 1940. George Gershwin starb in Hollywood am 11. Juli 1937 an einem Gehirntumor. Die Geschichte muß also nach diesem Datum geschrieben worden sein, wahrscheinlich in San Francisco. Im Gespräch mit Tashjian sagte Saroyan: »Ich habe Gershwin einmal gesehen, sicher, bei einer großen Party, die irgendein Großmogul gegeben hat, als ich wieder einmal in New York war. Ist es 1935 gewesen? Von der ganzen Party ist er der einzige, an den ich mich erinnere. Ich erinnere mich, daß er seine Show-Melodien auf dem Flügel gespielt hat. Ja, ich erinnere mich daran, daß er gespielt hat, und an die Melodien, ich habe Schwierigkeiten, mir seine Person vorzustellen, aber er war großartig. Sibelius? Den habe ich auch mal getroffen. In Helsingfors, glaube ich, vor einigen Jahren (Sibelius ist am 20. September 1957 gestorben). Auch ein großartiger Mann. Er hat mir ein paar Schallplattenaufnahmen seiner Werke geschenkt, die ich sehr liebe.« In seiner Erzählung *Finlandia* (in: *Inhale and exhale*, 1936) berichtet Saroyan, daß er Sibelius bei seiner ersten Europareise in Järvenpää (nicht in Helsingfors) begegnet sei. (Vgl. auch Ein neuer Tag, ein neuer Traum [unten, Nr. 82], wo Saroyan von einer »signierten Photographie von Jan Sibelius« spricht.) Nachgedruckt in *Dear baby* (1944) und im *Saroyan special* (1948). Werkverzeichnis Nr. 80.

Ein Bündel gemischter Prophezeiungen, die mehr oder weniger garantiert eintreffen

In: *Hairenik Weekly*, 5. Juli 1940. In einem Brief vom 25. Juni 1940 (SMI, Brief 52, Fifteenth Avenue, S. 292f.) schrieb Saroyan: »Bitte vergessen Sie auf keinen Fall, am Schluß dieses Textes das Datum anzugeben, an dem er verfaßt wurde: 19. Oktober 1938. Nur für das Protokoll. Wahrscheinlich könnten die meisten Stücke, die ich Ihnen schikke, eine solche Datierung gebrauchen...« Im Oktober 1938 wohnte Saroyan noch in der Carl Street. Nicht wieder veröffentlicht. Werkverzeichnis Nr. 81.

Ein neuer Tag, ein neuer Traum

In: *Hairenik Weekly*, 12. Juli 1940. In einem weiteren Brief vom 25. Juni 1940 (SMI, Brief 53, S. 293) schreibt Saroyan: »Hier sind sechs weitere Texte. Ihnen allen gemeinsam ist die Tatsache, daß sie alt sind, aber das ist wohl kein Nachteil. Ein oder zwei sind sehr gut, aber es hat wohl keinen Sinn, daß ich mich darüber auslasse, welche nun gut und welche weniger gut sind... Bei allen sollte das Datum der Niederschrift an den Schluß gesetzt werden, mit Ausnahme des ersten, bei dem ja das Datum am Anfang genannt wird...« Im Oktober 1937 war Saroyan in San Francisco. Nicht wieder veröffentlicht. Werkverzeichnis Nr. 82.

Liberty, fünf Cent

In: *Hairenik Weekly*, 26. Juli 1940. Eine der sechs am 25. Juni 1940 eingeschickten Geschichten; auch wenn das Datum der Niederschrift nicht erscheint, kann man vermuten, daß diese Allegorie 1938 verfaßt wurde. Die autobiographischen Fakten sind ganz »durcheinander«, wie Saroyan gesagt hätte, aber er wurde tatsächlich in der I Street in Fresno geboren und lebte 1938 in San Francisco. Nicht wieder veröffentlicht. Werkverzeichnis Nr. 83.

Ich habe recht. Die Welt ist im Unrecht

In: *Hairenik Weekly*, 9. August 1940. Ebenfalls eine der sechs Geschichten vom 25. Juni 1940. Das Manuskript trägt das Datum vom 9. August 1938, was bedeutet, daß es in der Carl Street verfaßt wurde, als Saroyan tatsächlich dreißig Jahre alt war. Nicht wieder veröffentlicht. Werkverzeichnis Nr. 84.

Meine finanziellen Probleme

In: *Hairenik Weekly*, 16. August 1940. Die vierte der sechs Geschichten vom 25. Juni 1940 (s. o.). »Miß Eulalia Pinkerton Washoe«, die angeblich im Jahre 1916 den Aufsatz über den *Ersten Dollar* so positiv bewertete, gehört zu den wenigen Lehrern, mit denen Saroyan angenehme Erinnerungen verbindet. Die »Großmutter« war natürlich Lucy Garoghlanian, der Bruder, mit dem Saroyan 1925 die »Paramount Distribution Company« gründete, war Henry, der auch hier wieder »Krikor« genannt wird. Seine »finanziellen Probleme« hat Saroyan niemals ganz überwunden. Nicht wieder veröffentlicht. Werkverzeichnis Nr. 85.

Die wunderbare Welt der Genies

In: *Hairenik Weekly*, 23. August 1940. Die fünfte der sechs Geschichten vom 25. Juni 1940. Ebenfalls aus der Carl Street. Nicht wieder veröffentlicht. Werkverzeichnis Nr. 86.

Wie sie den unwillkommenen, gefräßigen Besucher loswurden

In: *Hairenik Weekly*, 30. August 1940. Im Begleitbrief als eine »ältere Arbeit« bezeichnet. Ein Datum der Niederschrift fehlt. Diese Fabel wurde nicht wieder veröffentlicht. Werkverzeichnis Nr. 87.

Fallschirmspringer

In: *Hairenik Weekly*, 13. September 1940. Stammt wahrscheinlich aus den Jahren 1937 oder 1938 in San Francisco. Nicht wieder veröffentlicht. Werkverzeichnis Nr. 88.

Ein Überlebender der Grippe-Epidemie von 1918

In: *Hairenik Weekly*, 20. September 1940. Wahrscheinlich 1937 oder 1938 in der Carl Street in San Francisco geschrieben. Rein erzählerisch eine der besten Arbeiten Saroyans. Nicht wieder veröffentlicht. Werkverzeichnis Nr. 89.

Die Freunde der Affen

In: *Hairenik Weekly*, 11. Oktober 1940. Nicht wieder veröffentlicht. Werkverzeichnis Nr. 90.

Notizen aus vergangenen Tagen

In: *Hairenik Weekly*, 22. November 1940. Die letzte der am 25. Juni 1940 eingeschickten Geschichten (s. o.). *Die Augen und Ohren der Welt* wurde, wie angemerkt, am 23. November 1935, nach Saroyans zweiter Reise nach New York geschrieben. *Nach dem letzten Krieg und vor dem nächsten* (vom 24. Mai 1936) und *Vielen Dank* (vom 24. August 1936) wurden wahrscheinlich in Hollywood geschrieben, als Saroyan für den Filmproduzenten B. P. Schulberg arbeitete. Die übrigen sechs »Notizen« wurden wahrscheinlich während der Arbeit an *Little Children* (1937) geschrieben. Nicht wieder veröffentlicht. Werkverzeichnis Nr. 91.

Meine Großmutter Lucy erzählt eine Geschichte ohne Anfang, Mittelteil und Schluß

In: *Hairenik Weekly*, 14. Januar 1942. In einem Brief vom 30. Dezember 1941 aus der Fifteenth Avenue in San Francisco (SMI, Brief 59, S. 296f.) schreibt Saroyan: »Ehe ich, wie ich hoffe, ein paar neue Arbeiten anfange, bin ich für einige Zeit zu Hause... Beiliegend schicke ich eine kleine Geschichte mit zahlreichen Korrekturen...« Damals wurde Saroyan von einer Woge des Erfolgs überspült. Im Januar 1940 war sein Stück *A theme in the life of the great American goof* in New York uraufgeführt worden (das später auch ein Fernsehspiel wurde). Sein Drama *The time of your life* erhielt 1940 sowohl den Pulitzer-Preis für das beste Stück der Saison 1939/40 als auch den New York Drama Critics Circle Award, ein einmaliges Ereignis in der amerikanischen Theatergeschichte. Den Pulitzer-Preis lehnte Saroyan allerdings ab. Im April 1940 wurde *Love's old sweet song* am Broadway uraufgeführt, und im gleichen Jahr erschien die erste von zahlreichen Auflagen seiner berühmtesten Erzählungssammlung: *My name is Aram*. Das Jahr 1941 war genauso hektisch gewesen. Im April inszenierte er am Broadway sein Stück *The beautiful people*, und im Dezember schrieb er in Hollywood das Drehbuch des Films *The human comedy*, das 1943 als Roman veröffentlicht wurde. Im Gespräch mit Tashjian sagte Saroyan: »Metro machte mir ein Angebot – ohne Anfang, Mittelteil und Schluß –, ein Drehbuch zu schreiben, worüber ich wollte. Meine früheren Erfahrungen mit Hollywood (1935) waren so absurd gewesen, daß ich hätte ablehnen sollen, aber wie gewöhnlich fehlte mir wieder einmal das nötige Kleingeld. Also beschloß ich, es noch einmal mit dem Film zu versuchen.

Die Leute erweckten den Anschein, als wäre es eine große Vergünstigung, daß sie mir einen Auftrag erteilten. Schlau wie sie waren, hatten sie nämlich festgestellt, daß ich pleite war. Man gab mir also eine Schachtel von Zimmer mit einem Zellenfenster, eine Schreibmaschine und die Anweisung, draufloszuhämmern, was ich auch ein paar Tage lang tat, ohne daß irgendwas dabei herauskam. Schließlich wurde mir klar, daß überhaupt nichts dabei herauskommen würde, wenn ich noch länger in diesem Kerker und dieser Stadt blieb, und daß ich so schnell wie möglich in die Zivilisation zurückkehren mußte. Also stand ich einfach auf und ging, ohne irgend jemandem etwas zu sagen. Ich fuhr nach San Francisco, mietete ein Hotelzimmer in der Powell Street und machte mich an die Arbeit. Dann kam eines Tages ein flinker Rechtsanwalt von Metro und erklärte mir, ich hätte einen mündlichen Vertrag mit den Hollywood-Leuten gebrochen und würde verklagt. ›Weswegen?‹ fragte ich.

Ich kann keine langen Geschichten kurz, und erst recht keine kurzen Geschichten lang erzählen. Eine Geschichte ist eine Geschichte mit soundsovielen Worten, und damit basta. Ich sagte dem Rechtsanwalt, ich könnte bloß Zigaretten rauchen da unten, und das sei mir in Hollywood zu teuer. Ich würde meinen ›mündlichen Vertrag‹ aber erfüllen und ihnen bald eine Geschichte liefern. Wenn er mich aber jetzt aus San Francisco wegkriegen wolle, müsse er einen Gerichtsvollzieher bemühen. Er zog also ab, und ich schrieb das Drehbuch zur *Human comedy*, ein schweres Stück Arbeit, aus dem sie später den lausigsten aller Filme gemacht haben. Ich schrieb das Drehbuch innerhalb von drei Wochen, wenn ich gerade einmal nicht im ›Kentucky Club‹ war (einer Lieblingskneipe Saroyans). Als ich das fertige Drehbuch las, wußte ich, daß es eine gute Sache war – eine meiner besten. Also brach ich meinen heiligen Eid, nie wieder nach Hollywood zu gehen, denn ich wollte das Manuskript persönlich bei Metro vorbeibringen und 50 000 Dollar dafür verlangen. Aber da geschah etwas, das mich veranlaßte, meine Forderung auf 60 000 Dollar zu erhöhen... Jetzt sollten Sie eigentlich die weltbewegende Frage gestellt haben, *was* das denn war! Nun, ich kannte da diesen interessanten kleinen Mann, der ein kleines Geschäft mit Bildern, Rahmen und Graphiken hatte, wo ich schon oft etwas gefunden hatte, das mich interessierte. Gerade nachdem ich mit dem Drehbuch fertig war, schaute ich wieder einmal bei ihm herein und stellte fest, daß er alles in Kisten verpackt hatte. ›Was zum Teufel haben Sie vor?‹ fragte ich. ›Ich bin pleite, bankrott‹, sagte er, ›ich muß schließen.‹ Nun war ich diesem Mann in gewisser Weise verpflichtet. Ich hatte ihm Drucke abgekauft, und er war so freundlich gewesen, mein Ehrenwort und meine Schuldscheine anstelle von Geld anzunehmen, obwohl er ein Schild über seiner Kasse hängen hatte, auf dem hübsch säuberlich stand: ›Kein Kredit‹. Ich bin kein großer Geber, wie Sie wissen, wahrscheinlich, weil ich nie das Geld hatte, um im großen Stil zu geben, obwohl ich beim Pferderennen schon große Opfer gebracht habe. ›Wieviel brauchen Sie!‹ fragte ich. ›10 000 Dollar‹, sagte er. ›Machen Sie den Laden nicht zu‹, sagte ich, ›eröffnen Sie ihn wieder. Holen Sie Ihren Kram wieder raus aus den Kisten und führen Sie den Laden weiter, ich komme bald wieder.‹ Und so geschah es. Als ich den Laden verließ, war der Preis für mein Drehbuch auf 60 000 Dollar gestiegen. Ich brachte das Manuskript zu Metro, und es wurde gelesen. Über Geld redete niemand. Ein paar Tage später rief mich eine der größten Autoritäten Hollywoods zu sich und sagte: ›Saroyan, wir werden Ihnen 25000 Dollar für diesen Haufen Mist geben, obwohl wir bisher noch nicht wissen, was wir damit anfangen sollen. Das tun wir nur deshalb, weil Sie nicht zu uns, sondern wir zu Ihnen gekommen sind.‹ Ich war von seiner Großzügigkeit nicht beeindruckt. ›Was wäre denn Ihr nächstes Angebot?‹ fragte ich. ›Keinen *Sou* mehr‹, sagte er – die schicken Leute in Hollywood sagen immer ›Sou‹ anstelle von ›Cent‹. Als ich mich umdrehte, um zu gehen, sagte er: ›Na schön, wie wäre es mit 40?‹ Schließlich ging er bis auf 50 hinauf, also auf die Summe, die ich hatte verlangen wollen, ehe ich meinen Freund in seinem Laden besucht hatte. ›Machen Sie 60 daraus‹, sagte ich. ›Ich brauche 60.‹ – ›Warum brauchen Sie 60?‹ fragte er. Und ich sagte: ›Das geht Sie nichts an... Ich brauche halt 60.‹ – ›Warten Sie einen Augenblick‹, sagte er, nahm mein Manuskript und wollte hinaus. ›Moment mal‹, sagte ich, ›einen Moment bitte. Sie sind ein freier Mann, auch wenn ich nicht genau weiß, wie *frei*, aber lassen Sie mein Manuskript da auf dem Tisch liegen.‹ Als er schließlich zurückkam, schüttelte er den Kopf, und ich dachte mir: Na schön, William, du hast es mal wieder versaut. ›In Ordnung‹, sagte er, ›wir bezahlen die 60. Aber es ist räuberische Erpressung.‹ – ›Gut‹, sagte ich, ›ich nehme die 60, schreiben Sie einen Vertrag. Der *Mist* gehört Ihnen. Ich nehme den Scheck am besten gleich mit.‹ Ich verließ Hollywood so schnell ich nur konnte, kehrte nach San Francisco zurück, reichte den Scheck ein, nahm 10000 Dollar in bar mit, brachte das Paket meinem Freund, und als er mir sagte, daß er das Geld zurückzahlen wollte, lief ich davon. Die Geschichte geht sogar noch weiter, wenn Sie die Sache nicht langweilt; ich finde sie langweilig, aber ich vermute, das sind so die Details, die von Biographen geschätzt werden. Damals herrschte ja Krieg, und ich war zurückgestellt worden, weil ich Familienangehörige hatte, für die ich zu sorgen gehabt hätte – obwohl ich mich frage, wie ich das jemals geschafft haben soll. Eines Tages beunruhigte mich der Gedanke, daß da 50000 Dollar nutzlos auf der Bank lagen, genaugenommen sind es zusammen mit dem Honorar für *Razzle dazzle* (erschienen im Frühjahr 1942) sogar 60000 Dollar gewesen. Deshalb dachte ich, es wäre eine gute Idee, das ganze Geld meiner Mutter, meiner Großmutter und meiner Schwester (Zabel) zu geben, anstatt es dort zu lassen, wo es eine ständige Versuchung für mich darstellte, zum Rennplatz oder an ähnliche Orte zu gehen. So geschah es. Danach meldete ich mich bei der Musterungskommission und teilte ihr mit, daß ich jetzt von meinen Familienangehörigen abhängig sei, ob sie dagegen was tun könnten. Sie konnten. Im Juli wurde ich 1-A gemustert und erhielt Weisung, auf meine Einberufung zu warten. Am 29. Oktober 1942 wurde ich eingezogen, und das ist das Ende dieser Geschichte. Ich habe das auch in einem meiner Bücher beschrieben, aber die Darstellung dort weicht, wie das eben vorkommt, im einen oder anderen Punkt etwas von dem ab, was ich gerade erzählt habe. Aber ich bin sicher, so wie ich es gerade erzählt habe, ist es gewesen.« In *Here comes/there goes you know who* (1961) hat Saroyan tatsächlich auf den S. 199f. eine vergleichbare Darstellung der Vorgänge gegeben. Einzelne Aspekte der Episode wurden auch im *Philadelphia Evening Bulletin* (30. März 1942), im *Boston Globe* (22. Juli 1942) und im *San Francisco Chronicle* (29. Oktober 1942) erwähnt, aber erst Saroyans mündlicher Bericht fügt alles zusammen. In Saroyans *Letters from 74 rue Taitbout* (1969, S. 159) findet sich noch eine weitere Fortsetzung zu der Geschichte. Der Filmzar, mit dem er zu tun hatte, war der gefürchtete L.B. Mayer von Metro-Goldwyn-Mayer. Als er aus der Armee zurückkam, erzählt Saroyan, sei er an Mayer mit dem Angebot herangetreten, die 60000 Dollar zurückzuzahlen, die er seinerzeit für das Drehbuch der *Human comedy* erhalten hatte. Das Angebot wurde abgelehnt: »Ich sagte: Sie können die Millionenprofite aus dem verlogenen Film behalten, den Sie aus meiner Geschichte gemacht haben. Sie können die Kopien behalten. Ich möchte Ihnen bloß jeden Cent zurückzahlen, den Sie mir damals bezahlt haben, damit mein eigenes Werk mir wieder gehört und ich damit tun kann, was mir gefällt. ›Nein, Sir‹, sagte ihr Assistent. ›Hau ab, du dämlicher Autor.‹«. Und so erhielt MGM, stellt Saroyan bitter fest, auch noch das Geld für die Fernsehverfilmung. *Meine Großmutter Lucy*... wurde nicht wieder veröffentlicht. Werkverzeichnis Nr. 92.

Der Mann, der meinen Vater in Bitlis gekannt hat

In: *Hairenik Weekly*, 25. Februar 1942. In den Akten des *Hairenik Weekly* gibt es keine Korrespondenz zu dieser Geschichte. Obwohl von einer Fortsetzung die Rede ist, erscheint der Text in sich abgeschlossen. Er endet in einer für Saroyan sehr typischen Weise. – Im August 1942 inszenierte Saroyan zwei Stücke am Broadway: *Across the board on tomorrow morning* und *Talking to you*. Sein Stück *Hello out there* wurde im September in New York uraufgeführt, und am 29. Oktober wurde er zur Armee eingezogen. Danach trat eine lange Pause in Saroyans Veröffentlichungen im *Hairenik Weekly* ein. Erst im Mai 1954 erschien *Einmal Hallo und einmal Goodbye* (s. u.). Das bedeutet aber nicht, daß er seine Mitarbeit an den *Haireniks* in der Zwischenzeit völlig eingestellt hätte. So hatte er großen Anteil am Erscheinen der ersten Ausgabe der Monatszeitschrift *The Armenian Review* im Winter 1948 (s. u.). Saroyans Erlebnisse während des Krieges werden u. a. in SMI, S. 297f. dargestellt. Im Februar 1943 heiratete er in Ohio Carol Marcus, die Erbin des Bendix-Vermögens, während er als einfacher Soldat in der Nachrichtentruppe diente. Sein ungeheuer erfolgreicher Roman *The human comedy* erschien, im November wurde sein Stück *Get away old man* am Broadway uraufgeführt, und schließlich wurde auch noch sein Sohn Aram im Jahr 1943 geboren. *Dear baby* und *The adventures of Wesley Jackson* wurden 1944 geschrieben, während Saroyan bei der Armee war, aus der er im September 1945 entlassen wurde. Seine Korrespondenz mit den *Haireniks* nahm Saroyan am 29. März 1946 wieder auf (SMI, Brief 60, S. 298). Seine neue Adresse war: 2727 Taraval Street, San Francisco. Ebenfalls im Jahr 1946 wurde Saroyans Tochter Lucy geboren. Im Jahr 1957 wurde Saroyans neues Stück *Jim Dandy: fat Man in a famine* veröffentlicht, aber die Kritiker interessierten sich nicht dafür. Saroyan zog mit seiner Familie in eine gemietete Villa im eleganten Mill Neck (in der Nähe von Oyster Bay, Long Island, New York). Dort übernahmen seine Frau und seine Schwiegermutter das Kommando, sehr zu seinem Verdruß (vgl. *Places where I've done time*, 1972, Kapitel 15: *House in Millneck, Long Island, 1947*, S. 45ff.): »Ich lebte sechs Monate lang in der feinen Gesellschaft, dann lief der Mietvertrag ab.« Im Jahr 1948, als *The Armenian Review* zum ersten Mal erschien, veröffentlichte Saroyan kein Buch. Nicht wieder veröffentlicht. Werkverzeichnis Nr. 93.

Einmal Hallo und einmal Goodbye

In: *Hairenik Weekly*, 13. Mai 1954. Nach zwölf Jahren, in denen seine Arbeiten für die *Haireniks* in der *Armenian Review* veröffentlicht worden waren (s. u.), kehrte Saroyan 1954 mit vier Geschichten ins *Hairenik Weekly* zurück. Die Geschichte wurde mit einem Begleitschreiben vom 21. April 1954 geschickt. Der mittlerweile geschiedene Saroyan lebte jetzt in der 24848 Malibu Road, Malibu, Kalifornien, in einem Haus auf Stelzen. (Vgl. *Places where I've done time*, S. 137f. und *Ein Augenblick der Freude und Freiheit.*) Der Junge in der Geschichte ist Saroyans Sohn Aram, das Mädchen seine Tochter Lucy. Nicht wieder veröffentlicht. Werkverzeichnis Nr. 94.

Ein Augenblick der Freude und Freiheit

In: *Hairenik Weekly*, 27. Mai 1954. In seinem Brief vom 26. April 1954 aus Malibu (SMI, Brief 74, S. 413) nennt Saroyan diesen Text eine »kleine Skizze«. Die Passagiere und Gesprächspartner, von denen erzählt wird, sind Saroyans Kinder Aram und Lucy. Werkverzeichnis Nr. 95.

Hayastan und Charentz

In: *Hairenik Weekly*, 10. Juni 1954 (später als Werk Nr. 118 in der *Armenian Review*, Bd. VII, S. 4–28, Dezember 1954 nachgedruckt). Im Brief vom 29. Mai 1954 aus Malibu (SMI,

Brief 80, S. 318f.) schreibt Saroyan: »Hier... kommt ein stark redigierter Text für das *Weekly*...« Der Bericht über Saroyans Reise im Jahre 1935 war auf Wunsch Vahan Navassardians, eines armenischen Intellektuellen aus Kairo, entstanden, der ein Buch über den hervorragenden armenischen Dichter Yegishe Charentz schreiben wollte, der im Verlauf der Stalinschen Säuberungen in den Jahren 1937/38 umkam, nachdem er beschuldigt worden war, »formalistische« (sprich: »nationalistische« armenische) Literatur geschrieben zu haben. Im Brief vom 29. Mai schreibt Saroyan: »Wenn ich für die armenische Presse schreiben soll, ist es am besten, mich an die *Haireniks* zu wenden, es wäre mir aber lieb, wenn meine eigenen politischen Ansichten nicht diskutiert würden, denn sie müssen nach Lage der Dinge ziemlich unpräzis bleiben... Die Welt ist klein heutzutage, und meine größte Sorge besteht darin, andere nicht unbedacht in Schwierigkeiten zu bringen. Charentz hatte zum Beispiel einen Sohn, aber den habe ich in meinem Bericht bewußt nicht erwähnt. Und genauso viele andere Dinge. Ich bin sicher, Sie werden verstehen, warum...« Die *Haireniks*-Redaktion verstand nur zu gut, und *Hayastan und Charentz* (*Armenien und Charentz*) erschien ohne Kommentar oder Zusätze. Im Jahre 1969, als Chruschtschows Rehabilitierung der Opfer des Stalinismus in vollem Gange war, hatte sich die Situation erneut gewandelt, und Saroyan hatte keine Bedenken, seine *Letters from 74 rue Taitbout*, die ein sehr freimütiges Kapitel über Charentz enthalten (S. 117ff.), mit einer Widmung »Für die armenischen Dichter, Romanciers und Dramatiker Yegishe Charentz, Vahan Totoventz und Gourken Mahari und ihre Kinder und Enkelkinder« zu versehen. Auch Totoventz war hingerichtet worden. Über Saroyans eigene politische Ansichten vgl. SMI, Vorwort.

Hayastan und Charentz wurde in mehrere Sprachen übersetzt und in der armenischen Presse oft nachgedruckt. Werkverzeichnis Nr. 96 und 118.

Der Mantel

In: *Hairenik Weekly*, 1. Juli 1954. Diese »Kentucky Club«-Geschichte ist die *letzte Erzählung* Saroyans, die im *Hairenik Weekly* erschien. Es handelt sich um eine Erinnerung an die Zeit in San Francisco, als Saroyan noch völlig mittellos war. Vielleicht wurde der Text sogar in den dreißiger Jahren geschrieben. Die Rennplätze besaßen für Saroyan eine magische Anziehungskraft. Im Gespräch mit Tashjian sagte er: »Wahrscheinlich bin ich viel mehr Armenier, als es auf den ersten Blick scheint. Ich liebe Pferde, mein Vater Armenak hat Pferde geliebt, soviel ich gehört habe, und in Bitlis haben alle Leute die Pferde geliebt... (singt:) *Crazy about horses, horses, horses* – Sie kennen das Lied ja. Wenn ich das Geld noch hätte, was ich auf dem Rennplatz gelassen habe, wäre ich jetzt Millionär. Einmal habe ich in einem Anfall von gottverdammtem Wahnsinn in zwei Tagen 50000 Dollar auf dem Rennplatz verloren und war dann so pleite, daß ich ein paar armenische Millionäre angepumpt habe. Aber die waren natürlich deswegen Millionäre geworden, weil sie gute Geschäftsleute waren, und lehnten es ab, mir etwas zu leihen. Ich nehme es ihnen nicht übel...« Reuben Darbinian, der Chefredakteur der *Haireniks* und Saroyans »Ersatzvater«, wurde von den Millionären (dem Rosinengroßhändler Arpaxat Setrakian aus San Francisco und den beiden Ranchern Alex Pilibos und Harry Carian aus Indio) auf

Saroyans Bitte hingewiesen, bestätigte seinen Landsleuten aber, daß es richtig gewesen sei, dem erfolgreichen Schriftsteller kein Geld zu leihen, denn »William muß lernen, daß er sein Geld nicht ewig den Pferden nachwerfen darf«. Nicht wieder veröffentlicht. Werkverzeichnis Nr. 97.

Im folgenden werden zwölf verschiedene Gelegenheitstexte aus dem *Hairenik Weekly* genannt, die hier nicht abgedruckt wurden: Werkverzeichnis Nr. 98. *My Armenia*, in: *Hairenik Weekly*, 16. November 1934. Ein Glaubensbekenntnis des Autors.

Werkverzeichnis Nr. 99. *In answer to ›an answer‹ to William Saroyan*, in: *Hairenik Weekly*, 21. Dezember 1934. Zur Debatte über Nr. 98.

Werkverzeichnis Nr. 100. *DeMaupassant, Saroyan and Bezzerides*, in: *Hairenik Weekly*, 13. Mai 1938. Saroyan setzt sich hier mit dem Roman *Long haul* auseinander, in dem sein Freund I. O. Bezzerides den Kampf der Brüder Seropian aus Fresno gegen die Eisenbahn-Barone dargestellt hat. Bezzerides, dessen Vater Grieche und dessen Mutter Armenierin war, gehörte ebenfalls zu den Autoren des *Hairenik Weekly*.

Werkverzeichnis Nr. 101. *Every Armenian should read [Hairenik] Weekly*, in: *Hairenik Weekly*, 8. Juli 1938. Saroyan wirbt Abonnenten.

Werkverzeichnis Nr. 102. *Saroyan invites Armenian young people to write a story a week for the Hairenik Weekly*, in: *Hairenik Weekly*, 28. Oktober 1938.

Werkverzeichnis Nr. 103. Vgl. *Vom Schreiben*, in: W.S. *Der erste Sommertag*, Zürich 1984. (Werkverzeichnis Nr. 44a).

Werkverzeichnis Nr. 104. *Speech of Saroyan at ARF Press Day, March 19. 1939, in Fresno*, in: *Hairenik Weekly*,

31. März 1939. Die ARF ist die Armenian Revolutionary Federation, Herausgeberin der *Haireniks*.

Werkverzeichnis Nr. 105. *Notiz über zeitgenössische Dichtung*, in: *Hairenik Weekly*, 16. August 1940. Hier wieder abgedruckt auf S. 231

Werkverzeichnis Nr. 106. *A book about American writing*, in: *Hairenik Weekly*, 18. Oktober 1940. Saroyan »bespricht« C. Jon McCole's *Lucifer at large* (New York 1937).

Werkverzeichnis Nr. 107. *An interview with Veradzin*, in: *Hairenik Weekly*, 10. Dezember 1941. Minas Veradzin, Herausgeber der *Asbarez* aus Fresno, interviewt Saroyan.

Werkverzeichnis Nr. 108. *Saroyan on the 40th anniversary of the Hairenik Weekly*, in: *Hairenik Weekly*, 8. März 1953.

Werkverzeichnis Nr. 109. *Saroyan congratulates Hairenik Weekly on 1000th issue*, in: *Hairenik Weekly*, 7. Mai 1953.

Werkverzeichnis Nr. 110. *Saroyan's wire on the decease of Reuben Darbinian*, in: *Hairenik Weekly*, 9. Mai 1968.

Werkverzeichnis Nr. 111. *William Saroyan on James G. Mandalian*, in: *Hairenik Weekly*, 9. Mai 1974. Zum Tode des ehemaligen *Hairenik Weekly*-Redakteurs Mandalian. Autobiographisch interessant. Nachgedruckt in *The Armenian Review*, Bd. XXVII (4–108), April 1975.

Der Theologiestudent

In: *The Armenian Review*, Bd. I (1), Winter 1948. Saroyans Beitrag zur ersten Ausgabe der neuen armenischen Monatszeitschrift, über deren Entstehung vgl. *Der erste Sommertag* (Zürich 1984), *Einleitung*, SMI und Saroyans Brief 64 vom 23. März 1948. Diese »Aram«-Geschichte baut auf Erlebnissen auf, die Saroyan 1922 als Vierzehnjähriger in Fresno gehabt hat. Nachgedruckt in *The Assyrian and other stories* (1949). Werkverzeichnis Nr. 112.

Der Abdruck der Übersetzung von Heinz Winter erfolgt mit freundlicher Genehmigung des G. B. Fischer Verlags, Frankfurt/M.

Der Ausländer

In: *The Armenian Review*, Bd. 1 (2), Juni 1948. Im Brief vom 29. März 1948 (SMI, Brief 65, S. 305 f.) schreibt Saroyan: »Ich habe mit dieser Geschichte einen bitteren Kampf ausgefochten, und sogar jetzt bin ich mir noch nicht sicher, ob ich alle Elemente richtig herausgearbeitet habe, die mich unbefriedigt ließen. Bitte sorgen Sie dafür, daß man sich mit diesem Text besondere Mühe gibt und der Titel geändert wird (von *The veteran of foreign wars* in *The foreigner*) ... Während der Arbeit an dieser Geschichte habe ich gemerkt, daß sie zum Teil deshalb so problematisch ist, weil sie sich übermäßig bemüht, eine ›Aram‹-Geschichte zu sein, obwohl sie gar nicht den netten, beiläufigen, fröhlichen und freundlichen Ton der ›Aram‹-Geschichten hat und ich es auch unmöglich fand, ihr diesen Tonfall zu geben. Ich habe sie deshalb von der ›Aram‹-Gruppe getrennt und in die größere, weniger zusammenhängende Gruppe meiner anderen Geschichten gestellt...« Dennoch bleibt die Tatsache, daß die Geschichte in Fresno spielt und sich auf das achte Lebensjahr Saroyans (1916) und den Krieg in Europa bezieht. Nachgedruckt in *The Assyrian and other stories* (1949). Werkverzeichnis Nr. 113.

Der Abdruck der Übersetzung von Heinz Winter erfolgt mit freundlicher Genehmigung des G. B. Fischer Verlags, Frankfurt/M.

Der Anschlag

In: *The Armenian Review*, Bd. II (6), Mai 1949. In keinem der vorliegenden Briefe erwähnt. Offensichtlich eine »Aram«-Geschichte. Nachgedruckt in *The Assyrian and other stories* (1949). Werkverzeichnis Nr. 114.

Der Abdruck der Übersetzung von Heinz Winter erfolgt mit freundlicher Genehmigung des G. B. Fischer Verlags, Frankfurt/M.

Eine Saroyan-Trilogie

In: *The Armenian Review*, Bd. VII (2–26), Juni 1954. Eine einzigartige Veröffentlichung von drei Arbeiten Saroyans:

Meine Schuhe. Eine Kurzgeschichte aus dem Jahr 1933. Werkverzeichnis Nr. 115.

Der Feuerwehrmann und seine Schwester. Werkverzeichnis Nr. 116.

Das gestohlene Geheimnis. Werkverzeichnis Nr. 117.

Im Brief vom 17. April 1954 aus Malibu (SMI, Brief 72, S. 312f.) schreibt Saroyan: »Endlich schicke ich Ihnen eine Geschichte für die *Review*, wenn sie Ihnen gefällt.« Im Brief vom 21. April 1954 (SMI, Brief 73, S. 313) schreibt er: »Der Titel sollte, glaube ich, heißen: *Meine Schuhe. Eine Kurzge-*

schichte aus dem Jahr 1933. Dann sollte meine Vorbemerkung folgen.«

Im Brief vom 1. Mai 1954 (SMI, S. 314) schickte Saroyan: »*The end of our rope? A very short play*. Auch dieses Stück ist stark redigiert, ob es in der *Review* Platz findet? In derselben Ausgabe wie *Meine Schuhe*?« Später hat Saroyan den Titel geändert.

Im Brief vom 4. Mai 1954 (SMI, S. 316) schreibt Saroyan: »Hier kommt etwas, das ein bißchen so tut, als wäre es ein Gedicht. Es heißt *Der Feuerwehrmann und seine Schwester*. Ich habe mir gedacht, daß es gut wäre, nachdem ich so lange nicht in der *Review* war, gleich mit drei Stücken zurückzukehren... mit einer Kurzgeschichte, einem kurzen Stück und ein paar Versen.«

Im Brief vom 10. Mai 1954 (SMI, S. 315 f.): »Vielen Dank dafür, daß Sie die drei Stücke gesammelt in der *Review* herausbringen wollen; ja, ich glaube, diese Trilogie trifft die Situation ausgezeichnet... die Geschichte habe ich noch einmal durchgesehen, sie ist jetzt in Ordnung... Den Titel des Stückes habe ich, wie Sie sehen, geändert. Er heißt jetzt: *Das gestohlene Geheimnis. Ein kurzes Stück*...« Keines der drei Stücke ist wieder veröffentlicht worden. Werkverzeichnis Nr. 115–117.

Der Begleithund

In: *The Armenian Review*, Bd. VII (3–27), Herbst 1954. Aus dem Brief vom 4. Mai 1954 (SMI, S. 316) wird ersichtlich, daß der ursprüngliche Titel lautete *Baccarat at the Casino in Enghien*. Im Brief vom 21. Juni 1954 (SMI, S. 319) heißt es dann: »Ich habe den vollständigen Titel der Baccarat-Geschichte vergessen: wichtig ist aber nur, daß er mir nicht mehr gefällt, die Geschichte soll erst einmal *The rearward dog* heißen, das war der unsprüngliche Titel, als das Ganze noch der Anfang eines Romans war...« Nachgedruckt in *The whole voyald, and other Stories* (1956). Werkverzeichnis Nr. 117 a.

Nachwort

So wie es Saroyan in seinem Letzten Willen und Testament festgelegt hatte, wurde nach seinem Tod eine Urne mit der Hälfte seiner Asche in die Armenische Sozialistische Sowjetrepublik gebracht und am 29. Mai 1982 auf dem armenischen Ehrenfriedhof im Komitas-Park beigesetzt. Zahlreiche kulturelle und politische Würdenträger gehörten zur Trauergemeinde, darunter auch Karen Demirchyan, der Erste Sekretär der Armenischen Kommunistischen Partei, der Saroyan, wie die internationale Presse berichtete, »als leidenschaftlichen Befürworter der Sowjetherrschaft in Armenien darstellte«. Das war natürlich Unsinn.

Saroyan hat politische Polemik zeitlebens sorgfältig vermieden. Deshalb wurden die zahlreichen Reisen Saroyans in die Armenische Sowjetrepublik und deren Bedeutung im vorliegenden Band auch nur selten erwähnt. Der aufmerksame Leser wird allerdings Saroyans Meinung über die Sowjetherrschaft in jenem kleinen Winkel des ehemaligen armenischen Vaterlandes, das den Namen ASSR trägt, auch aus seinen Schriften herauslesen können.

Die sowjetarmenische Presse widmete Saroyans Besuchen in der ASSR verständlicherweise große Aufmerksamkeit und ließ dabei durchblicken, daß er ein Bewunderer des gegenwärtigen politischen Systems sei. Saroyan war darüber teils ärgerlich, teils amüsiert.

Im Gespräch mit Tashjian sagte er: »Meine Besuche im heutigen Armenien beruhen auf einem inneren Zwang. Ich will dort meine Landsleute besuchen und mit ihnen reden, hören, wie sie auf den Straßen armenisch miteinander sprechen, mit ihnen singen, mit ihnen tanzen und die Herrlichkeiten unseres Volkes sehen. Ich will sehen, was meine Leute drucken, ich will ihre Luft atmen, ich will im Madenataran (Handschriftensaal) sitzen und die Werke unserer alten Meister berühren. Ich möchte in die Universität gehen und die strahlenden Gesichter unserer Studenten sehen und mit den Professoren plaudern. Ich muß einen Abend im Spendiarian (Konzertsaal) verbringen und Komitas und Chatschaturian hören, wie nur armenische Musiker sie spielen. Ich muß in unsere Berge zum Kloster Ambert gehen und in unseren Museen die Kunstwerke unserer Vergangenheit bewundern. Wußten Sie eigentlich, daß die Benutzung des Rades zum Zweck des Transportes eine armenische Erfindung ist? Mit meinen eigenen Augen habe ich den vierräderigen Wagen gesehen, der in einer Höhle am Sewansee gefunden wurde und von dem ein englischer Wissenschaftler kürzlich behauptet hat, daß er das erste erhaltene Beispiel eines vierräderigen Transportmittels sei. Diesem Genie meines Volkes muß ich Ehre erweisen; denn was es in der Vergangenheit geleistet hat und noch leistet, ist das Produkt seines eigenen Genies, trotz der heutigen Präsenz von Fremden und der vergangenen Leiden. Ich frage mich oft, ob wir nicht noch viel größere Wunder hervorgebracht hätten, wenn man uns in Ruhe gelassen hätte, wenn wir unser Genie und unsere schöpferischen Kräfte frei hätten entfalten können, die uns zum Beispiel in die Lage versetzt haben, große Literatur zu schaffen, während Barbaren unsere Erde verbrannten. Ich weiß, daß meine Besuche in der Armenischen Sowjetrepublik politisch interpretiert worden sind. Es wurden mir Äußerungen zugeschrieben, die ich niemals gemacht habe. Aber zum Teufel, es schadet ja nichts, sollen sie doch ihren Spaß haben. Ich kehre in das

Land meines Vaters zurück und zu seinem Volk, um das Land meines Vaters und sein Volk zu sehen, um immer wieder neu zu begreifen, warum wir ein so großartiges kleines Volk sind, um erfrischt in die ererbte Kultur einzutauchen. Ich bin kein Politiker, und politische Propaganda verabscheue ich, obwohl ich verstehe, warum unsere Politiker Propaganda machen müssen. Aber das ist ihr Problem und nicht meins. Ich bin Armenier, ich bin Schriftsteller, ich bin kein Politiker, und wenn ich die Politiker auch nicht bedaure, betrachte ich sie doch als notwendiges Übel, obwohl ich mich gelegentlich frage, warum. Ich amüsiere mich über manche Dinge, die über mich gedruckt werden. Wenn ich mein Volk besuche, ist für mich wichtig, daß ich die Luft dort atme und darüber nachdenke, wie sie sich wieder einmal selbst bewahrt haben. Auf diese Weise wird mir bestätigt, daß es immer Armenier und ein Armenien geben wird und armenische Literatur und armenische Kunst. Es ist wichtig für die Welt, daß es Armenier gibt. Ganz egal, wo für mich mal Endstation ist, letztendlich ist es Armenien, das Armenien meines Vaters, unser *armenisches* Armenien – und zur Hölle mit allen anderen. James, meine letzte Ruhestätte wird ein kleiner Winkel in Armenien sein...«

Die Berichte über das Begräbnis im Komitas-Park besagen, daß »Tausende« Saroyans Asche die letzte Ehre erwiesen – Angehörige seines Volkes, einfache Armenier und ihre kulturellen Führer. Wir sind sicher, daß sich Saroyan darüber gefreut hat.